推动我国区域经济绿色低碳发展研究

成金华 严 飞 李 琳 等著

中国环境出版集团·北京

图书在版编目（CIP）数据

推动我国区域经济绿色低碳发展研究 / 成金华等著.
北京：中国环境出版集团. 2025. 6. -- ISBN 978-7
-5111-6259-5

Ⅰ. F127

中国国家版本馆 CIP 数据核字第 2025KX0739 号

责任编辑　殷玉婷
封面设计　庄　琦

出版发行　**中国环境出版集团**
　　　　　（100062　北京市东城区广渠门内大街 16 号）
　　　　　网　　　址：http://www.cesp.com.cn
　　　　　电子邮箱：bjgl@cesp.com.cn
　　　　　联系电话：010-67112765（编辑管理部）
　　　　　发行热线：010-67125803，010-67113405（传真）
印　　刷　北京鑫益晖印刷有限公司
经　　销　各地新华书店
版　　次　2025 年 6 月第 1 版
印　　次　2025 年 6 月第 1 次印刷
开　　本　787×960　1/16
印　　张　18.25
字　　数　330 千字
定　　价　80.00 元

中国环境出版集团郑重承诺：
中国环境出版集团合作的印刷单位、材料单位均具有中国环境标志产品认证。

前　言

　　习近平总书记强调，推动经济社会发展绿色化、低碳化是实现高质量发展的关键环节。在全球气候变化、资源紧张、环境退化等问题日益严重的背景和坚持人与自然和谐共生的要求下，推动区域绿色低碳发展是贯彻新发展理念、发展新质生产力、实现高质量发展的必然要求。党的二十大报告指出，要统筹产业结构调整、污染治理、生态保护、应对气候变化，协同推进降碳、减污、扩绿、增长，推进生态优先、节约集约、绿色低碳发展。2024 年 7 月，《中共中央　国务院关于加快经济社会发展全面绿色转型的意见》指出，推动经济社会发展绿色化、低碳化，是新时代党治国理政新理念、新实践的重要标志，是实现高质量发展的关键环节，是解决我国资源环境生态问题的基础之策，是建设人与自然和谐共生现代化的内在要求。党的十八大以来，我国生态文明建设进入新时代，发生了历史性、转折性和全局性的变化，对绿色化、低碳化、循环化的高质量发展需求更加紧迫。实现我国区域绿色低碳发展，需要在国家政策的引领下，以区域为基本单元，实施差异化区域绿色低碳发展策略，统筹不同区域的资源禀赋、经济结构、产业基础等差异，实施因地制宜的绿色低碳发展策略。这不仅有助于各地区根据自身特点采取合适的减污减排措施，加快实现碳达峰、碳中和，促进区域经济向高效、绿色、低碳方向转型。实现区域绿色低碳发展还能有效缓解环境压力，维护生态平衡，提升我国绿色产品的国际竞争力，并促进区域间的协调发展，为我国生态文明建设和经济社会高质量发展提供坚实的支撑。

　　本书从我国区域绿色低碳发展的成就、经验、问题与路径出发，采用文献综述法、对比分析法、数据模型分析法、案例分析法、实地调研法等方法，系统展开了关于我国区域绿色低碳产业体系、产业结构绿色低碳转型、能源结构绿色低碳转型、交通运输绿色低碳发展、农业绿色低碳发展、绿色低碳示范区实践、生态产品价值实现、绿色低碳创新体系、绿色低碳发展政策体系等方面的分析和研究，实现对区域绿色低碳发展的全方面分析，提出因地制宜推动我国区域经济绿色低碳发展的策略和建议，以期为我国区域绿色低碳发展提供科学依据和应用支撑。

本书由中国地质大学（武汉）经济管理学院和湖北经济学院碳排放权交易省部协同创新中心共同完成。全书共 12 章，由成金华、严飞、李琳策划和统稿，各章内容与人员安排如下：

第 1 章　绪论（成金华、严飞、李琳）：介绍本研究的背景和意义，梳理国内外绿色低碳发展研究现状与趋势，介绍本书研究内容。

第 2 章　我国区域经济绿色低碳发展的成就与经验（张芳源、吕文慧）：分析我国在区域绿色低碳发展方面取得的成就和经验，介绍不同区域绿色低碳发展典型案例。

第 3 章　我国区域经济绿色低碳发展路径分析（黄璨）：结合我国绿色低碳发展面临的困难与挑战，分析区域差异及其影响因素，总结提出区域绿色低碳发展路径。

第 4 章　我国区域绿色低碳产业体系分析（汪金伟）：阐述绿色低碳产业的内涵与特征，构建我国绿色低碳产业体系框架，分析低碳产业的区域差异。

第 5 章　我国区域产业结构绿色低碳转型研究（唐芷君、张睿思）：从产业结构调整的角度分析区域实现绿色低碳转型的现状、困难与挑战，提出加快产业结构绿色低碳转型的对策建议。

第 6 章　我国区域能源结构绿色低碳转型研究（易佳慧）：分析各区域能源结构绿色低碳转型的内涵与重要性、发展现状与问题挑战，提出能源结构转型路径，以实现能源的清洁、高效、低碳化发展。

第 7 章　我国区域交通运输绿色低碳发展研究（王泽瑞）：分析交通发展的政策要求与现实挑战，总结区域交通运输绿色低碳发展的主要实现方式，提出推动区域交通绿色低碳发展的路径与措施。

第 8 章　我国区域农业绿色低碳发展研究（冯银）：探讨农业领域的绿色低碳发展的意义与现状，分析其影响因素与作用机理，提出促进农业绿色低碳发展的对策建议。

第 9 章　我国区域绿色低碳示范区的发展与实践研究（王然）：分析我国区域绿

色低碳示范区的典型案例，总结示范区建设的成功经验，提出我国区域绿色低碳示范区建设存在的问题并提出建议。

第 10 章　我国区域生态产品价值实现研究（李琳、杨琏）：分析我国区域生态产品价值实现的政策导向与现实需求，构建区域生态产品价值实现的理论框架，讨论其影响因素，提出加快生态产品价值实现的相关思考。

第 11 章　强化区域绿色低碳创新体系研究（唐韬）：明确区域绿色低碳创新体系的总体要求与目标，提出基于健全生产体系、完善流通体系、构建消费体系、加强区域协作与政策支持等方面的强化区域绿色低碳创新体系。

第 12 章　创新我国绿色低碳发展的政策体系研究（冷志惠）：分析我国绿色低碳发展的理念与政策演进规律，分析现有政策体系的特点和面临的现实挑战，提出创新我国绿色低碳发展政策体系的路径。

我们希望本书的研究成果能够为我国区域绿色低碳发展提供有价值的观点和结论，助力我国"双碳"目标实现、生态文明建设与高质量发展。

目　录

第 1 章

——

绪　论

1.1　研究背景

1.1.1　全球背景

绿色低碳发展是顺应自然、尊重自然、促进人与自然和谐共生的发展，是高质量、可持续的发展，这已成为世界各国的共识。一个世纪以来，全球经济的迅速发展更多地依赖于人口和资源红利，人类对煤炭、石油等不可再生能源的过度开发和使用，一方面导致不可再生能源总量急剧减少，另一方面加快了全球气候变暖的速度。从自然灾害频发到生物链断裂，全球气候变暖的危害涉及人类社会的各个方面。世界气象组织发布的报告《2023年全球气候状况》显示，温室气体水平显著升高，地表温度上升幅度明显，海洋热量持续增加，海洋酸化问题愈加严重。与历史数据相比，海平面不断上升，南极海洋冰盖和冰川的退缩速度明显加快。这些相互关联的变化不仅指向气候系统的失衡，还表明生态环境面临极大的压力，影响全球气候的稳定和人类的生存条件。报告确认，2023年是有记录以来地球平均气温最高的一年，全球近地表温度比工业化前的基线高出1.45℃（不确定度为±0.12℃）；当年6—12月，每个月的温度都创下了该月的最高纪录。同时，2014—2023年也成为有记录以来最暖的十年。气候危机是人类社会面临的决定性挑战，气候变化和绿色发展与人类社会生存发展息息相关，是人与自然和谐共生的关键所在。面对全球气候挑战，各国需调整经济发展模式，实施有效的气候措施以应对气候变化的趋势，促进全球能源结构的转换，支持绿色及可持续发展目标，共同构建保护人类与地球的生态屏障。

（1）气候变化的影响

①全球平均气温上升

全球气候变化问题对生态系统和人类社会造成了严重影响。随着温室气体的大量排放，全球的气温不断升高。在过去的一百多年中，全球地表温度逐渐升高，全球气候不断变暖。全球碳排放量由1850年的1.97亿吨增长到2022年的371.5亿吨，同时，到2022年，全球气温相对于1961—1990年的平均气温升高了1.2℃（图1-1）。

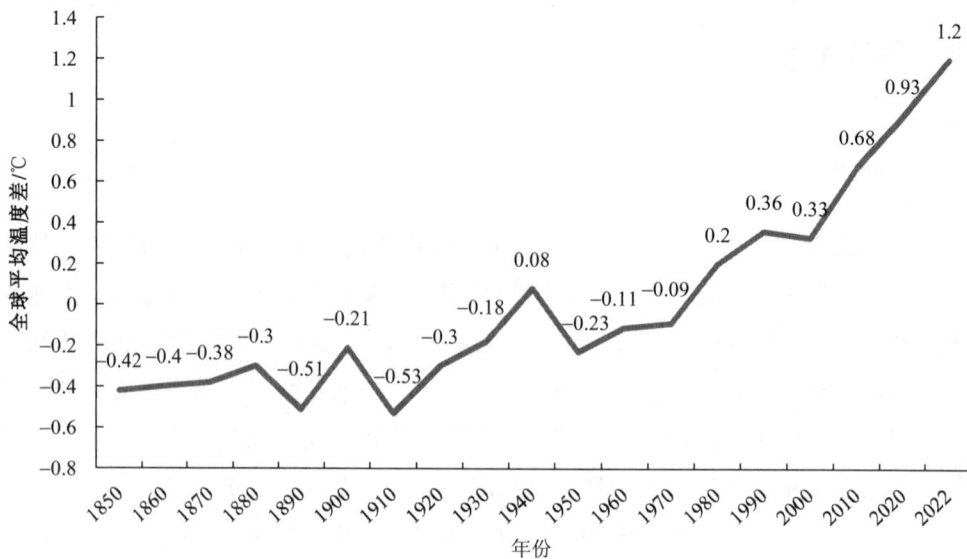

图 1-1　1850—2022 年的全球平均温度差（相对于 1961—1990 年的平均气温）

资料来源：国际能源署碳排放报告。

②破坏生态环境

一方面，在全球气候变暖的大背景下，两极地区的冰川逐渐融化，导致海平面不断上升。这一现象对全球生态和人类居住环境造成了潜在威胁。另一方面，由于全球气候变暖，植物的生长季延长，物候现象大多提前出现。并且许多物种由于无法适应气候的快速变化，其分布区向极地或高海拔地区移动，以寻找更适宜的生存环境。而部分物种因其栖息地随气候变化而退缩，无法适应新环境而面临局地灭绝的风险（万辛如等，2023）。

③影响经济发展

当碳排放量增加时，碳税也随之增加，并对经济产生明显影响。高碳税会导致厂商成本上升，从而压缩人力成本，减少就业则会降低消费者需求，进而影响供应端减少产量。短期内，资本投入的变化可能因利率大幅下降而不显著，但长期内随着利率回升，资本需求会猛跌直至趋于稳定。碳税成本上升导致消费空间压缩，进而对经济造成不利影响。

然而，当绿色产品得到财政补贴时，情况会有所不同。补贴能够增加绿色产品的生产，从而刺激消费和产出的增长。若同时对绿色产品进行补贴并对非绿色产品征收碳税，挤出效应减弱，经济稳定性则得以提升。绿色金融补贴对利率产生直接影响，进而促进产出和消费，但也可能因放大效应而对整体经济产生更大影响。目前，随着绿色金融区域改革的有序推进，国际合作更加密切，各类要素资源向绿色低碳领域有序聚集（都海珊等，2022）。

（2）国际社会对气候变化的响应

面对日益严峻的气候变化挑战，全球各国开始积极寻求解决方案，为此，建立了以《联合国气候变化框架公约》为核心的多种决策和行动机制的合集，形成了"UNFCCC+N"的多圈层治理结构。1992 年，《联合国气候变化框架公约》在里约热内卢通过，并于 1994 年生效，该公约奠定了应对气候变化国际合作的法律基础，是具有权威性、普遍性、全球性的国际气候框架。自 1995 年起，该公约缔约方每年都会召开缔约方会议以评估应对气候变化的进展，其中最为重要的进展是 1997 年通过《京都议定书》和 2015 年通过《巴黎协定》。《京都议定书》设定了发达国家减少温室气体排放的具体目标和时间表，包括对主要温室气体的减排承诺，并引入排放交易、联合履约和清洁发展三个灵活机制。而《巴黎协定》首次将发展中国家纳入全球强制性减排之列，确定了国家自主贡献在全球温室气体减排中的法律地位，旨在加强全球对气候变化的应对，包括确立全球变暖控制在 2℃ 以内的目标，并努力将目标限制在 1.5℃ 以内。

2020 年 9 月，在第七十五届联合国大会上习近平主席指出应对气候变化《巴黎协定》代表了全球绿色低碳转型的大方向，是保护地球家园需要采取的最低限度行动，各国必须迈出决定性步伐。同时，他还宣布中国将提高国家自主贡献力度，采取更加有力的政策和措施，二氧化碳排放力争于 2030 年前达到峰值，努力争取 2060 年前实现碳中和。中国所作出的这一重要承诺，在国际上产生了深远影响，获得了国际社会广泛的正面反馈。此后，在多个重要的国际会议上，习近平主席不断重申中国的"双碳"目标，并强调了实现这些目标的决心。

1.1.2 国内背景

（1）国内绿色低碳发展的政策

2018 年 5 月，习近平总书记在全国生态环境保护大会上强调，绿色发展是构建高质量现代化经济体系的必然要求。推进我国绿色低碳发展，体现了一种适应并引领经济新常态的新思维与策略。促进社会经济活动向绿色、低碳方向转变，标志着新时代党的治国理念与实践创新，同时也是实现高质量发展的核心要素，应对资源、环境及生态挑战的根本途径，以及构建人与自然和谐共生现代化进程的必要条件。

当前，我国正处于从传统发展模式向新型模式转变的重要阶段。将绿色转型的理念贯穿于社会经济发展的各个层面，不仅能激发新的增长点，推动消费领域新兴业态和模式的发展，还能培育出符合绿色标准的新生产力，进而通过优化产业布局影响全球的竞争态势。党的十八大以来，从中央到地方，促进经济社会绿色发展的政策举措陆续落地。

从党的十八大到党的二十大，我国关于绿色低碳发展的政策发生了变化，主要体现在以下几个方面：首先，在政策导向上，对绿色低碳发展的重视程度不断提高。自党的十八大以来，生态文明建设被纳入中国特色社会主义事业的"五位一体"总体布局之中，并确立了"美丽中国"的发展目标。随后，党的十九大进一步将"坚持人与自然和谐共生"的原则列为新时代中国特色社会主义基本方略的一部分，重申了"绿水青山就是金山银山"的理念，为推动绿色低碳发展奠定了更为坚实的理论依据和实践基础。到了党的二十大，国家明确将促进经济社会发展的绿色转型与低碳发展视为至关重要的一环。其次，在推进绿色低碳发展的过程中，政策不仅强调了其重要性，还提出了一系列具体的实施路径和措施。2023 年 7 月，习近平总书记在全国生态环境保护大会上强调，我国经济社会发展已进入加快绿色化、低碳化的高质量发展阶段，生态文明建设仍处于压力叠加、负重前行的关键期。

2024 年 7 月 31 日，中共中央与国务院联合发布了《关于加速经济社会发展全面绿色转型的意见》，标志着中央首次对经济社会全面绿色转型作出了全面战略规划。该意见设定了多个目标，旨在到 2030 年实现节能环保产业规模约 15 万亿元、非化石能源消费占比提升至约 25%、营运交通工具碳排放强度较 2020 年下降约 9.5%，以及大宗固体废物年利用量达到约 45 亿吨等目标。为实现这些目标，意见聚焦于五大核心领域——构建绿色低碳高质量发展的空间布局、加速产业结构向绿色低碳转变、稳步推进能源体系的绿色低碳转型、促进交通运输的绿色转型，以及推动城乡建设的绿色发展，并结合三大关键环节——实施全面节约战略、推动消费模式绿色化，以及发挥科技创新的支撑作用，以加快形成有利于资源节约和环境保护的空间布局、产业结构、生产方式及生活方式。此外，2024 年 8 月国家发展改革委办公厅与国家能源局综合司印发《能源重点领域大规模设备更新实施方案》（发改办能源〔2024〕687 号）提出，到 2027 年，能源关键领域设备投资规模将较 2023 年增长 25%以上。这些政策的出台，彰显了从中央到地方对绿色发展的深切关注与坚定决心，其强烈的政策导向性向市场释放了长期发展利好的明确信号。

（2）国内绿色低碳发展的现状

我国于 1992 年签署《联合国气候变化框架公约》，标志着我国在追求经济高质量发展的同时开始重视绿色低碳的发展方式。2006 年，我国在"十一五"规划中首次提出节能减排目标。2007 年，科技部等 4 个部委共同制定了《中国应对气候变化科技专项行动》，目标是借助科技创新的力量，加快实现节能减排和气候适应的目标。

目前，我国的绿色低碳发展已经取得了初步成果。2024 年政府工作报告指出：我国实施的货币政策精准有力，绿色发展等贷款大幅增长；我国政府制定支持绿色低碳产业发展政策，推进重点行业超低排放改造；启动首批碳达峰试点城市和园区建设。根据国家统计局的数据，2013—2023 年，我国以年均 3.3%的能源消费增长率获得了经济年均 6.1%的稳定增长，综合来看能耗强度累计下降了 26.1%。新能源汽车的销售量从 2014 年的市场占有率仅有 0.3%，发展为连续 9 年销量占据全球首位。此外，《全国碳市场发展报告（2024）》显示，全国碳排放权交易市场制度框架体系基本确立，法规保障得到加强，配套技术规范不断完善。截至 2023 年年底，全国碳排放权交易市场实现了 4.42 亿吨的碳排放配额累计成交量，总成交金额达到 249.19 亿元。这显示全国碳排放权交易市场活力稳步提升，是市场发挥碳减排资源配置作用的具体体现，有利于更大程度激发企业向绿色低碳转型。同时，国家高度重视可再生能源的发展，水能发电、风能发电等设施装备数量长期处于世界前列。目前我国已有绿色工厂超 5 000 家，绿色园区近 400 家，绿色产品数量已经达到 3.5 万余个。另外，我国还建设了一批绿色发展示范区，如江苏盐城深耕海上风电领域，充分利用海上风力资源，探索"新能源+"发展模式，积极践行集约集聚开发理念，在"十三五"规划期间，盐城市新增海上风电装机容量达 352 万千瓦，占据全省新增装机容量的 61%，成为国内风电装备制造领域的重要基地；无锡惠山经济开发区被评为全国首批"绿色低碳示范园区"之一，其传统企业的智能化转型改造已经完成了约 80%，带来了明显的节能减排效果；长岛所辖的大黑山岛成为全国首个负碳超过 2 000 吨二氧化碳当量的"负碳海岛"。国家为提升生态环境质量，实施了国土绿化行动。在"十四五"规划期间，我国每年均实现了超过 1 亿亩①的绿化面积增量，并累计实现了 194.93 亿立方米的森林蓄积量，使我国成为全球森林资源增长最快、增量最大的国家。

我国在绿色发展进程中也面临一些挑战，尤其是区域经济发展不均衡问题，其中产业转型是重要影响因素。过去 10 年间，工业经济向数字经济加速转型，大量传统产业由此步入转型期，利润率持续下滑。2016—2018 年，我国制造业毛利率普遍低于5%，家电行业龙头企业净利润率也仅约 3%。汽车与手机行业尤为明显，传统功能手机和燃油汽车正逐步被智能手机、智能网联汽车及新能源汽车取代。在此背景下，许多传统工业城市因难以培育或吸引新兴产业而面临发展困境，这与资源型城市转型的难题相似，均源于主导产业支撑不足及转型滞后。因此，推动低水平供需关系向高水平转换，实现产业结构深度调整与新动能的形成，成为解决这一问题的关键，这通常需要外力或新增长点来撬动这一过程。资源型城市在工业经济时代享受了巨大的发展红利，但在资源日益枯竭和数字经济替代的双重作用下，资源型城市的发展日益落后。因此，推动资源型城市产业转型迫在眉睫。资源型地区是推进绿色低碳发展的攻坚战场。由于历史上长期高强度的资源开采，资源型地区大多生态环境受损严重，治理难度很大。同时，产业结构偏重、质量不优、基础相对薄弱问题依然存在。在实施碳达峰与碳中和战略的背景下，资源型地区高质量发展任务艰巨，既要稳固基础、提速发展，又要全力推进节能减排与环境保护的双重任务。为此，需采取以下几个方面的举措。首先，将深化生态环境综合治理作为首要任务，坚决执行资源开采过程中的生态保护与污染防治政策，明确企业与地方政府职责，迅速解决工矿废弃地、矸石

---

① 1亩≈666.67米²。

山、尾矿库及大型露天矿坑等历史遗留问题。其次，致力于构建绿色生产体系，推动资源能源开发的绿色转型，结合本地优势发展绿色经济，鼓励废弃物减量化、资源化及无害化处理，同时严格把关重点行业的环境准入门槛与排放标准，淘汰落后及过剩产能。最后，着力打造生态宜居的城市环境，协调地下资源开发与地上城市建设，加速城市绿道与生态廊道的建设步伐，大力推进城市更新，并积极倡导简约、适度、绿色的生活方式。

此外，我国部分重点经济圈在发展过程中还面临着区域性的特殊问题。长江经济带作为我国经济的重要核心区域，其生态环境保护与经济发展的平衡成为绿色低碳转型的重要议题。尽管近年来长江流域生态环境显著改善，但随着生态文明建设要求的提高，生态保护标准越发严格，特别是重化工行业的转型难度大且分布范围广的现状与绿色转型的紧迫性形成鲜明对比，如《浙江省"十四五"节能减排综合工作方案》（浙政发〔2022〕21号）中的超1.5万家高耗低能企业淘汰计划，凸显了转型任务的艰巨。同时，长江经济带内部区域发展不平衡问题也很突出，中上游地区在基础设施、人才吸引及国际贸易合作上的劣势限制了其经济潜力，并增加了产业结构调整的复杂性，尤其是高资源消耗、高污染的传统产业比重大的地区，面临多重转型障碍。与长江经济带相似，京津冀地区也面临产业结构差异大、区域发展不均衡的挑战。

当前，我国正处于新型工业化与城镇化快速发展的阶段，在这一进程中，传统工业经济的高速增长导致了资源的大量消耗和污染物的过度排放，成为不可忽视的负面因素。随着经济发展速度的加快，保护生态环境与经济快速发展之间的矛盾越发明显。在新时代背景下，随着民众对美好生态环境需求的日益增长，绿色发展理念不仅积极回应了这一时代诉求，还在我国经济社会转型的国家战略中占据核心地位，成为推动发展模式深刻变革的关键要素。然而，不容忽视的是，严峻的资源"瓶颈"问题是绿色发展的潜在威胁，亟须采取有效措施加以应对。因此，抓紧推动各地绿色低碳发展已成为一项刻不容缓的重要任务。

（3）国内绿色低碳发展存在的问题

第一，绿色低碳技术创新不足。

我国区域绿色低碳相关技术与欧美发达国家（地区）相比，还处于起步阶段。根据国际能源署预测，21 世纪中叶实现碳中和所需的技术有 50%仍处于示范或原型开发阶段期（武汉大学国家发展战略研究院课题组，2022）。据国家统计局、科学技术部和财政部发布的《2022 年全国科技经费投入统计公报》显示，2022 年我国财政科学技术支出为 11 128.4 亿元，研究与试验发展（R&D）经费为 30 782.9 亿元，占国内生产总值的比重为 2.54%，科技研发投入强度与 2007 年的 1.49%相比有较大的提升。尽管我国的科技研发投入有了很大的提高，但自主研发缺乏相应的技术积累，绿色低碳技术原始创新仍旧不足。主要表现为大型风力发电设备、生物质能技术及氢能技术等与发达国家相比，存在较大差距。电力行业的产业化还不成熟，建筑、冶金等领域的节能和能效提高方面的技术相对落后。从提高能效技术来看，我国一次能源转换效率低，绿色低碳技术在各个行业的深度融合不足。且由于我国各个地区经济发展存在差距，低碳技术创新在各地的投入资金也存在较大的差距，绿色低碳发展不平衡。2022年，我国各区域的 R&D 经费情况呈现出不同特点。东部地区 R&D 经费达到 20 237.5亿元，中部地区为 5 557.6 亿元，西部地区为 3 961.8 亿元，东北地区为 1 026.0 亿元。与 2021 年相比，东部地区和中部地区的增速明显，分别增长了 10.4%和 11.9%，而西部地区和东北地区分别增长了 7.6%和 4.8%。在京津冀地区和长三角地区，R&D 经费也呈现出不同的增长态势。京津冀地区 R&D 经费为 4 260.9 亿元，增长了 7.9%；长三角地区则高达 9 386.3 亿元，增长了 11.4%[①]。长江经济带地区的 R&D 经费达到了14 788.9 亿元。从 R&D 经费投入强度来看，东部地区和中部地区的一些省（自治区、直辖市）表现突出，如北京、上海、天津、广东、江苏、浙江、安徽等的 R&D经费投入强度均超过了全国平均水平。相反，西部地区和其他一些地区的研发经费投入仍然明显不足（图 1-2）。这些差距在一定程度上制约了区域绿色低碳发展的进程，需要各地区根据自身情况加大 R&D 经费投入，推动科技创新，以进一步实现经济可持续发展。

---

① 资料来源于国家统计局，https://www.stats.gov.cn/sj/zxfb/202309/t20230918_1942920.html。

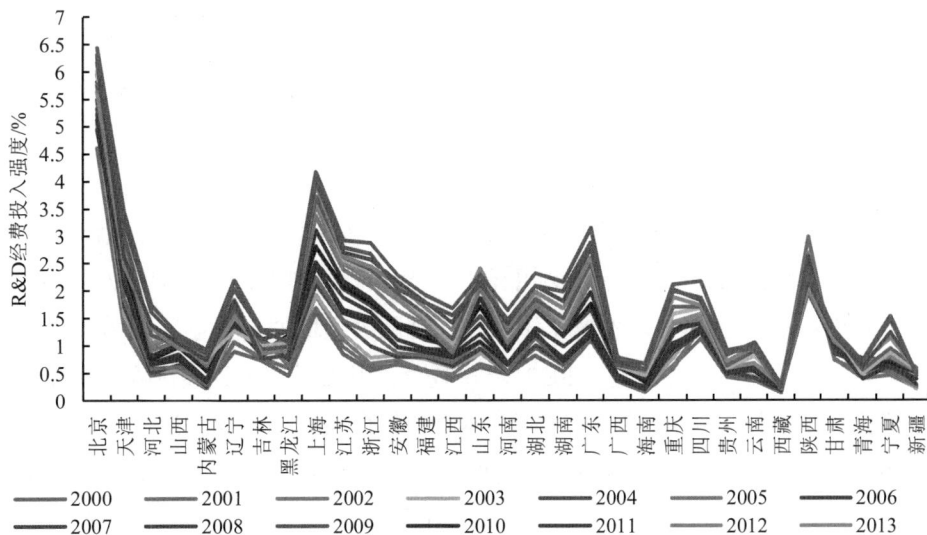

图 1-2 2000—2020 年我国各省（自治区、直辖市）R&D 经费投入强度

数据来源：《中国统计年鉴》。

第二，绿色金融体系不健全。

虽然自 2007 年发布《关于落实环保政策法规防范信贷风险的意见》以来，"绿色金融"的总体制度框架已初步形成，但我国的绿色金融发展仍处于摸索起步阶段，还存在"绿色金融重视不够""监管制度不完善""市场体系不健全"等问题，无法对绿色低碳发展形成有力支撑。一是绿色金融重视不够，一些金融企业对绿色金融战略意义认识不足，未将绿色金融发展纳入长远规划，部分地方政府对绿色金融的重视不够、理解不深，对节能减排、淘汰落后产能决心不大，没有制定绿色金融配套的政策，导致绿色金融的发展缺乏动力。二是监管制度不完善，绿色金融法律制度的不完善和监管的缺失制约了绿色金融功能的发挥，政策激励机制对环保企业的支持力度不够，且由于生态环境部门的风险评估和监管难以全面覆盖，加上环境信息披露不充分，市场约束机制不完善，导致企业的环保投资执行力不足，绿色低碳发展有效落实的难度

大。此外，由于部门之间权责归属不明确，缺乏共同推进的机制，给绿色金融发展造成阻力。三是市场体系不健全，市场主体参与度不高。环保企业的融资以银行信贷等间接融资为主，缺少通过股票、债券等直接进行融资的渠道，不能充分利用社会资金，市场在资源配置中的作用难以发挥，资金利用效率较低。

第三，绿色低碳领域专业技术人才短缺。

为应对这一挑战，教育部于 2021 年发布了《高等学校碳中和科技创新行动计划》（教科信函〔2021〕30 号），旨在利用高校在基础研究和学科交叉融合方面的优势，加速构建碳中和科技创新与人才培养体系，提升相关领域的科技创新能力和人才培养质量（李湘梅等，2023）。随之，2022 年，教育部发布了《加强碳达峰碳中和高等教育人才培养体系建设工作方案》，进一步强调了教育高质量发展在服务于国家碳达峰、碳中和专业人才培养需求方面的重要性。然而，从我国绿色低碳发展的势头与"双碳"人才数量来看，还存在明显的供需不匹配问题。首先，绿色低碳专业技术人才在总量上不能满足"双碳"战略需求，我国绿色低碳产业目前的就业人数约为 2 400 万人，预计到 2030 年还将吸纳就业人数 4 500 万人。据某招聘平台数据显示，碳中和领域新发职位 2021 年同比增长 754%，2022 年第一季度同比增长 408%，相比于我国绿色低碳专业人才的需求，目前的供给数量在总量上还远远不足（武汉大学国家发展战略研究院课题组，2022）。其次，绿色低碳细分领域的专业技术人才与岗位需求不匹配，2021 年 3 月，碳排放管理员正式被纳入《中华人民共和国职业分类大典》，但在某些领域（如新能源、储能、氢能，以及碳捕集、利用与封存）人才还十分紧缺。预计在"零碳电力"、可再生能源和氢能等领域未来将产生超过 3 000 万个新增就业岗位（安永碳中和课题组，2021）。虽然教育部新批准设置储能科学与工程、新能源汽车与工程、碳储科学与工程、氢能科学与工程、智慧能源工程等 10 余个本科专业，进一步加大了"双碳"相关专业人才培养力度，但高校的学科设置和培养体系与国内绿色低碳人才需求不匹配，亟须培育一批符合当前绿色发展需求的紧缺人才。

第四，配套政策法规不完善。

我国绿色低碳发展仍处于探索阶段。虽然政府和学术界已认识到绿色低碳经济是我国实现经济转型的重要途径，但相关的法律法规仍然不完善，如碳排放监测的指标体系、考核体系、惩治体系等还不完善，统一规范的碳计量体系尚未建立，在推进节能减排的税收政策、融资政策方面尚未形成良好的激励机制，促进低碳生活方式转型的碳积分制度处于探索阶段，跨区域的生态补偿机制还有待建立和完善。党的十八大以来，我国坚持以习近平生态文明思想为指导，不断推进经济结构调整，促进绿色发展、循环发展、低碳发展，采取了一系列与绿色低碳发展相关的政策法规，将减污、降碳、扩绿、增长作为发展的主旋律，并在一些地区开展了低碳试点城市建设。但从政策执行力度和实施效果来看，各地区还存在较大差距，具体表现在绿色监测体系、绿色投资、低碳技术、低碳成果推广的政策支持力度，以及多元化的生态补偿机制和生态环境损害赔偿制度等方面。由于各地区在经济水平、产业结构等方面的较大差异，一些地区在变革生产方式、革新生产技术、转变消费观念等方面的法规制度还很不完善，缺少专门的绿色低碳发展规划和政策体系，相关标准、考核和激励政策还需进一步健全和落实。

第五，公众参与度较低。

绿色低碳发展需要转变发展方式和生活方式，需要全民共同参与。习近平总书记强调每个人都应承担起生态环境保护的责任，认识到自己不仅是保护者和建设者，同时也是受益者。因此，不应只做旁观者、局外人不见其人或仅仅做个批评家只闻其声，每个人都应该积极参与其中，不能只说不干、置身事外。保护环境是每个人的责任和义务，应该将环境保护理念转变为行动自觉，让绿色生活方式深入人心。虽然近年来在政府的大力宣传下，公众对于节能减排的意识在逐渐提高，但与发达国家相比，公众总体的环保意识和参与度还很低。在一些地区公众对绿色低碳发展的认识不足，大部分人认为低碳环保应该是政府的责任，与个人无关，环保意识相对薄弱，一些人甚至认为绿色低碳发展会制约经济增长，影响个人收入。公众节约资源的意识不高，在出行方式的选择和消费品的偏好上以方便实惠为主，部分地区过度消费现象也较为普遍。公众参与绿色低碳实践的积极性不高，环保行为往往局限于日常生活中的节水、节电等方面，参与层次较浅，环保行为的外部性难以体现，绿色消费、低碳生活方式普及力度有待加强。此外，我国环保社会团体等非政府组织在数量、资金、规模等方面有限，导致其在引导公众参与、促进绿色低碳发展中的影响力不足。

1.2 研究意义

1.2.1 理论意义

国内外有关区域绿色低碳发展的研究方兴未艾，相应的理论研究整体上处于初始阶段。现有研究大部分着眼于以区域协同发展或单独某区域内绿色低碳发展为核心的测度与衡量，而未考虑将二者结合起来探索其内部联系。我国区域绿色低碳发展研究无论是理论还是实证研究均相对较少，使相应的理论体系和实践应用尚不成熟，与各地区面临的急迫进行绿色发展转型的现状尚未同步。

本研究尝试将区域协作与绿色发展相融合，从一个较为综合的视域对我国经济高质量发展进行思考和分析，并充分考虑区域面临的特殊问题所带来的各种约束是不可忽视的干扰因素。通过分析全国绿色发展现状及存在的问题，并对重点经济区面临的特殊问题进行进一步讨论，以期为丰富和完善该领域的研究内容提供参考。同时，这一探索还将绿色低碳发展有机地融入区域发展理论框架之中，有助于促进区域经济学、绿色低碳发展等相关理论体系的完善，推动相关学科领域的深入研究和创新发展。

1.2.2 实践意义

现有研究表明，推动经济的绿色低碳发展是突破资源环境约束的有效措施。对该课题进行研究，不仅是为了评估当前绿色经济发展的状况，更在于在认知其现有水平的基础上，运用科学方法提升绿色发展的效率。

本研究将助推我国各地区加速实现发展模式的绿色转变，以绿色低碳产业作为经济发展的新引擎，促进产业、能源及交通运输结构的绿色化进程。研究结果可为政策制定者提供依据，以便进一步优化财税政策，激励绿色投资与技术创新；引导社会资本流向绿色低碳领域，为绿色项目提供低成本、高效率的资金支持，促进投资结构优化。同时，本研究有助于提高区域协调发展水平，充分利用并发挥各地区独特的比较优势，紧密结合其主体功能定位，积极融入并服务于国家新发展格局的构建。本研究还有助于实施区域发展战略，促进区域经济均衡发展，以及京津冀地区、长三角地区、粤港澳大湾区等经济发展优势地区继续发挥其在高质量发展中的引领和带动作用；持续推进长江经济带高质量发展，推动黄河流域生态保护和高质量发展。此外，本研究主题与党的二十大报告提出的"积极稳妥推进碳达峰碳中和"相呼应，研究成果将有助于深入推进能源革命，降低我国工业发展对化石能源的依赖，加速构建多元化、清洁化、高效化的新型能源体系。

在此过程中，绿色低碳发展的重要性在产业升级与转型方面得到了充分彰显，研究揭示了其对产业结构优化升级的关键作用，有助于激发企业加大技术创新投入的积极性，推动传统产业的绿色改造与升级步伐，加速绿色低碳经济体系的形成。此外，基于上述研究，期望提出一系列创新的政策设计思路，如强化区域协同治理、实施差异化政策策略等，为政府精准制定并实施区域绿色低碳发展政策提供一定的理论支持与实践指导。

1.3　我国区域经济绿色低碳发展研究现状与趋势

在当今全球气候变化背景下，如何实现经济社会可持续发展已成为各国政府和国际组织共同关注的重大课题。作为世界上最大的发展中国家，我国面临既要保持经济增长又要减少环境污染和温室气体排放的双重挑战。因此，推动绿色低碳发展不仅是应对气候变化的战略选择，也是促进高质量发展的内在要求。绿色低碳发展是一种以资源高效利用和环境保护为核心，旨在实现经济增长与生态环境协调发展的发展模式（Bretschger，2024；张友国等，2020；宋弘等，2019；Grossman et al.，1995）。它强调通过减少温室气体排放和节能降耗来推动经济转型，实现可持续发展（吕指臣等，2021；莫建雷等，2018）。具体而言，绿色低碳发展包括以下五个方面。第一，高效利用资源：通过提升能源与资源的利用效率，促进循环经济的发展（Bhutta et al.，2022；史丹，2018）。第二，降低碳排放：通过采用清洁能源和低碳技术，减少温室气体排放，减缓气候变化（金书秦等，2021；韦东明等，2021；Wei et al.，2020）。第三，环境保护：加强生态保护和修复，减少污染排放，改善环境质量（周宏春，2022）。第四，可持续经济增长：在保持经济增长的同时，注重环境和资源的可持续利用，确保经济发展不以牺牲生态环境为代价（王新玉，2014）。第五，绿色生活方式：倡导绿色消费、绿色交通和绿色建筑，推动社会整体向低碳、环保的生活方式转变（王丞，2023；周宏春等，2022；Fu et al.，2017；周蓉等，2014）。

绿色低碳发展不仅是应对气候变化的重要保障，也是实现经济高质量增长的关键路径（乔晓楠等，2021；臧传琴等，2021）。推动绿色低碳发展实际上是一场涵盖发展理念、生产方式和生活习惯等多方面的全面转型（段娟，2019；叶海涛等，2016）。我国的绿色低碳发展已经取得了显著进展，如建设了全国统一的碳排放权交易市场，并通过一系列政策支持能源结构的调整。然而，现仍面临诸多挑战，如部分区域产业结构过"重"、对化石燃料的依赖、技术创新和应用的不平衡、资源约束和环境压力、区域发展不平衡等问题。这些问题的存在暴露了当前我国绿色低碳发展的形势紧迫，亟须采取更为积极有效的措施加以解决，以形成新质生产力推动高质量发展。

1.3.1　我国绿色低碳发展进程

自改革开放以来，我国的绿色低碳发展历程大致可划分为以下五个阶段。

第一阶段是 1978 年—20 世纪 90 年代，这一时期为初步探索阶段。1978 年改革开放开始，我国引入市场经济机制，经济增长加速，但环境问题也开始显现。这一阶段是经济建设的起步期，对环境保护的认识尚处于初级阶段。尽管出台了初步的环境保护法律法规，但法律约束力较弱，且当时的核心目标是推动经济快速发展。因此，此阶段主要侧重于经济增长。

第二阶段是 20 世纪 90 年代—2005 年，这一时期属于环境保护与经济发展并重阶段（佘颖等，2018）。在 1992 年里约热内卢地球高峰会上，150 多个国家签署了《联合国气候变化框架公约》，促使我国开始重视可持续发展战略。1995 年，我国政府正式将"可持续发展"确立为国家发展的重大战略方向。国家开始制定并实施一系列环境保护法规，标志着国家开始寻求经济增长与环境保护之间的平衡（齐志新等，2006）。

第三阶段是 2006—2012 年，这一时期绿色发展战略基本确立（王文涛等，2018）。"十一五"规划首次提出"建设资源节约型、环境友好型社会"，绿色发展理念上升为国家战略。这一时期，节能减排、循环经济和可再生能源发展得到重视（陈超凡，

2016）。其中，循环经济是这一时期的主基调。2008 年颁布的《中华人民共和国循环经济促进法》要求各地方政府将循环经济发展理念融入其长期投资与战略规划之中。《中华人民共和国循环经济促进法》还特别针对煤炭、钢铁、电子、化工及石油化学工业设定了具体的循环利用指标，旨在推动这些关键行业向更加可持续的生产模式转型（卢红兵，2013）。

第四阶段是 2013—2019 年，这一时期绿色发展已成为主线，正式开启全面绿色转型（杜龙政等，2019）。党的十八届三中全会将生态文明建设提升到与经济、政治、文化、社会建设并列的战略高度，推动我国从传统发展模式向绿色、低碳、可持续发展模式转变。"十三五"规划明确强调绿色发展，提出大力发展节能环保产业；实施大气、水、土壤污染防治行动计划，强化环境保护和治理；加快发展可再生能源，提高能源利用效率，推进能源结构优化（李萌，2016）。

第五阶段是 2020 年至今，这一时期我国绿色低碳发展战略是以降碳为主要抓手。2020 年 9 月，我国在第七十五届联合国大会上宣布"双碳"目标。2021 年 7 月，全国碳排放权交易市场正式启动，电力行业成为首个纳入全国碳市场交易系统的行业（蓝虹等，2022）。

这些阶段反映了我国绿色低碳发展从初步探索到全面推进的过程，反映了我国在不同发展阶段对绿色低碳发展的认识和行动，展现了我国在环境保护与经济发展并重、科学发展观指导下逐步实现绿色发展的努力与成就。

1.3.2　我国绿色低碳发展政策相关研究

在全面建设社会主义现代化国家的宏伟蓝图中，高质量发展被确立为首要任务，其核心要义不仅在于经济规模的增长，还在于发展模式的深刻变革与质量的全面提升（高培勇等，2019）。2021 年 2 月 22 日，《国务院关于加快建立健全绿色低碳循环发展经济体系的指导意见》（国发〔2021〕4 号），强调了构建绿色低碳循环发展的生产、流通和消费体系的重要性，并提出了加快基础设施绿色升级及构建市场导向的绿色技术创新体系的任务。习近平总书记在党的二十大报告中指出，推动经济社会发展绿色化、低碳化是实现高质量发展的关键环节，进一步凸显了绿色发展在构建现代化经济体系和促进可持续发展中的关键作用。然而，尽管目标明确，我国在绿色低碳发展方面仍面临诸多挑战，包括整体发展水平不高、内在驱动力不足以及相关基础设施建设薄弱等问题。2024 年 7 月 18 日，党的二十届中央委员会第三次全体会议通过《中共中央关于进一步全面深化改革、推进中国式现代化的决定》。该决定特别强调了深化生态文明体制改革的重要性，并提出了建立和完善绿色低碳发展机制的具体措施，具体包括绿色财政、绿色采购、新型能源体系、碳排放"双控"和碳管理体系五个方面。

构建全面支持绿色低碳发展的财税、金融、投资、价格及标准政策体系，是实现绿色低碳发展的有力保障（赵亚雄，2023；He et al.，2023；王修华等，2021）。在财税领域，利用税收优惠与财政补贴机制，激励企业及个人积极参与绿色低碳活动。具体而言，为可再生能源项目及绿色建筑提供税收减免，同时，对新能源汽车的购买及充电设施建设给予财政补贴支持。在金融方面，推动绿色金融创新，鼓励银行、保险、证券等金融机构增加对绿色项目的信贷与投资力度（马骏，2018）。建立并发展绿色债券市场，推广绿色信贷与绿色基金，为绿色项目提供多样化的融资渠道（Wen et al.，2021）。在投资政策上，加大对绿色低碳项目的支持力度，特别关注节能减排、污染治理与生态修复等领域的项目，通过政府投资引导社会资本，共同推动绿色低碳发展（Qin et al.，2024；吴朝霞等，2022；陆岷峰，2021）。在价格政策方面，推进资源环境价格改革，建立反映资源稀缺性与生态环境成本的价格体系，利用价格杠杆促进资源高效利用与环境保护。最后，完善绿色低碳标准体系，制定并更新涵盖绿色产品、绿色建筑、绿色交通等领域的标准，通过标准化管理提升绿色低碳产品的质量与市场竞争力（王丞，2023）。

建立健全政府绿色采购体系，有助于充分发挥政府采购对绿色低碳发展的引领示范作用（王文庚，2012）。作为市场的重要参与者，政府的采购行为对市场风向具有显著影响。政府绿色采购能够激励供应商开发和提供更环保、更高效的产品和服务，从而推动技术创新和绿色产业的发展。通过与供应商的有效协调和沟通，政府绿色采购有助于改善供应链管理，构建"绿色供应链"，进而提升整个供应链的环保表现（朱庆华等，2011）。对政府而言，首先需要制定明确的绿色采购标准。其次，在采购过程中要优先考虑符合绿色标准的产品和服务，同等条件下给予优先考虑或额外的价格优惠，以此激励供应商提高绿色产品的供应量。最后，提高绿色采购政策的透明度和公众参与度也至关重要，可确保采购活动真正实现绿色化（童健等，2017；梅凤乔，2016）。

新型能源体系是实现绿色低碳发展的关键，绿色低碳发展需要加速规划建设新型能源体系，推动能源结构向绿色低碳转型（He et al.，2023；杨昕等，2022；刘东刚，2011；江泽民，2008）。第一，加强顶层设计和政策支持至关重要，国家与区域层面应明确发展目标、路径和任务，并出台相应的政策和法规，为新型能源体系的建设提供法律保障和政策支持。第二，优化能源结构，大力发展清洁能源，提高清洁能源在能源消费中的占比，同时控制和减少化石能源的使用，尤其是煤炭消费，通过技术改造和替代能源的应用降低其比例（张智刚，2022；杜祥琬，2017）。第三，推进电力市场化改革，构建公平竞争的电力市场环境，促进清洁能源的消纳（刘晓龙等，2021）。

能耗"双控"向碳排放"双控"全面转型是绿色低碳发展的有效路径。能耗"双控"侧重于控制能源消耗总量和强度，而碳排放"双控"则更加聚焦于温室气体排放总量和强度的控制。这种转型有助于打破能耗"双控"对可再生能源使用的约束，鼓励更多地使用清洁能源，从而推动能源结构向更加清洁、低碳的方向转变（王勇等，2019）。此外，碳排放"双控"允许地方和企业在满足新增用能需求时更多地依赖非化石能源，鼓励更多地使用清洁能源，从而推动能源结构向更加清洁、低碳的方向转变，还能够激励企业提高能源利用效率，减少能源浪费，促进节能减排技术的发展和应用（丁绪辉等，2019）。

构建完善的碳排放统计核算、产品碳标识认证及产品碳足迹管理体系，是绿色低碳发展的重要支撑。碳排放统计核算是实现精准减排的基础，为政府制定相关政策和企业制订减排计划提供了可靠的数据支持。此外，产品碳标识认证和碳足迹管理可以帮助企业识别和量化产品全生命周期中的碳排放，为企业的绿色转型提供方向。通过碳排放统计核算，可以明确重点行业和领域的减排潜力，有针对性地采取减排措施（易俊等，2024；刘宇等，2015；王义举等，2011；陈诗一，2009）。建立产品碳标识认证制度，对产品的碳排放进行标识与认证，帮助消费者了解产品全生命周期的碳排放情况，引导绿色消费（汪臻，2012）。同时，建立产品碳足迹管理体系，对产品生产、运输、使用及回收等环节的碳排放进行全面管理与控制，提升企业产品的绿色竞争力（张琦峰等，2018；耿涌等，2010）。

1.3.3 重要区域绿色低碳发展的研究进展

我国幅员辽阔，不同地区在资源条件、产业结构布局及经济发展程度上呈明显的差异性和多样性（佟孟华等，2022；赵磊等，2019）。因此，各个城市群在发展过程中，都会根据自身独特的优势条件与区域特性，选择适合当地实际情况的发展路径与战略规划。李旭辉和陶贻涛（2023）认为重大国家战略区域的绿色低碳创新发展整体上呈波动增长的趋势，但各区域间存在明显的差异。其中，粤港澳大湾区处于领先地位，而黄河流域的发展水平相对较低，并且这种差异随时间推移有所扩大，区域间的差异是造成空间差异的主要原因。城市群和经济带是区域协同发展的两种主要模式。城市群是由多个相互连接、具有综合功能的城市构成，通过便捷的交通网络、经济联系和资源共享，实现区域的协调发展和共同繁荣，且特别关注城市建设、交通系统和公共服务的绿色转型（顾朝林，2011）。经济带则依托重要的交通走廊或自然资源形成，强调沿线区域的空间布局优化和产业联动，通过交通基础设施建设和资源配置，推动区域经济一体化和协调发展（张贡生，2019；陈修颖，2004）。尽管城市群和经济带的发展重点有所不同，城市群更注重城市间的协同合作和综合发展，而经济带更强调产业链的低碳化和区域联动，但在绿色低碳发展目标、政策支持和技术创新方面，两者都致力于实现区域经济的可持续增长。我国目前有京津冀城市群、长三角城市群、粤港澳大湾区、成渝城市群和长江中游城市群等 19 个国家级城市群，另外有长江经济带、黄河流域经济带和环渤海经济带等多个主要经济带。

（1）重要城市群的绿色低碳发展

对于城市群发展现状的讨论，研究选择了京津冀城市群与粤港澳大湾区这两大具有不同特点的城市群。京津冀城市群主要包括北京、天津以及河北的部分地区。粤港澳大湾区由广东省九个城市、香港特别行政区及澳门特别行政区组成，具有较高的对外开放水平，代表以市场为导向、创新驱动的区域发展模式（钟韵等，2017）。

现有的研究主要集中在大气污染防治、产业升级、能源结构调整等方面，旨在打造绿色低碳的城市群（苏孟倩等，2024；强宇尧等，2024；叶振宇，2024）。京津冀地区面临的首要问题是人口集聚程度高，资源消耗和环境压力巨大，且水资源短缺、土地退化等问题突出，制约了区域绿色发展。田智宇和杨宏伟（2014）指出消费总量远超当地的环境承载能力，过度开发和利用水资源不仅难以支持区域城市的可持续发展，还会导致如水土流失以及草地退化等严重的生态问题，从而成为制约城市经济社会发展的关键因素。京津冀地区绿色低碳协同发展需要优化产业结构与空间布局，避免资源过度集中在首都区域，促进资源在区域内的合理分配和均衡发展。此外，在促进公共服务均衡化的同时，应逐步疏解北京的非首都功能，缓解人口和资源压力，推动区域协同发展（王会芝，2018）。

粤港澳大湾区是我国对外开放的重要门户，拥有世界级的港口集群和航空枢纽，是连接"一带一路"沿线国家和地区的重要节点（温馨等，2024）。区域内聚集了大量的高新技术企业和研发机构，是全球科技创新的重要基地之一，具备成为全球经济增长引擎和国际一流区域的潜力（吴磊等，2023）。粤港澳大湾区跨越内地与港澳三地，在法律、政策和管理体系上存在差异，区域协调治理难度较大。环境治理和绿色发展政策在三地执行上极易出现不一致情况，影响整体绿色低碳协同发展（陈文晖，2024；邓宏等，2024；冯泽华等，2024）。此外，高度的城市化和人口密度对交通系统和能源结构优化提出了更高要求，公共交通和清洁能源的推广需要进一步加强（李晨，2024）。

（2）重要经济带的绿色低碳发展

对于经济带发展现状的讨论，本研究聚焦于长江经济带与黄河流域经济带这两大母亲河流域的经济带。长江经济带覆盖了包括上海、江苏和浙江在内的 11 个省级行政区；而黄河流域经济带则覆盖了青海、甘肃、四川、宁夏等 9 个省级行政区。这两个经济带覆盖范围广，在推动全国区域协调发展方面发挥着关键作用。此外，长江经济带作为我国最重要的经济走廊之一，黄河流域则是重要的粮食生产基地和能源基地，二者对国家经济安全均至关重要。

长江经济带是我国经济发展重要的战略支撑带，拥有众多产业集群，是推动我国区域经济协调发展和高质量增长的重要战略轴线。2021 年，长江经济带经济总量占我国经济总量的比重达到 46.7%，对我国经济增长的贡献率更是超过一半，达到 51.1%（刘倩雯等，2022）。目前，多数研究认为制约长江经济带绿色低碳发展的因素包括生态环境压力、产业布局不合理、区域发展不平衡（张羽等，2024；赵建国等，

2024）。第一，长江经济带面临着水环境质量下降、水生态系统受损、水土流失加剧等问题，需要加强水环境保护和修复（陈卓等，2023；张敏等，2024）。第二，重化工产业比重过高，产业发展消耗的能源总量与强度较高，需要优化产业结构，推动绿色工业园区建设（高洪玮，2024；马楠等，2023）。第三，长江经济带横跨我国东中西三大区域，覆盖九省两市，东部地区与中西部地区在经济发展水平上有较大差距，需要建立更有效的区域协同机制（邓淇中等，2024；叶堂林等，2024）。

黄河流域是我国重要的经济和文化区，也是我国北方重要的水源涵养地和生态调节区，对于维护区域乃至国家的生态安全具有重要作用（金凤君，2019）。此外，黄河流域拥有丰富的矿产资源和能源储备，是我国重要的能源和资源供应基地。黄河流域实现绿色低碳发展面临的问题主要有以下四个方面。第一，环境污染与生态环境破坏。在工业化和城镇化进程中，过度开发和利用资源导致生态环境恶化，黄河流域部分区域存在严重的水污染、大气污染和土壤污染问题（张睿哲等，2024）。第二，水资源管理问题严峻。黄河流域水资源时空分布不均，部分地区存在严重的水资源短缺问题，水资源管理和配置面临巨大挑战（谢群等，2024；张京新等，2024）。第三，产业结构调整压力大。北方各城市传统产业比重大，能源消耗和污染排放较高，产业结构调整和绿色转型任务艰巨（贾培煜等，2024）。流域内部分地区在推动产业升级和绿色转型过程中面临技术、资金和管理等方面的挑战（葛大兵等，2024）。第四，流域内城市促进绿色低碳发展的政策协同不够紧密，需要建立更为有效的跨区域协作机制和健全的环境治理体系（董淑敏等，2024）。

1.3.4 未来研究趋势

在全球气候变化挑战日益严峻，以及国家提出"双碳"目标的背景下，区域绿色低碳发展已成为未来迈向可持续发展的必由之路。深入探索区域绿色低碳发展的理论基础与实践路径对于促进经济的可持续增长具有重要意义。

基于相关领域的学术成果，未来研究可聚焦于以下几个重要方向。

首先，强化区域协同低碳发展模式的探索（杨威等，2023；Wang et al.，2021；韦东明等，2021）。在经济一体化的浪潮下，区域间的合作日益加深，探索如何通过协同机制实现低碳技术的共享与资源的优化配置显得尤为重要。例如，对于京津冀地区，研究应集中关注如何通过政策协同机制来推动绿色低碳发展，对于长江经济带，则应更多地探讨如何通过上下游城市的合作来实现区域内的可持续发展（李汶豫等，2024；周灿等，2024）。在许多情况下，一个地区的绿色低碳发展需要与其他地区相互配合，形成区域协同效应。通过考虑空间效应，可以更好地理解资源流动和配置的过程，从而促进资源在不同区域之间合理分配，实现更高效的资源配置（张荣博等，2022）。

其次，聚焦绿色低碳技术创新与应用的深度挖掘（邵帅等，2022；徐佳等，2020）。技术创新是绿色低碳发展的核心驱动力，应紧密跟踪低碳技术的最新研发动态，分析其技术扩散路径及对经济增长的促进作用（王锋正等，2022）。在此基础上，进一步探索如何通过政策激励、资金支持和技术研发等手段推动技术创新，并分析这些创新如何转化为实际应用，以及它们所带来的经济效益（高华，2020；周燕等，2019）。

再次，全面分析产业转型升级与结构调整的路径（Lee et al.，2022；张跃等，2020）。产业结构直接关系能源消耗和碳排放的水平（张娜等，2024），面对绿色低碳发展的新要求，传统高耗能、高污染行业需加快退出步伐，并寻求绿色化改造的可行路径（Liu et al.，2021；陈婉，2019）。对此，需关注绿色金融工具在产业转型中的支持作用，以及新兴产业的培育与发展策略，推动经济结构向低碳、高效、绿色方向转变（吴朝霞等，2022；王馨等，2021）。此外，应深入研究能源结构优化与能效提升的策略（邹才能等，2022；胡鞍钢，2021）。能源结构优化是实现绿色低碳目标的基石，应重点分析可再生能源的发展潜力与面临的障碍，探索化石能源清洁高效利用的技术路径（白雪，2024；江深哲等，2024）。与此同时，还需关注能源互联网、智慧能源管理等新型能源服务模式的发展前景，为能源系统的智能化、绿色化转型提供支撑（李全生等，2021）。

最后，加强绿色低碳政策评估与制度设计的实证研究（刘媛媛等，2024；史永姣等，2022；土玉娟，2021；胡本田等，2020；宋弘等，2019；叶初升，2019）。政策与制度是保障绿色低碳发展的关键，应系统评估现有政策的实施效果，及时总结经验教训，并提出改进建议（Yi et al.，2022；熊广勤，2020）。同时，设计更加科学、合理的激励机制和监管框架，包括财政补贴、税收优惠、环境标准等政策措施，为绿色低碳发展提供有力保障（邓玉萍等，2021）。还需关注地方实践的典型案例，探索其上升为区域乃至国家政策的可行性路径，为全球气候治理贡献我国智慧与方案。

1.4 主要研究内容

根据国家政策导向、现实问题与国内外研究进展与趋势，本研究紧跟党的二十届三中全会精神和党的二十大报告要求，立足于国家生态文明建设和美丽中国建设，积极推进我国区域绿色低碳发展研究。研究集合了先进研究方法和研究成果，结合国内外典型经验做法，从区域绿色低碳发展的成就与经验、区域绿色低碳发展路径分析、区域绿色低碳产业体系分析、区域产业结构绿色低碳转型研究、区域能源结构绿色低碳转型研究、区域交通运输绿色低碳发展研究、区域农业绿色低碳发展研究、区域绿色低碳示范区的发展与实践研究、区域生态产品价值实现研究、区域绿色低碳创新体系研究、区域绿色低碳发展政策体系研究等 11 个方面，从第 2 章至第 12 章分别展开论述。

第 2 章

我国区域经济绿色低碳发展的

成就与经验

区域经济绿色低碳发展对于促进我国经济转型升级、实现可持续发展目标具有重要意义，是构建生态文明体系、提升国家整体竞争力的关键环节。本章分析了当前我国区域经济绿色低碳发展的主要成就与主要经验做法，以期为后续区域经济绿色低碳发展提供参考与发展方向。

2.1　我国区域经济绿色低碳发展的主要成就

2.1.1　总体进展与成就

推动绿色低碳发展是解决生态环境问题的治本之策，是我国推进可持续高质量发展、建设美丽中国的重要举措。党的十八大报告提出要着力推进绿色发展、循环发展、低碳发展；党的十九大报告中也提出要建立健全绿色低碳循环发展的经济体系；党的二十大报告则进一步提出要推进生态优先、节约集约、绿色低碳发展，形成绿色低碳的生产方式和生活方式。2024 年的政府工作报告首次全面地将绿色低碳经济的发展作为年度核心任务进行规划，显示出绿色低碳经济将成为中国新质生产力培养的关键领域。产业结构、能源结构、交通运输结构、城乡建设是经济绿色低碳转型的四个重要方面，财税、金融、投资、价格政策和相关市场化机制方面逐步完善和理顺，是绿色低碳经济发展的重要支撑。2024 年 2 月 19 日，习近平总书记在中央全面深化改革委员会第四次会议中强调，促进经济社会发展全面绿色转型，要聚焦经济社会发展重点领域，构建绿色低碳高质量发展空间格局，推进产业结构、能源结构、交通运输结构、城乡建设发展绿色转型。

党的十八大以来，在习近平新时代中国特色社会主义思想的科学指引下，我国在绿色低碳发展方面取得了历史性突破。具体体现在以下四个方面。

（1）绿色低碳产业体系稳步构建

产业结构持续优化升级。自"十四五"时期以来，我国通过科学调控粗钢产量，已压减超过 4 000 万吨。同时，大力发展战略性新兴产业，培育了一批包括光伏、新能源汽车等在内的发展成熟的优势产业，新材料、新型储能、新信息技术等新兴产业也突飞猛进，已累计孵化超过 14 万家专精特新中小企业。此外，我国还发布了重点行业和设备的能效标杆水平，引导节能降碳更新改造，并严格控制新项目的碳排放，有效遏制了高耗能、高排放、低水平项目的无序发展。

传统制造业加快调整优化。"十三五"期间我国累计退出钢铁过剩产能超 1.5 亿吨，水泥过剩产能 3 亿吨。与此同时，先进制造业发展成效显著。2023 年，我国规模以上高技术制造业和装备制造业的增加值占规模以上工业增加值的比重分别达到了 15.7% 和 33.6%，与 2012 年相比均有明显提高。

产业体系绿色化发展全面提速。在工业领域，通过创新产品设计和构建绿色产业链，国家层面已成功建立了 3 600 多家绿色工厂、267 个绿色工业园区以及超过 400 家绿色供应链管理企业，使得制造过程更加环保。在江苏，2024 年上半年共启动 200 多项节能技改项目和百项重点工程，节能量超过 300 万吨标准煤。在广东，碳排放配额交易量已超过 2 亿吨，建成 300 多家国家级绿色工厂。在陕西，大力推行绿色减碳技术，捕集利用的二氧化碳相当于植树 510 多万棵。

供给侧结构性改革成效显著。我国积极培育战略性新兴产业，其中太阳能电池、锂电池和电动载人汽车等新兴产业已成为推动外贸增长的重要力量。2023 年上半年，这三类产品合计出口额达到 1.06 万亿元，首次超过万亿元规模，同比增长 29.9%。我国还制定了重点行业和用能设备的能效标杆，以此指导企业实施节能降碳的更新改造。同时，严格新项目碳排放管理，国家发展改革委修订并发布了《固定资产投资项目节能审查办法》，以有效控制高耗能、高排放、低水平项目的无序扩张。

（2）能源绿色低碳转型加快推进

能源绿色低碳转型取得重要进展。目前，我国已建立起全球最大的清洁能源生产与供应体系，可再生能源发电装机容量超过 13 亿千瓦，占比达到全国发电总装机容量的 48.8%，首次超过煤电。在全球市场上，我国生产的光伏组件和风力发电机等产品占据了 70% 的份额，同时，水能、风能、太阳能和生物质能等能源发电的装机容量均居全球首位。清洁能源消费占比已提升约 10 个百分点。在煤炭的清洁高效利用方面，煤电超低排放机组的规模超过 10 亿千瓦，能效和排放水平均处于全球领先地位。截至 2023 年 9 月，已累计完成了超过 5.2 亿千瓦的煤电机组节能降碳、灵活性和供热改造。我国正积极推动构建一个由煤、油、气、核及可再生能源共同驱动的多元化能源供应保障体系。

节能减排方面取得了显著成效。2013—2023 年，国内以年均 3.3% 的能源消费增速支撑了年均 6.1% 的经济增长，同时能耗强度累计下降了 26.1%，相当于 10 年间节约了 14 亿吨标准煤的使用，带来了约 29.4 亿吨的二氧化碳减排。此外，我国还超额完成了单位 GDP 二氧化碳排放强度下降的自主贡献目标。

能源资源利用效率持续提升。我国有色金属、建材、钢铁、化工等行业能耗强度持续下降。到 2022 年年底，我国钢铁、电解铝、水泥熟料和平板玻璃等产品的单位综合能耗较 10 年前减少了 9%以上，同时全国火电机组的煤耗已降至每千瓦时 302.5 克标准煤，这两项指标均达到了世界顶尖水平。

可再生能源装备制造能力不断增强。截至 2022 年年底，我国风电和光伏发电装机总量跨过 7 亿千瓦大槛，排名世界第一。年度新增的风电和光伏装机占比超过全国新增装机总容量的 3/4，其发电量占同年新增发电量的 55%以上。以沙漠、戈壁和荒漠地区为重点的 4.5 亿千瓦大型风电光伏基地建设进展顺利，首批约 1 亿千瓦的项目已全部开工，剩余项目将于未来几年陆续展开。

（3）交通运输结构显著优化

我国交通运输结构持续优化。2022年，全国铁路货运发送量实现了4.4%的同比增长，水路货运发送量也增长了3.8%。进入2024年，新能源汽车产业蓬勃发展，产销量分别达到492.9万辆和494.4万辆，同比分别增长30.1%和32%，我国新能源汽车保有量已占据全球一半以上的市场。深入推进大宗货物及中长距离货物运输"公转铁""公转水"，加快集疏港铁路和铁路专用线建设，2020年重点地区沿海主要港口矿石疏港采用铁路、水运和皮带运输的比例比2017年提高约20%，2017—2020年全国港口集装箱铁水联运量年均增长25.8%。先后组织实施三批共70个多式联运示范工程，两批共46个城市绿色货运配送示范工程，三批共87个城市的国家公交都市建设示范工程。

绿色生产能力明显增强。国内已顺利投产百万千瓦级水轮发电机组，在国际市场上，多晶硅、硅片、电池及其组件的产量份额均占据了超过 70%的比例。我国新能源汽车连续 8 年蝉联全球产销量冠军。此外，在加强绿色低碳产业链构建及促进产业基础升级方面，我国已经取得突出进展。

加快推进节能降碳。持续加快新能源和清洁能源应用，截至 2022 年，新能源城市公交、出租和城市物流配送汽车总数达到 100 余万辆，LNG 动力船舶 290 余艘，全国港口岸电设施覆盖泊位约 7 500 个，高速公路服务区充电桩超过 1 万个。与 2015 年相比，营运货车、营运船舶二氧化碳排放强度分别下降 8.4%和7.1%，港口生产二氧化碳排放强度下降 10.2%。

深入推进污染防治。扩大船舶排放控制区范围并提高排放控制要求，2020 年，京津冀、长三角、珠三角等区域船舶硫氧化物、颗粒物年排放总量较 2015 年分别下降 80% 和 75%。沿海和内河港口完成船舶污染物接收设施建设任务，并与城市公共转运、处置设施衔接。

（4）绿色城乡建设蓬勃发展

大力发展绿色建筑，推动既有建筑绿色低碳改造。现阶段我国绿色建筑技术已经达到与美国、英国、日本等发达国家与地区相近的水平，且发展速度更快，建成规模更是居全球首位，2022 年新建绿色建筑面积占比由"十三五"期末的 77% 提升至 91.2%；截至 2023 年年底，全国城镇累计建成绿色建筑面积约 118.5 亿立方米，累计获得绿色建筑标识项目 2.7 万余个。

持续推进建筑领域节能降碳。形成了以《中华人民共和国节约能源法》为统领、《民用建筑节能条例》、《公共机构节能条例》和《民用建筑节能管理规定》等规章为支撑的建筑节能降碳法规体系，稳步提高建筑节能降碳标准要求，大幅提升居住建筑、公共建筑节能水平。初步形成了绿色建筑标准体系，将绿色建筑基本要求纳入强制性国家标准；绿色建筑标识认定制度逐渐完善，建立了中央、省、市三级认定体系；现有建筑节能改造项目深入推进，建筑居住环境品质不断优化。

城乡绿色发展深入推进。截至 2020 年年末，地级及地级以上城市的绿地面积达到 259 万公顷，相较于 2012 年年末增长了 38.2%，其中公园绿地面积增长了 48.6%，达到 64 万公顷。在城镇绿色建设方面，2020 年新建建筑中绿色建筑占比高达 68%，可再生能源消费比例超过 13.6%。同时，简约适度、绿色低碳的生活方式得到大力推广，节约型机关、绿色学校、绿色社区和绿色出行等创建行动广泛开展。这些努力使城市生活品质全面提升，水清岸绿、花繁树茂的景象随处可见，社区周边的口袋公园和小微绿地实现了 15 分钟可达，人民群众的生态环境幸福感和安全感显著增强。

2.1.2　区域典型案例分析

在探索我国区域经济绿色低碳发展的道路上，各地区根据自身资源禀赋、发展阶段和生态环境状况，探索出了各具特色的绿色低碳发展模式。我国各地区、各行业在国家生态文明试验区及全国绿色低碳典型案例的示范作用下，正积极探索绿色低碳发展与生态环境保护协同并进的有效路径。

2016 年 8 月，中共中央办公厅、国务院办公厅印发《关于设立统一规范的国家生态文明试验区的意见》，提出率先在福建、江西、贵州三省启动国家生态文明试验区建设。2019 年 5 月，中共中央办公厅、国务院办公厅印发《国家生态文明试验区（海南）实施方案》，标志着海南正式加入这一行列。自国家生态文明试验区建设启动以来，各试验区积极开展绿色低碳发展创新实践，探索出了一条经济高质量发展与生态环境高水平保护协同并进的新路径。试验区建设不仅加速了我国人与自然和谐共存的现代化建设步伐，也为全球生态治理及可持续发展积累了宝贵经验、发挥了重要作用。

为提升公众绿色低碳意识，生态环境部于 2023 年"全国低碳日"期间发起了一项典型案例征集活动，共收到来自园区、企业、社区、个人以及绿色低碳公众参与实践基地等五个类别的 311 个典型案例。这些案例充分展示了各行业和领域在绿色低碳发展和生态环境保护协同路径上的积极探索。2024 年 5 月举办的"全国低碳日"主场活动中，生态环境部正式公布 2023 年度绿色低碳典型案例获奖名单。

（1）东部地区

①国家生态文明试验区

福建省作为东部地区经济发展水平较高的省级行政区，以建设首个国家生态文明试验区为契机，坚持走生态优先、陆海统筹的绿色发展道路，生态文明指数居全国前列，为全国生态文明建设、绿色低碳发展探索出可复制、可推广的实践经验。

打造绿色高质量发展先行区，高质量推进绿色低碳转型。围绕生产绿色化、生态产业化、能源清洁化、生活低碳化，持续壮大节能环保、清洁能源、基础设施绿色升级以及绿色服务业等产业，推进产业数字化、智能化同绿色化深度融合。完善绿色技术重大专项"揭榜挂帅"攻关机制、建设绿色低碳创新人才体系。全面推进资源节约集约，大力发展循环经济，高水平建设现代化"城市矿山"基地，着力构建绿色、低碳、循坏、高质量的现代经济体系。

统筹高质量发展和高水平保护，加快构建绿色低碳循环发展经济体系。组织实施全国首部经省级人大常委会审议并通过的生态文明建设领域专项规划，印发实施 300 多份绿色发展相关政策文件。建成国土空间规划全省"一张图"，实施生态环境分区管控体系，沿海产业节约高效集聚、山区生态重点保护的绿色发展格局初步形成。做好推动福建高质量发展的数字经济、海洋经济、文旅经济、绿色经济"四篇文章"，以1.3%的土地和2.9%的能耗创造了全国4.4%的经济总量，绿色发展动能强劲。

锚定"双碳"目标，全面落实碳达峰、碳中和战略。印发实施"双碳"实施意见、碳达峰实施方案，陆续出台实施能源、工业等分领域分行业实施方案和保障方案，"双碳"工作进入全面实施阶段。厦门、三明获评国家低碳城市试点优良城市，全国首个海洋领域国家基础科学中心在厦门启动，实施全国首宗渔业碳汇交易、农田碳汇交易和颁发首张蓝色碳票，林业碳汇交易规模居全国前列。

坚持绿色创新，以制度创新激发生态文明建设活力。深化生态产品价值实现机制，积极开展具有山海特色的生态产品市场化改革试点，率先建立全流域生态补偿机制和综合性生态保护补偿机制。创新形成"林权到户、规模经营、金融赋能"集体林权制度改革模式。率先推进自然资源统一确权登记试点，率先开展自然资源委托代理机制试点。深化绿色金融创新，探索推广林权收储贷款等一系列贷款品种。

②全国绿色低碳典型案例

东部地区作为我国经济发展的重要引擎，近年来在绿色低碳发展方面取得了显著成就，出现了一系列值得借鉴的典型案例（表2-1）。

表2-1　2023年东部地区绿色低碳典型案例名单

类别	推荐地区（单位）	案例名称
园区类	北京	大兴国际氢能示范区低碳产业园区示范项目
	河北	雄安商务服务中心项目
	福建	宁德市零碳湾区新能源产业集群
	海南	海南淇水湾旅游度假综合体绿色低碳示范园区
	山东	威海临港经济技术开发区近零碳园区
企业类	北京	北京京东方显示技术有限公司绿色低碳发展案例
	浙江	正泰电器如何将产业变"绿"
	江苏	海洋工程装备制造业的绿色低碳发展案例
	广东	低碳东鹏 绿建先锋
	海南	传统燃煤电厂的全方位绿色转型之路
	山东	山东港口青岛港自动化码头智慧、绿色"双五星"港口建设实践

类别	推荐地区（单位）	案例名称
社区类	上海	凌云梅陇，绿梦同行：打造"零排放"的生态社区
	江苏	"碳"锁生活，"益"起行动
	福建	守正创新、绿色护航，鼓浪屿打造全国首个世界文化遗产近零碳深度体验地
	山东	南长山街道孙家村——"近零碳社区"
	天津	小王庄镇零碳小镇
基地类	故宫博物院	"故宫零废弃"公众参与实践基地
	浙江	中国杭州低碳科技馆
	广东	碳中和主题园
	上海	杨浦滨江南段低碳发展实践
	河北	奥润顺达超低能耗建筑科技科普基地
	福建	蓝碳开发保护的海上生态科普教育基地——厦门市下潭尾红树林公园

北京市大兴国际氢能示范区、河北省雄安商务服务中心等园区通过引入清洁能源和低碳技术，构建了可供示范的低碳产业园区，推动了产业升级，也为其他地区提供了可复制的低碳发展模式。北京京东方显示技术有限公司等企业通过技术创新和管理优化，实现了生产过程中的能源节约和排放减少，展现了企业在绿色低碳发展中的积极作为。海南省传统燃煤电厂的全方位绿色转型之路，展示了传统能源行业在绿色低碳转型中的潜力和路径；而福建省宁德市零碳湾区新能源产业集群的建设也为新能源产业的集群化发展提供了新思路。山东省青岛港的自动化码头智慧、绿色"双五星"港口建设实践，体现了港口行业在智能化和绿色化方面的创新。

在生态社区与文化教育方面，上海市凌云梅陇社区通过打造"零排放"的生态社区提升了居民的生活质量，为社区层面的低碳实践提供了范例。故宫博物院的"故宫零废弃"公众参与实践基地等项目，通过文化与科普教育的结合，提高了公众的环保意识和参与度。福建省厦门市下潭尾红树林公园等基地，通过生态保护和科普教育，提高了公众对生态环境保护的认知和参与度。

东部地区的案例展示了通过政策引导、技术创新、产业升级、文化教育和公众参与等多方面的协同努力，推动了绿色低碳发展。这些做法和经验对于其他地区乃至全球的可持续发展具有重要的参考价值。

（2）中部地区

①国家生态文明试验区

江西作为唯一兼具国家生态文明试验区和生态产品价值实现机制国家试点的省级行政区，始终坚持以习近平生态文明思想为指导，致力于生态优先、绿色发展的道路，推动全面绿色转型，旨在打造生态文明建设高地并促进经济社会发展。作为国家生态文明试验区，江西已有35项改革成果被纳入国家推广清单，36项案例被编入《建设美丽中国的探索实践——国家生态文明试验区改革成果案例汇编》。江西积极打通"绿水青山就是金山银山"的转化通道，依托地区绿色生态优势，推动抚州国家生态产品价值实现机制试点，并构建了全省统一的生态产品价值核算与评估管理制度体系。此外，生态产品数据共享与自动核算平台建设在江西率先启动，进一步推进生态产品价值实现机制建立健全。在推进资源节约高效利用方面，江西新增12家省级园区进行循环化改造，铜业成为国家能效的"领跑者"，并以15个国家级绿色园区位列全国第三。在碳达峰、碳中和方面，江西不断优化政策框架和工作机制，有序推进清洁能源替代工作，实现若干清洁煤电项目落地。江西还制定了风电、光伏发电项目开发指南，开展为期3年的开发区屋顶光伏建设行动，实现可再生能源装机容量在总装机容量中的近半数占比。秉持生态为民、生态惠民的理念，江西在国家生态综合补偿试点省建设上持续深入，连续7年实施全流域生态补偿，并提高了国家公园和国家级自然保护区公益林补偿标准。

②全国绿色低碳典型案例

中部地区在绿色低碳发展方面同样展现出积极的态度和创新的实践（表2-2）。

表2-2　2023年中部地区绿色低碳典型案例名单

类别	推荐地区	案例名称
园区类	湖北	特斯联武汉智慧产业园（武汉 AI PARK）
企业类	湖南	全球绿色低碳轨道交通运输系统解决方案倡导者和提供商
社区类	江西	袁州区新康府街道丁家台社区绿色低碳示范点
社区类	湖北	湖北省武汉市江汉区北湖街道绿色繁荣社区建设实践

湖北省特斯联武汉智慧产业园通过集成先进的信息技术和智能系统，打造了一

个高效、节能、环保的产业园区，成为智慧型绿色园区的典范。湖南省的企业作为全球绿色低碳轨道交通运输系统解决方案的倡导者和提供商，推动了绿色交通技术的发展和应用，为减少交通领域的碳排放作出了贡献。江西省袁州区新康府街道丁家台社区绿色低碳示范点和湖北省武汉市江汉区北湖街道的绿色繁荣社区建设实践，通过社区层面的低碳生活推广和环境改善，提升了居民的生活质量，同时减少了社区的碳足迹。

中部地区的案例显示，通过集成应用绿色低碳技术，无论是产业园区的建设还是社区的日常管理，都能够实现能源的有效利用和环境的持续改善。通过教育和实践活动提高居民的环保意识，鼓励公众参与到低碳生活的实践中来，强调了公众参与的重要性。同时，区域内外的合作与交流，通过分享经验、技术和管理模式，促进了区域内绿色低碳发展的协同效应。

中部地区的绿色低碳典型案例不仅体现了该地区在推动可持续发展方面的积极探索，也为其他地区提供了宝贵的经验和启示。通过这些实践，中部地区正在逐步构建一种绿色、低碳、循环的经济社会发展模式。

（3）西部地区

①国家生态文明试验区

习近平总书记在贵州考察调研时强调，优良的生态环境是贵州最大的发展优势和竞争优势。

打造生态文明"金名片"。继贵阳市和遵义市之后，六盘水市、铜仁市、黔南州跻身国家森林城市行列；贵阳市花溪区获评国家级"绿水青山就是金山银山"实践创新基地；遵义市余庆县被正式命名为"生态文明建设示范区"，从 2017 年第一批到 2022 年第六批，贵州已有 14 个地区累计拥有 16 张这样的"国家级"生态文明"金名片"。

用"含绿量"赢得工业发展"含金量"。贵州持续推进工业绿色低碳转型。一方面，致力于节能降碳，提升关键行业的能源利用效率；另一方面，积极推动产业结构的优化与升级，着力发展绿色低碳产业，通过实施工业绿色低碳的"加减法"策略，即减少高能耗、高排放产业，增加绿色低碳产业，从而凸显工业绿色发展的核心理念。贵州率先在全国实施磷化工企业"以渣定产"，从"工业副产"到"新型建材"，贵州实现了磷石膏的"变废为宝"。2022 年贵州磷石膏资源综合利用能力已突破 1 100

万吨，初步构建起磷石膏资源综合利用产业链，全省磷石膏综合利用率达 96.43%，超全国水平 46.03%。截至 2022 年年底，贵州共创建国家级、省级绿色工厂 162 家，绿色工业园区 27 个。2022 年，该省绿色经济占比提升至 45%，较 5 年前增长了 6.3 个百分点，成功探索出一条集生态优美、产业繁荣与民众富裕于一体的可持续发展路径。

严守发展和生态两条底线，推进自然保护地整合优化。贵州省建立以国家公园为主体的自然保护地体系，巩固山头治理、石漠化治理成效，山水林田湖草一体化保护修复成效明显，建成各类公园 1 025 个，森林覆盖率已过半，达到 55.3%，生态环境质量指数达 65。贵阳市积极推动大数据、新能源汽车、新能源电池及新材料等战略性新兴产业的发展，创建了 35 家"绿色工厂"、3 个国家级绿色园区和 13 个国家级绿色设计产品，累计认证了 122 个绿色食品和 19 个地理标志农产品，并成功交易了首批森林碳票。在数字经济和绿色经济方面，贵阳市的地区生产总值中，数字经济占比达 49.2%，绿色经济占比达 48%。

②全国绿色低碳典型案例

西部地区在推动绿色低碳发展方面同样展现出了创新意识和行动决心（表 2-3）。

表 2-3　2023 年西部地区绿色低碳典型案例名单

类别	推荐地区	案例名称
园区类	四川	成都市科创生态岛近零碳排放园区试点案例
	云南	坚持高质量发展，打造"2+N"低碳园区
	内蒙古	浩彤现代农业示范园区
企业类	陕西	西安吉利汽车有限公司"零碳"工厂建设项目
社区类	四川	成都市"四川天府新区麓湖公园社区近零碳排放社区试点案例"
	广西	全国首个"零废弃"海岛——广西北海市涠洲岛
	陕西	倡导低碳生活，点亮绿色社区——陕西省汉中市佛坪县袁家庄街道袁家庄社区
	新疆生产建设兵团	打造"适老宜小""低碳环保园林康养"
基地类	青海	青海省自然资源博物馆
	贵州	贵阳市观山湖区生态文明展览馆
	重庆	北碚区新时代文明实践生态文明分中心
	广西	广西核与辐射科普教育基地

四川省成都市科创生态岛和云南省的"2+N"低碳园区项目，通过实施节能减排措施和推广清洁能源，探索了近零碳排放园区的建设路径。内蒙古自治区的浩彤现代农业示范园区，通过应用现代农业技术和管理方法，提高了农业生产的可持续性，为农业领域的绿色转型提供了示范。陕西省西安吉利汽车有限公司"零碳"工厂建设项目，体现了企业在生产过程中追求"零排放"的努力，对推动工业领域的绿色发展具有重要意义。

在低碳社区与教育基地方面，四川省成都市的麓湖公园社区、广西北海市涠洲岛的"零废弃"实践，以及陕西省汉中市佛坪县袁家庄社区的低碳生活倡导，都在社区层面推动了绿色生活方式的普及；新疆生产建设兵团打造的"适老宜小""低碳环保园林康养"社区，体现了社区建设与绿色低碳理念的结合，为社区发展提供了新思路。青海省自然资源博物馆、贵州省贵阳市观山湖区生态文明展览馆等基地，通过科普教育和展览活动，提高了公众对生态文明的认识和参与度；重庆市北碚区新时代文明实践生态文明分中心和广西核与辐射科普教育基地等，通过创新的科普方式，增强了公众对绿色低碳重要性的理解。

西部地区的这些绿色低碳典型案例体现了该地区在推动可持续发展方面的积极探索和实践，通过政策引导、技术创新、产业升级、社区建设和公众教育等多方面的努力，为构建绿色低碳社会提供了有力的支持和示范。这些做法和经验对于其他地区乃至全球的可持续发展具有重要的参考和启示作用。

（4）东北地区

东北地区作为中国重要的工业基地和生态宝地，在绿色低碳发展方面也取得了显著进展（表 2-4）。

表 2-4　2023 年东北地区绿色低碳典型案例名单

类别	推荐地区	案例名称
园区类	吉林	长白山华美胜地"净零碳"园区
企业类	吉林	二氧化碳捕集埋存与提高采收率技术
基地类	辽宁	华晨宝马沈阳生产基地

吉林省的长白山华美胜地"净零碳"园区，通过综合运用节能减排技术和可再生能源，实现了园区的"净零碳"排放，为其他地区提供了"净零碳"园区建设的参考。吉林省的企业通过二氧化碳捕集埋存与提高采收率技术，不仅减少了温室气体的排放，还提高了资源的利用效率，展示了工业领域在碳减排和资源循环利用方面的创新。辽宁省华晨宝马沈阳生产基地，通过采用绿色制造技术和管理措施，提高了生产过程的能效和环保水平，体现了产业升级与绿色转型的协同推进，为传统产业的绿色发展提供了方向。

东北地区的案例体现了生态保护与低碳发展的有机结合，如长白山华美胜地"净零碳"园区的建设，既保护了生态环境，又推动了低碳经济的发展。同时注重发挥区域特色，如长白山地区的生态优势，为绿色低碳发展提供了独特的资源和条件。

东北地区的这些绿色低碳典型案例，不仅体现了该地区在推动绿色低碳发展方面的决心和行动，也为其他地区提供了宝贵的经验和启示。通过这些实践，东北地区正在逐步构建起一种生态友好、资源节约、环境友好的可持续发展模式。

2.2　我国区域经济绿色低碳发展的主要经验

厦门大学"碳中和发展力"研究团队联合南昌大学经济管理学院更新发布了 2023 年中国碳中和发展力指数，持续跟进全国各地区在碳中和工作部署和低碳转型实践中的最新进展与工作成效。相关数据显示，从结构上看，广东、浙江、北京、江苏、上海连续 3 年位居全国前五，意味着东部地区碳中和发展的领先优势明显，在低碳转型实践中充分发挥了示范作用。内蒙古、贵州、辽宁、黑龙江和西藏等地区的排名相对靠后，碳中和发展力仍有待进一步提升。由于不同地区存在差异性，其区域经济绿色低碳发展的程度也不同。但近年来，各地区纷纷加快绿色低碳转型步伐，在推进经济绿色低碳发展的过程中总结出一系列典型经验和做法，为今后的高质量发展提供了极大的参考和借鉴意义。

2.2.1　东部地区绿色低碳发展的主要经验

（1）北京市

推动技术创新。为加强低碳技术的应用，北京市生态环境局发起了先进低碳技术试点项目，并筛选出技术创新领先、减排效果明显、示范效应显著的项目，在全市范围内推广应用，以绿色技术创新推进经济社会低碳转型。

打造行业标杆。基于北京市 10 年来碳市场建设的经验，结合当地产业结构和碳排放特点，在重点行业评选出一批碳排放绩效优异、管理水平高、技术创新领先的企业作为低碳领跑者。

建立"零碳"服务。北京经济技术开发区率先建立"零碳"服务中心，致力于为区内企业提供包括节能减排技术创新、ESG 评估、碳足迹追踪与核算、碳市场交易等在内的咨询服务，以及项目实施能效评估、绿色低碳政策落实、重点企业低碳减排等指导服务，打造一体化的绿色低碳服务综合体。

动员全民参与。针对不同的区域管理主体，如街道、乡镇、产业园区、社区和村庄等，选择具有一定工作基础、实施意愿强烈的地方，开展多样化的气候友好型区域试点建设，探索多元化的低碳发展模式。

创建绿色发展示范区。北京市发布了《北京城市副中心建设国家绿色发展示范区实施方案》，旨在通过智能舒适的绿色建筑、便捷高效的绿色交通、创新驱动的绿色产业、安全可靠的绿色能源、清新美丽的绿色生态、低碳环保的绿色文化等七个方面的努力，统筹协调产业结构调整、环境污染治理、生态保护、应对气候变化等工作，共同推动降碳、减排、绿化、经济增长，打造一个以绿色为基调的现代化城市副中心。

（2）广东省

坚持以数智技术、绿色技术赋能新型工业化。积极推进国家级绿色工厂、绿色工业园区和绿色供应链管理企业创建工作，推动工业循环经济发展，推动工业企业实施清洁生产审核，创建废旧动力蓄电池综合利用行业规范企业。在这些方面具有代表性的园区为比亚迪"零碳"园区和湛江宝钢。比亚迪"零碳"园区作为我国汽车领域首个"零碳"园区，实现了园区内新能源汽车全覆盖，且所有生产流程均依赖公司自主研发的纯电动车辆、堆高车、托盘车、重型卡车等低碳运输设备。湛江宝钢则成功投产了国内首套百万吨级氢基竖炉项目，该项目预计每年可减少生产同等规模铁水所产生的二氧化碳排放量 50 多万吨。使用"氢基竖炉"直接还原炼铁，关键是"氢气"的获取。通过风能、光伏等可再生能源发电制取"绿氢"，该流程几乎不会造成温室气体排放，从源头脱碳，有望实现近零碳排放的钢铁冶炼过程。

加快构建新型能源体系。大力发展海上风电、光伏发电等清洁能源，极大地提升了全省清洁能源装机占比、新能源产业集群涉及的发电装机规模以及全省供氢能力。在氢能方面，建设佛山南海氢能产业园，对氢能企业和机构形成聚集效应，涵盖氢能全产业链。规划并建设海上风电装备制造产业基地，推进阳江海上风电项目，将风电产业深度嵌入阳江经济。

发挥绿色金融对绿色低碳发展的支撑作用。建立广州绿色金融改革创新试验区，绿色金融组织体系逐步完善，绿色金融产品和服务不断丰富，绿色融资渠道得以拓宽，区域试点碳市场领先地位继续巩固。创新绿色金融产品和服务。在绿色信贷方面，创新抵质押方式，先后创新推出"排污权质押融资""合同能源管理未来收益权质押融资""乡村振兴复垦贷""光伏贷""林链贷"等 40 多个绿色信贷产品。在绿色债券方面，注重调动债券市场资源，推动绿色债券融资规模持续扩大，发行全国首单"三绿"资产支持票据、全国首批碳中和债券，在香港、澳门两地同时挂牌发行全国首只双币种国际绿色债券。在绿色保险方面，大力推广环境污染责任保险、安全生产责任保险、蔬菜气象指数保险、光伏日照指数保险等产品，在全国首创药品置换责任保险。

深入打造绿色生态交通促进可持续发展。积极建设公共充电桩，推广应用新能源营运车辆，提高全省城市公交领域电动化率，发展液化天然气单燃料动力船舶和纯电动船。在深圳持续探索低碳、可持续发展路径，实现公交车和网约车的全面纯电动化。

（3）山东省

以能源转型促进绿色低碳发展，调整优化能源结构。山东大力发展以太阳能、风能、核能等为代表的新能源，加快推进一批重大能源项目，持续优化能源供给结构并实现新突破。胶东半岛核电、海上风电、鲁北风光储输一体化等大型清洁能源基地加快建设，新能源和可再生能源装机容量、发电量均大幅提升。山东将新能源产业确定为全省新旧动能转换十强产业之一，聚焦风电、核电、氢能、储能等重点领域，牢固树立大能源理念，加快构建新型能源体系，致力于建设现代能源强省。推动传统能源产业转型升级，加强能源节约集约利用。山东立足以煤为主的能源消费基本省情，坚持电力、热力安全保供基本原则，推动煤电行业转型升级。致力于化石能源的清洁高效利用，积极推进大型煤电的规划建设，同时有序实施落后小煤电的关停并转，并推动供暖燃煤锅炉的清洁替代，以实现煤电装机容量占比的持续降低。

建设绿色低碳高质量发展先行区。从自身的产业和能源结构实际出发，山东抓住建设绿色低碳高质量发展先行区这个重大机遇，持续加大节能降耗的力度，不断调整优化能源结构，加快能源转型。为实现"双碳"目标，选择低碳工作基础扎实、减排潜力大的县（市、区）、园区和社区作为试点，开展"近零碳"排放示范项目，旨在探索和推广区域低碳发展的新路径。统筹碳达峰、碳中和与生态环境保护相关工作，强化源头治理、系统治理、综合治理，推动减污降碳协同增效，助力绿色低碳高质量发展先行区建设。

（4）河北省

加快有色金属等高耗能、高排放行业转型升级。出台重点行业技术指南，搭建技术推广、经验交流平台，打造更多集环保技术研发、成果转化于一体的服务平台。出台一揽子举措，如优化项目审批流程、税费减免抵扣、财政资金奖补等，全流程支持企业开展自主减排。同时，对重点企业、重点设备进行节能改造，组织部门、协会一对一开展帮扶指导，帮助企业解决相关技术难题。

2.2.2　中部地区绿色低碳发展的主要经验

（1）湖北省

以节能提效促进绿色低碳发展。加快产业低碳转型，突破性发展光电子信息等五大优势产业，引领"51020"现代产业集群发展，推动全省产业"含新量""含绿量"不断提升。加速项目降碳改造，针对钢铁、化工等重点行业，根据能效先进水平制定策略，利用财政金融政策工具，实施"一业一策"来推动这些行业的节能降碳改造。在过去的 3 年中，"鄂绿融"已累计发放 147 亿元的专项贷款，而"鄂绿通"则实现了 1 544 亿元的融资总额，共同支持了 682 个项目完成节能改造。加强全社会减碳节能。从园区能效综合提升、公共机构整体节能、产品设备能效提高三个方面着手推进机关单位、工业企业、公共交通、景观照明、社区家庭等七大领域节能增效。

优化能源结构。推动清洁能源主体化，着眼重塑战略资源结构，下大力气发展清洁能源。深入实施新型能源体系建设三年行动，着力推进风光水火储、源网荷储一体化。推动绿电交易市场化，在全国率先启动绿色电力交易试点，发出全国首张电碳市场双认证的"绿电交易凭证"，持续完善绿电交易政策体系，常态化开展绿电撮合交易。推动终端消费电气化，以构建高质量充电基础设施体系为切入口，积极推进工业、建筑、交通运输、农业农村等重点领域电气化水平稳步提升。

构建绿色产业体系。湖北省实施重点行业节能降碳改造等十大绿色转型工程，打造城市矿产等 10 条循环经济产业链，实现经济发展"含绿量""含金量"的同步提升。前瞻布局废旧锂电池回收利用，将废旧锂电池"变废为宝"。

在构建绿色制度体系上，建设好全国碳排放权注册登记结算系统，并不断完善生态价值实现和生态保护补偿等机制，旨在通过制度创新推动绿色低碳转型。此外，实现了"电—碳—金融"三大市场的融合，初步建立包括碳交易、碳资产在内的碳市场全产业链。

（2）山西省

努力构建新型能源体系。作为煤炭大省，山西正积极构建新型能源体系，并致力于打造全国能源革命综合改革试点先行区。在保障能源安全的基础上，山西通过智能化、绿色化改造提升开采效能，并积极开发非传统天然气，优先发展新能源，实现了煤层气年产量突破百亿立方米，新能源和清洁能源装机容量占比增至 46.4%，外送绿电位居全国之首。目前，山西已全面实现地下采煤工作面的综合机械化，智能化开采已覆盖半数以上煤炭产能，先进产能占比超八成。山西出台了全国首部煤炭清洁高效利用地方性法规，推广绿色低碳节能新技术，引领能源消费绿色化转型。同时，山西持续深化能源体制改革，战略性组建省属四大煤炭企业，探索矿业权改革，开展煤铝等伴生资源开采试点，建立了全国首家电力现货交易市场。此外，山西不断扩大能源开放合作，通过举办太原能源低碳发展论坛，与国际组织合作实施绿色低碳开发示范项目，推动能源产业的持续创新与发展。

（3）河南省

把生态优势转化为经济优势。泌阳县通过废弃矿山整治、水土流失治理及生态修复，成功将荒山变为果园，将沟地变为良田，并围绕夏南牛构建了"种—养—加"循环农业产业链，实现了"河湖治理+生态扶贫+循环农业"的绿色发展模式。栾川县则凭借其独特的地貌、适宜的气候和高达 82.7%的森林覆盖率，成功将老君山、重渡沟等原工矿业地区转型为生态旅游业的支柱，形成了"以旅带农、以农促旅"的发展模式。而在新县，充分利用其自然环境和古村人文历史优势，主打乡村旅游产业，吸引社会资本参与，鼓励农民入股村集体经济合作社，成功构建了"自然资源+文化古韵+乡村旅游"的乡村振兴模式，实现了生态优势向经济优势的转化。

偏工业城市布局绿色制造。加快传统制造业绿色低碳转型。典型城市如郑州市全面推行绿色制造，鼓励支持传统制造业调整产业结构，淘汰落后的重污染产业，围绕绿色、低碳、数字化转型推动制造业节能减碳，聚焦重点企业，持续开展技术改造和设备更新，实现产品全生命周期的绿色化和高端化。重点布局战略性新兴产业。郑州市和洛阳市持续加大对新一代信息技术、新能源汽车、新材料、动力电池、半导体等战略性新兴产业的支持力度，着力打造资源集聚、生态完善、链条完整、协同有力的产业新高地，开辟产业绿色发展新通道，推动产业绿色集群化发展。

偏农业城市创新发展绿色生态农业。创新农业种养模式。典型城市如驻马店市探索平原农田防护林建设模式，将生态环境保护与农业生产相结合。周口市大力推进"生态+电力"集约模式，建设渔业养殖与光伏发电相结合的"渔光互补"项目。平顶山市首创"百亩千头"种养结合循环模式，助力乡村产业振兴与绿色转型同步推进。发展绿色生态产业。灵宝市以"区域品牌+企业品牌+高端品牌"联动打造高端农产品品牌。周口市加快建设棉花、油料、蔬菜等特色优势农产品基地，推进"三品一标"认证，发展无公害农业、绿色农业、有机农业。驻马店市以国际农产品加工产业园和中国农产品加工投资贸易洽谈会为依托，转变农业生产方式，推动绿色农产品深度加工，打造"国际农都"。

偏文旅城市探索低碳化改造。降低景区碳排放。洛阳马蹄泉旅游度假村打造"全电景区"，提高景区电气化水平，实现了景区"吃住行乐"绿色用能全面深度覆盖，赋予绿色生态旅游新底色，塑造"零碳+旅游"模式。提升旅游产业数字化水平。旅游城市加强资源整合、集聚效应，开发数字化服务平台，如焦作云台山智慧旅游系统、太极全域剧场，郑州文旅云等，可方便快捷地为公众提供文化及旅游服务，提高旅游产业的数字化水平，助推河南旅游城市绿色低碳发展。

2.2.3　东北地区绿色低碳发展的主要经验

（1）黑龙江省

作为重要工业城市，大庆市正致力于提升传统产业的绿色化水平，通过构建绿色制造体系，引领行业绿色转型，并积极建设绿色工厂和"零碳"工厂。同时，该市还建设了分布式光伏电站，实现了对粉尘、废水、废渣、噪声等污染源的"零排放"，并建立了原材料节约回收利用管理制度，确保资源的高效利用。在推动传统煤电转型升级方面，促进煤炭资源型城市向绿色低碳转型，优化能源结构，统筹发展风能、氢能、抽水蓄能等清洁能源，并致力于打造千亿元级能源产业集群。该市加快试点建设步伐，强化减污降碳的协同创新，推动结构优化调整，形成了多领域减污降碳协同发展的格局。

（2）吉林省

积极打造生态旅游品牌，开发冰雪旅游市场。创新探索生态产品价值实现机制，不断完善基础设施、丰富产品业态、优化游客体验，积极推动文旅产业提档升级。通过推进线上线下融合，建立智能化的旅游服务体系，从而提升综合性管理服务保障水平。这一系列举措旨在推动冰雪旅游产业的升级，构建具有吉林特色的现代冰雪产业体系，实现高质量发展。加速推进新能源产业，加速打造国家级清洁能源基地，带动新能源装备制造业发展。依托东部山区水系发达的独特条件，启动"山水蓄能三峡"工程。实施"百千万"产业培育工程，以"六个回归"建强产业链、优化供应链、提升价值链。松原市、白城市、延边州等地立足风光资源优势和水资源优势，积极推进"陆上风光三峡""山水蓄能三峡""氢动吉林"等重大能源产业项目。

2.2.4　西部地区绿色低碳发展的主要经验

（1）甘肃省

甘肃以深入实施"引大引强引头部"和"优化营商环境攻坚突破年"行动为牵引，围绕强龙头、补链条、聚集群，以企业为主体、以市场为导向、以重点工程为依托，大力推进高效节能、先进环保、资源循环利用、绿色矿山等绿色环保产业健康有序发展。不断完善绿色税制。甘肃税务部门积极落实绿色税收政策，以充分发挥其在促进生产力发展和高质量发展中的赋能增效作用。税务部门推动了"税务征管、企业申报、环保监测、信息共享、协作共治"的环保税征管协作机制建设，形成了"多排多缴、少排少缴、不排不缴"的正向激励机制，有效提升了发展的绿色含量和增长的质量。在引导工业企业主动减排的同时，甘肃税务部门还加强了建筑施工扬尘环保税的征管工作，逐步完善了"项目管家服务+双税关联比对+部门协同共治+考核激励引导"的管理模式。税务部门还为相关企业提供了点对点的涉税辅导，帮助解决减免政策享受和环保税计税依据计算等难点问题，让企业真正从绿色发展中获益。

（2）新疆维吾尔自治区

积极打造公共机构碳普惠平台。将绿色低碳行为量化为碳积分，通过建立积分激励机制，为企事业单位及市民的绿色低碳行为提供生态附加值，推动公共机构带头践行绿色低碳行为，激励公众更好地投身到绿色低碳生活，促进绿色消费。持续加快以新能源为主体的新型电力系统建设，提高可再生能源比例，推进大型风电光伏基地、重大水电项目和抽水蓄能项目建设，大力推行清洁能源产业基地化、规模化、一体化、多元化开发。发展生态农业。实施严格的生态保护措施，积极推进无公害农产品、绿色食品、有机农产品和农产品地理标志的获证产品，推动名优特色农产品走向全国。

（3）重庆市

推进工业、城乡、交通和城市绿色建筑等重点领域碳达峰行动计划。开展国家首批城市和产业园区的减污降碳协同创新试点。同时，致力于创建国家生态工业示范园区和西部唯一的区域性碳排放权交易试点市场，创新性地将碳排放纳入环评和排污许可管理，树立了"碳评"实践的新典范。加快推进新型工业化，不断塑造发展绿色低碳、数字智能和产业深度融合发展的新动能、新优势。长寿经济技术开发区聚焦于新材料和数字健康领域，推动产业结构升级。涪陵区则通过对传统重化工业进行高端化、智能化、绿色化改造，实现了产业的创新发展。积极发展新能源。九龙坡区积极投资新能源领域，计划打造集氢能科技园、氢能产业园、氢能产业示范应用基地于一体的"西部氢谷"，并建成多个国家级氢能产业基地。黔江区则构建了以新能源为主体的新型电力系统，成为重庆首批气候投融资试点区县之一。

第 3 章

——

我国区域经济绿色低碳发展路径分析

步入新发展阶段以来，中国政府积极转变发展观念，致力于探索符合中国国情的绿色低碳发展道路，区域绿色低碳发展已取得了显著成就，但仍面临诸多挑战与问题。本章深入探索我国区域经济绿色低碳发展的困难与挑战，并详细分析其发展影响的因素和发展路径，这对于我国实现绿色高质量发展的宏伟蓝图具有极其重要的推动作用。

3.1　我国区域经济绿色低碳发展面临的困难与挑战

3.1.1　能源结构复杂性问题

产业与能源结构绿色低碳转型是实现碳达峰、碳中和目标的根本问题。但目前，能源结构绿色低碳转型仍然面临诸多挑战。

其一，我国能源结构偏煤的国情尚未改变。我国化石能源资源的特点是煤炭资源丰富，这导致我国形成了以煤炭为主的能源结构，使实现碳中和目标面临巨大挑战。根据《中华人民共和国 2023 年国民经济和社会发展统计公报》，我国煤炭消费量在能源消费总量中的比重高达 55.3%，远超天然气、水能、核能、风能及太阳能等清洁能源的比重。在技术、经济、政治、社会等多维度因素的综合影响下，煤炭在短期内仍是我国能源体系中不可或缺的关键角色，是解决能源供给短缺最为迅速有效的手段。然而，这种短期需求与长期规划之间的矛盾，进一步加剧了煤炭相关能源转型策略制定的复杂性。

其二，能源结构转型风险尚无法消解。保障能源安全是能源转型的首要任务，但在绿色低碳可再生能源逐步取代传统能源矿产资源的过程中，可能会催生更多的不确定性因素，甚至出现阶段性、结构性供需失衡以及社会问题。我国新能源装机量增长迅速，但新能源的消纳问题仍待解决。风能和太阳能等新能源发电存在不稳定性，导致弃风、弃光问题尚未得到根本性解决。因此，加大新能源产业向资源丰富地区转移的力度，并加速储能等基础设施的建设，是解决新能源消纳问题的关键。

其三，能源增长的刚性需求大与供给难以满足的矛盾尚未解决。我国能源结构具有贫油、少气，风电、光伏等资源丰富的特征，但新能源潜力尚未完全开发。当前新能源高质储存、高效转换、成本降低等关键核心技术问题仍未解决，使太阳能、地热能、风能等新能源供给难以满足持续攀升的能源需求，以致煤炭等化石能源消费量无法缩减，阻碍了能源结构绿色低碳转型的进程。

3.1.2 区域污染物协同治理矛盾

污染物跨介质、跨区域传输和治理问题已成为区域协同治理亟须解决的生态环境问题。由于污染物多样化，且区域协同治理主体多元化、主体责任复杂化等特点，区域污染物协同治理在实施过程中存在矛盾。

其一，跨区域污染治理合作难度大。现阶段水污染物、大气污染物和土壤污染物是重点治理对象，但不同污染物成因不同，治理举措也不尽相同，甚至地区之间受污染程度也大相径庭，这在一定程度上提高了各区域协同治理的难度。

其二，跨区域协同治理主体利益不同。由于协同治理往往涉及不同地方政府等主体，其目标诉求以及治理动机并不一致，可能会因利益相互冲突，地区之间陷入"重竞争轻合作"的局面，影响区域环境协同治理效果。在缺乏有效利益调节机制的情况下，地方的"理性"选择可能会导致整体利益的"非理性"，使跨区域的生态环境治理陷入类似"囚徒困境"的僵局。某些地区甚至仍然以"重发展轻环保"为主，缺乏强制化、市场化、自主化综合协同控制机制。

其三，污染物区域协同治理机制尚未完善。在推进协同治理的过程中，往往诸多区域或多部门参与其中，清晰明确的权责关系是推进区域间政府保持良性合作的前提，权责关系不清晰是导致当前跨区域生态环境治理陷入困境的一个重要原因。目前，受政府地方保护倾向、地方行政区划分割、治理主体互不隶属等因素的影响，有关主体权责关系的具体分配以及相应配套的监管机制并未形成，最终导致责任推诿、效率低下。此外，权责的不明确易导致合作滋生出更多的"搭便车"行为，最终导致区域协同治理失败。

3.1.3 生态产品价值实现"瓶颈"

积极探索生态产品价值实现路径是促进"绿水青山"转化为"金山银山"的重要前提。但在具体实践中，生态产品价值实现的路径、机制等关键问题仍未有效解决。

其一，生态产品价值核算机制尚未完善。目前，仍未有统一的价值核算机制，国内普遍选用生态系统生产总值（GEP）评估生态产品的物质供给、调节服务和文化服务，但其核算结果容易受调节服务的影响，难以真实反映实际价值。

其二，生态产品价值转化路径较为单一。生态产品价值实现路径大致分为生态修复与环境综合整治模式、生态保护补偿模式、生态私人产品交易与生态产业化模式、生态资源资本化与生态权益交易模式、产业生态化模式五类，但实际上多数生态产品价值转换路径局限于特色生态农业、农家乐等生态产业化方面。这种模式往往容易滋生占用永久基本农田开发生态修复工程项目、盲目建设人工湖生态公园、违规占用防护林地等问题，不仅直接危害了生态环境，更是间接提高了经济成本。

其三，自然资源资产产权制度改革需进一步深化。确定生态产品产权归属是推进生态产品价值实现的基本前提。作为一种特殊的商品，生态产品兼具公共性与外部性，因而其产权界定较为模糊，衍生出生态产品权属不清、产权重叠等问题，在核算及价值转化中均易出现问题。

3.1.4　技术创新与人才短缺

关键领域绿色低碳科技创新是推动区域经济绿色低碳发展的关键。虽然我国科技创新水平发展迅速，但在关键性、原创性、颠覆性技术创新领域的发展仍相对较慢，关键核心技术受制于人的局面没有得到根本性改变，且在绿色低碳发展领域尤为突出。

其一，关键绿色低碳技术"卡脖子"的问题仍未得到根本解决。目前，在清洁能源挖掘与利用、利用生物质原料替代石油制造大宗材料等绿色低碳产业领域，关键核心技术仍待攻克。

其二，基础研究投入不足致使原创性绿色低碳创新能力相对薄弱。我国的基础研究投入结构中，90%均来自中央财政，这与西方发达国家仍有差距，在企业基础研究比重方面严重落后。同时伴随原创性绿色低碳创新成果未能得到有效保护，常常面临维权难、成本高的局面。

其三，绿色低碳科技成果难以有效转化。作为将创新资源转化为绿色生产力优势的核心步骤，绿色低碳科技成果有效转化的重要性不言而喻。然而，当前高等院校与科研院所的职称评价体系尚未充分对接绿色低碳产业的技术需求，存在脱节现象，由此也缺乏完善的利益保障机制和制度框架来支撑技术转型过程。与此同时，专业性科技成果向绿色低碳领域转化的服务平台不够成熟，阻碍了绿色低碳科技成果与市场需求的顺畅对接与有效融合。

其四，专业领域高精尖人才短缺且流失严重。当前专业领域内既精通绿色低碳技术又具备创新思维的高层次人才供不应求，加之部分优秀人才因待遇、发展平台或政策环境等因素流向其他领域或国家，进一步加剧了人才短缺的困境。这种局面不仅限制了绿色低碳技术的突破与革新，也影响了整个绿色低碳产业的健康发展与转型升级。因此，加强人才培养与引进，构建更加完善的人才激励机制与发展环境，成为推动绿色低碳发展不可或缺的重要一环。

3.1.5 国际合作与竞争压力

绿色低碳发展是全球性的议题，气候变化关乎全人类生存和发展，绝非一国一时之事，需要国际社会形成高度共识，共同努力，但目前绿色低碳发展国际合作依然面临许多挑战。

其一，全球减排责任主体落实存在矛盾。要推动气候治理以可持续方式进行，首先要分清谁是当前气候变化的主要责任者，并在此基础上划分全球减排责任，从而予以落实。根据《联合国气候变化框架公约》及《巴黎协定》"共同但有区别的责任"原则，发达国家应该迅速减少碳排放量，并向发展中国家提供应对气候变化的资金。但实际情况并非如此，一些发达国家未能履行其率先减排义务，联合国环境规划署发布的《2023 年适应差距报告》指出，发达国家筹集的资金还不到发展中国家适应气候变化所需资金的 1/10，这严重阻碍了全球绿色转型发展。

其二，国际合作机制尚未健全。全球性问题需要全球性解决方案，但现实中的利益协调困难重重，经济利益与环保目标之间的矛盾是不少国家和地区在制定具体减碳目标时犹豫不决的重要原因。高碳产业是一些国家的经济支柱，转型成本高，短期内经济增长可能受阻，成为减碳目标设定和执行的巨大障碍，因此部分国家难以遵守合作条约，以至于现有合作协议政策执行力不足，长远合作的稳定性与连续性不够。

其三，不确定因素的干扰与冲击频发。当今世界面临着国际地缘政治动荡的复杂局面，对全球经济增长造成了重大冲击，由此延缓了绿色低碳转型发展的进程。经济实力和科技水平是实现绿色发展的坚强后盾，只有各国经济实现可持续增长，世界实现绿色发展才有希望，低碳发展方能大有作为。

3.2 我国区域经济绿色低碳发展的区域差异与影响因素

3.2.1 低碳产业的区域差异

若想深入了解不同地区碳排放强度及其影响因素，则应研究低碳产业的区域化差异。本研究不仅关注各地区单位经济产出的二氧化碳排放量，还涉及能源结构、产业结构、技术水平和政策环境等多方面的综合考量。例如，某些地区可能因依赖高碳排放的能源（如煤炭）而具有较高的碳排放强度，而其他地区则可能通过发展可再生能源和应用清洁技术来降低其碳排放。此外，不同地区的产业结构也会影响其碳排放强度，高耗能行业（如钢铁和化工）在某些地区的经济中占据较大比重，自然会推高该地区的碳排放水平。同时，技术水平的提升和清洁技术的广泛应用也是降低碳排放强度的关键因素。碳排放权交易制度、能效标准等政策法规的制定和实施也将对各地区碳排放强度产生直接影响。

对我国各省（自治区、直辖市）2010 年和 2020 年的碳排放强度进行对比，可发现其强度变化呈现以下显著特征。

碳排放强度的异质性在不同地区表现出显著变化。如表 3-1 所示，2010—2020 年，北京市、天津市、上海市及东北各省在碳排放强度的降低方面取得了最为显著的进展。北京在降低单位 GDP 碳排放方面快速发展，紧随其后的是黑龙江省、吉林省、辽宁省，这或许与东北老工业基地振兴战略在国家层面的实施，以及能效提升技术的应用等因素有关。此外，部分中西部地区（如湖北省、安徽省、陕西省和甘肃省）也在碳排放强度降低方面取得了显著成就。相对而言，宁夏回族自治区、云南省和福建省等地区的单位生产总值碳排放量却出现了明显的增长，尤其是宁夏回族自治区的增幅最为明显。与此同时，碳排放强度上升的还有新疆维吾尔自治区、海南省等地区。

分析表明，我国东部、中部、西部地区碳排放强度变化存在明显的区域性异质性特征。内部碳排放强度的变化，除了东北地区普遍实现了碳强度的大幅降低，其他地区的差异也很大。东部地区中，北京市、天津市、上海市碳排放强度降低成效明显，江苏省、广东省、浙江省下降趋势也较为明显，山东省、海南省、福建省等地均有上升趋势。中部地区碳排放强度降幅领先的是湖北省和安徽省，降幅同样较大的是山西省，降幅略小的是湖南省。陕西省和甘肃省是西部地区碳排放强度下降最快的地区，青海、内蒙古、四川等省（自治区）降幅较大，宁夏、云南、新疆、贵州等省（自治区）降幅尤为突出。这些变化反映了我国各地区在碳排放强度方面的差异性进展，提示了区域间在低碳发展上的不均衡性。

表 3-1　2010 年、2020 年各省（自治区、直辖市）碳排放强度

地区	碳排放强度		变化幅度/%	地区	碳排放强度		变化幅度/%
	2010 年	2020 年			2010 年	2020 年	
北京	1.035	0.566	−45.32	河南	1.012	1.045	3.20
天津	1.198	0.719	−40.01	湖北	1.030	0.716	−30.48
河北	1.365	1.347	−1.27	湖南	0.844	0.787	−6.78
山西	2.811	2.256	−19.75	广东	0.596	0.480	−19.59
内蒙古	2.767	2.321	−16.13	广西	0.652	0.670	2.78
辽宁	1.905	1.199	−37.05	海南	0.447	0.530	18.47
吉林	2.074	1.262	−39.16	四川	0.683	0.623	−8.90
黑龙江	1.370	0.758	−44.70	贵州	2.045	2.234	9.25
上海	0.925	0.556	−39.85	云南	0.897	1.219	35.84
江苏	0.806	0.640	−20.64	陕西	1.408	1.037	−26.36
浙江	0.657	0.576	−12.42	甘肃	1.721	1.301	−24.43
安徽	1.083	0.753	−30.47	青海	1.414	1.178	−16.66
福建	0.379	0.503	32.85	宁夏	2.417	3.294	36.24
江西	0.780	0.805	3.16	新疆	1.235	1.395	13.03
山东	0.808	0.850	5.19				

3.2.2　影响我国绿色低碳发展的主要因素

通过对各省（自治区、直辖市）碳排放强度变化的分析表明，产业结构、能源技术和能源结构是三个关键影响因素（图 3-1）。从总体上看，地区碳排放强度变化受能源结构影响相对较小，主要影响因素是产业结构和能源利用技术水平。在大多数省（自治区、直辖市），产业结构的变化对碳排放强度造成了不利影响，而能源利用技术的进步则对碳排放强度产生了积极作用。

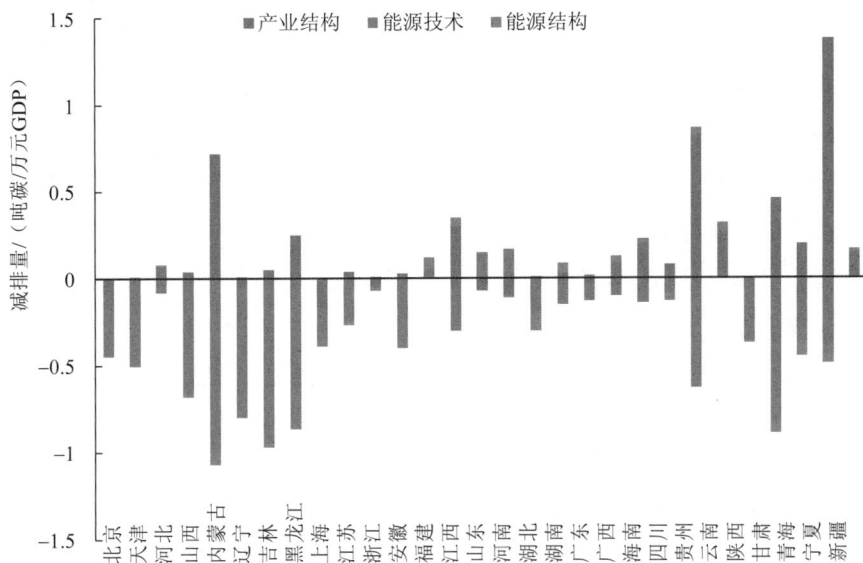

图例：■ 产业结构　■ 能源技术　■ 能源结构

纵轴：减排量（吨碳/万元GDP），范围 -1.5 至 1.5

横轴：北京、天津、河北、山西、内蒙古、辽宁、吉林、黑龙江、上海、江苏、浙江、安徽、福建、江西、山东、河南、湖北、湖南、广东、广西、海南、四川、贵州、云南、陕西、甘肃、青海、宁夏、新疆

图 3-1　2010—2020 年各省（自治区、直辖市）碳排放强度变化因素分解

首先，北京、天津和上海地区碳排放强度的降低可以归因于产业结构优化、能源技术进步和能源结构调整的共同效应。具体来看，在降低碳排放强度方面，北京和上海的能源技术进步贡献率分别高达 73% 和 55%，而产业结构优化分别贡献了 24% 和 38% 的碳强度影响，能源结构改善也发挥了积极作用。相较而言，在产业结

构调整对碳强度的影响略显消极的情况下，天津碳排放强度的下降主要是由于能源技术得到了明显改善。北京、上海的产业结构调整的主要表现是第三产业比重上升，高耗能制造业比重下降。能源利用技术的升级主要体现在先进技术在制造业中的广泛应用，而能源结构的优化则主要体现在清洁能源的使用比例的提高，如电力、天然气等。这些变化共同推动了碳排放强度在北京市、天津市、上海市等地的有效降低。

其次，东北地区碳排放强度的降低主要因为能源利用技术得到明显改善，产业结构变化影响相对较小。具体到辽宁、吉林和黑龙江三省，能源利用技术的提升对碳排放强度的降低贡献分别达到 91.88%、104.94%和 127.06%。再加上黑龙江 27.39%的碳排放强度因产业结构变化而受到的负面影响，东北地区碳排放强度总体下降，而产业结构、能源结构等方面的贡献有限。曾是我国重要工业基地的东北地区，工业在其GDP 结构中占比较高，其中重工业尤为突出。随着 20 世纪 90 年代体制和结构矛盾的显现，企业设备老化、技术落后等问题日益突出，老工业基地的竞争力有所下降。进入 21 世纪后，随着国家振兴东北战略的实施，东北地区大量引进先进技术，升级改造传统制造业，能源利用技术水平显著提高。尽管东北地区的碳排放强度已经大幅下降，其碳排放强度与全国其他地区相比仍然偏高。

进一步观察，山西、内蒙古、河北等传统能源大省的碳排放强度降低主要归因于能源利用技术的改进，但由于产业结构的不利变化有所减弱。具体来看，在能源利用技术改进方面，山西、内蒙古和河北三省（自治区）对碳排放强度降低的贡献分别为105.54%、228.62%和 654.22%，展现出技术进步在减少碳排放强度方面的积极效应。但这些地区的产业结构变化对碳强度降低的负面影响分别为–9.62 个百分点、–148.86个百分点、–483.13 个百分点，这在很大程度上说明了产业结构的不利变化抵消了技术进步的正面效应。这些地区持续较高的碳排放强度，产业结构恶化成为主要因素。这些地区的高耗能行业因其能源供应的功能定位而持续走高，其背后主要有两方面的动因：一方面，全球制造业基地的地位使能源消费需求持续高位运行，另一方面，我国以出口为主导的经济增长格局并未发生根本性变化，能源消费需求持续高位，产业结构亟待优化调整。例如，在地方产业结构优化、碳排放强度降低的同时，京、津、沪三地服务业的扩张导致用电量的上升，进而使得这些地区高能耗产业所占比重上升，最终导致山西、内蒙古等能源大省难以出现明显的碳排放强度下降、能源供给压力增大等问题的出现。

最后，宁夏、贵州、云南、新疆和海南等地区碳排放强度的上升主要归因于其产业结构趋向高耗能化。这些地区能源强度在 2010—2020 年普遍走高，主要动力在于行业结构高耗能化趋势。具体来看，这些地区碳排放强度有所上升，对产业结构变化的贡献率分别为 155.71%、429.55%、77.23%、87.57% 和 234.88%。同时，未能有效抵消产业结构变化带来的碳排放强度上升，尤其是云南，这些地区在能源利用技术提升方面的进步对降低碳排放强度的贡献极为有限。能源利用效率甚至出现了一定程度的下降。这些数据表明，产业结构的高耗能化是导致这些地区碳排放强度上升的关键因素，而能源利用技术的提升并未在此过程中发挥出足够的缓解作用。

（1）能源结构

能源结构是影响区域绿色低碳发展的一个关键因素。能源部门是温室气体排放的主要来源，对发达国家 CO_2 和温室气体排放的贡献分别高达 90% 和 75%，其中煤炭消耗是导致碳排放增加的最重要因素。联合国政府间气候变化专门委员会发布的净发热值缺省因子显示，煤炭、石油和天然气在燃烧时的排放因子分别为 96 920 千克/万亿焦耳、73 300 千克/万亿焦耳和 56 100 千克/万亿焦耳。这意味着，产生相同发热值的煤炭所排放的 CO_2 量，要远高于原油和天然气（王锋等，2011）。我国总体上存在十分明显的"富煤、少气、缺油"的资源特征，这决定了能源结构长期以来以煤炭为主，对煤炭的依赖性远大于世界其他国家。煤炭消费量占比居高不下，可再生能源利用比例较低，制约了区域绿色低碳转型。研究发现，若采用水电或核能替代煤炭，可使中国煤炭消费量下降 1%，将促使温室气体排放总量减少 1.14%。此外，若以天然气或石油替代煤炭，每削减 1% 的煤炭消费，碳排放量将分别降低 0.46% 和 0.28%（潘家华等，2004）。2020 年，我国能源消费总量达到 49.8 亿吨标准煤，煤炭消费占比为 56.8%，石油和天然气消费量占比分别为 18.9 和 8.4%（国家统计局，2021），能源消费仍然以化石能源为主。非化石能源相关产业发展相对较慢，2020 年非化石能源消费占比为 15.9%，与 2015 年相比有较大提升，但总体占比仍较低，而欧盟和一些发展中国家已有 25% 的能源消费来自非化石能源。我国区域水电、风电、太阳能发电都取得了较大进步，但消费低碳能源资源的选择十分

有限。根据《国务院关于印发 2030 年前碳达峰行动方案的通知》（国发〔2021〕
23 号），规划到 2025 年，非化石能源消费占比提高到 20%左右，非化石能源发电
量占比达到 39%左右，电气化水平持续提升，电能占终端用能占比达到 30%左右。
从区域来看，我国能源消费在河北、宁夏、山西、内蒙古、云南、贵州、湖南、江
西、黑龙江等地区较高，广东、上海、浙江、海南、北京等地区较低（图 3-2）。
因此，优化能源消费结构，特别是以资源型地区为主的能源结构调整是我国区域绿
色低碳发展的重中之重。

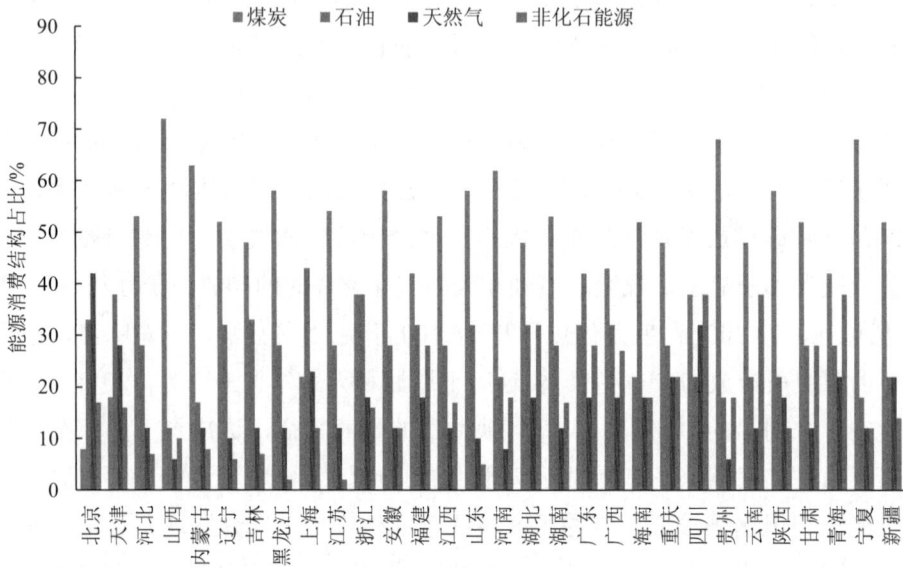

图 3-2　2003—2019 年各省（自治区、直辖市）能源消费结构占比

数据来源：《中国能源统计年鉴》（2004—2020 年）。

（2）资源禀赋

尽管能源结构是影响区域绿色低碳发展的关键因素，但能源结构的优化调整在
很大程度上与地区资源禀赋有关，资源禀赋决定能源消费强度，并进一步对地区能

源依赖程度及产业结构产生重要影响。Auty 等（1993）发现自然资源丰富的地区比资源贫乏的地区经济增长得更慢，即资源禀赋并非祝福而是诅咒。随着人们对生态环境问题的关注度不断深入，人们发现这种诅咒开始出现在环境领域。资源富集地区可能会通过挤出效应对环境质量产生不利影响，原因是资源富集地区充足的资源供给和较低的能源价格使资源开发利用成本更低，较低的生产成本和较高的收益吸引了更多的资源和劳动力进入资源部门，挤占了其他部门的创新投入，而资源部门创新动力不足，这将限制绿色清洁技术的发展，导致资源富集地区的能源利用效率较低。我国资源禀赋状况存在较大的区域差异，资源富集地区多为偏远经济欠发达地区，经济增长缓慢，需要通过不断往经济发达地区输送资源来换取收入的增加，这可能会形成"自然资源富集就需要发展资源型产业"的片面认识，导致资源依赖现象。由于资源富集地区的资源利用方式更加粗放，还易形成粗放发展的递进式路径依赖，产生严重的高碳锁定效应（杨莉莉等，2014）。资源依赖不利于产业结构的合理化和先进性，因此降低了区域碳排放效率（Wang，2023）。然而，也有研究发现，与能源稀缺地区（假设初始经济规模一致）相比，能源富集地区的经济发展速度相对较慢，致使其经济增量小于能源贫乏区。在能源驱动型经济发展阶段，能源富集地区的能源消费增长量低于能源稀缺区，从而减少了碳排放的增加量（于向宇等，2019）。可见，尽管资源禀赋是影响区域绿色低碳发展的重要因素，但对于该影响的结论尚未达成共识。

（3）技术创新

技术创新是解决环境污染问题的重要驱动力。技术创新理论由熊彼特在《经济发展理论》中首次系统提出，其对绿色低碳发展的影响表现为正向和负向两个方面。技术创新带来了正向效应，包括提升能效、优化能源消费结构，并通过改良生产工具增强了机器设备的便捷性，使能源的生产和利用更加智能化。技术创新还推动了煤炭等传统能源的绿色开发和清洁利用，为生物质能、地热能、海洋能等新能源的开发和利用提供了技术支持，提升了非化石能源的比例，促进了能源供应的多元化。技术创新也存在负向影响，即技术进步推动了经济增长，从而增加了对能源和物质产品的需求，导致能源消费总量上升。然而，技术创新对绿色低碳发展的影响在不同地区可能存在较大的差异，经济水平较为落后的地区其技术创新水平可能建立在传统的非清洁技术之上，对传统非清洁技术的依赖反而不利于绿色低碳发展。大多数研究验证了技术创新对绿色低碳发展的积极影响，如加大技术人才、技术装备的研发投入可以降低工业部门的能源强度，减少钢铁、建筑业等部门的碳排放（Wen et al.，2020；Xu et al.，2016）。技术创新还可以显著降低中国焦炭、火电、化纤制造等能源密集行业的碳强度（Li et al.，2016）。也有研究发现技术创新对环境质量的非线性关系，如技术创新与区域碳排放表现出"U"形的关系（周灿等，2024），且我国的东中西部技术创新对碳排放的影响存在异质性，技术创新对中部地区的二氧化碳产生一个正"U"形影响，即研发投入的碳减排作用仅在早期阶段表现明显，而对西部地区二氧化碳排放的非线性影响呈现倒"N"形（林伯强等，2020）。

（4）经济发展水平

我国区域经济基础存在较大差异，这决定了不同地区绿色低碳发展所处的阶段也不相同。经济发展初期，环境污染程度相对较低。但随着人均收入的增长，污染排放量逐渐增加。然而，当经济达到某一水平后，环境污染会随着人均收入的继续上升而逐渐减少，即经济增长与环境污染之间存在倒"U"形关系（王微微等，2019；Chen et al.，2017）。许多研究验证了经济增长与环境污染的倒"U"形关系，但也有研究表明环境质量与人均 GDP 之间不存在倒"U"形曲线关系（包群等，2006），或表现为对数线性递增关系（王俊能等，2009）、"N"形关系（张成等，2011）、倒"N"形曲线关系（王惠敏等，2015）等。经济增长对环境质量的影响在不同地区存在明显的异质性，我国东部地区和中部地区存在人均碳排放的环境库兹涅茨曲线，但西部地区并未展现出这一曲线特征（许广月等，2010）。经济水平对环境污染的影响根本上取决于经济增长方式是内涵式还是外延式。经济欠发达地区为了追求经济增长，往往采取依靠生产要素的投入来扩大产出规模的外延式发展方式。我国大多数的经济欠发达地区也是自然资源较为丰富的地区，在经济上依赖于资源型产品的出口这一现状短期内难以改变，这给绿色低碳发展带来双重约束。对于经济欠发达且同时又是资源型产业为主的地区而言，放弃资源型产业是不现实的，因为这样会导致经济增长急剧下降，造成严重的社会经济问题。

（5）公众参与度

生活方式的转变是促进绿色发展和减少碳排放的根本措施。据《全民节能减排手册》所述，节约 0.5 千克粮食（如水稻）相当于节能 0.18 千克标准煤，并减少 0.47 千克二氧化碳排放。若全国人民每人每年均减少 0.5 千克粮食浪费，则每年可节约 24.1 万吨标准煤，减少 61.2 万吨二氧化碳排放。另外，全国若能减少 10%的塑料袋使用，将节省约 1.2 万吨标准煤，并减排 3.1 万吨二氧化碳（科技部，2007）。然而低碳生活方式的转变与消费者偏好、产品价格、居民收入等密切相关，如消费者选择绿色食品和有机食品需要考虑产品的质量、价格和功能等，如果绿色产品相对于传统产品在功能上没有明显优势，消费者就会拒绝购买绿色产品，且由于绿色产品的生产成本更高，消费者不得不支付更高的价格，这在一定程度上制约了绿色产品的供给。此外，由于交通能耗增长速度在所有行业中居首位，因此选择绿色出行方式也是影响区域绿色低碳发展的重要因素。但由于我国公共交通体系的发展与日本、欧美等发达国家和地区相比还存在一定的差距，且交通运行效率还有待进一步提高，这在一定程度上阻碍了低碳生活方式转变的进程。

综上所述，能源结构、资源禀赋、技术创新、经济发展水平及公众参与度等诸多因素相互影响，共同决定了区域绿色低碳发展的基础条件、动力机制和发展路径，需要根据区域经济社会发展实际进行统筹谋划。

3.3　我国区域经济绿色低碳发展的路径

由于我国各地区在经济水平、产业结构、能源结构、资源禀赋等方面的发展存在不平衡，这给绿色低碳发展政策的制定带来一定的挑战。因此，在缩小区域经济发展差距的同时，需要因地制宜、科学谋划区域绿色低碳发展战略，明确各地区的减排目标和责任，统筹规划和协调发展。

3.3.1　推进产业结构调整，改变传统经济增长方式

调整产业结构，转变经济增长方式是我国区域绿色低碳发展的主要路径之一。推进传统产业改造升级，扶持新兴产业发展，不断完善绿色低碳产业体系，构建智能

化、绿色化、融合化的现代产业体系，进而推动我国产业结构的调整。

（1）推进传统产业改造升级

工业、交通和建筑业被认为是能源消耗和温室气体排放的三个关键性产业，应重点关注三大关键产业的绿色低碳转型发展。一是要淘汰落后产能，加强对高耗能产业发展的限制，制定严格的行业准入机制，对采掘、冶炼、钢铁、化工、纺织、水泥等行业，因其能源消耗及碳排放存在较大的差异，应采取差异化的措施，加快煤炭的清洁利用，提高能效水平，逐步降低高耗能产业在国民经济中的比重。二是要发展低碳交通产业，开发利用生物燃料，并将其作为交通运输能源，加快电动汽车的普及，逐步替代传统燃油汽车，降低交通产业的能源消耗。三是推广绿色建筑，制定建筑行业节能标准，将绿色理念应用于建筑设计、材料、设备、施工等全生命周期，推动建筑产业绿色化、现代化。四是根据区域工业产业和高耗能产业占比的差异，逐步降低高耗能产业比重。

（2）促进新兴产业发展

鼓励绿色技术创新和绿色环保产业发展。推动新能源、环保、节能等新兴产业发展，加强新能源产业的发展规划，完善发展风能、太阳能、潮汐能、生物质能、光能、氢能等可再生能源产业发展的激励机制。各地依据本地优势开发清洁能源，逐步形成完善的新能源产业体系，如西部地区充分发挥太阳能、风能等资源优势，建立完善光伏发电、风力发电等投融资政策，东部地区和中部地区可以加强潮汐发电、水力发电、核电等项目的发展。同时，增强低碳产业在产业链上的比重，促进低碳、绿色、环保产业的快速发展。打破技术、政策、市场和资金瓶颈对区域传统产业转型升级的制约，以信息技术为手段，建立跨区域的绿色低碳技术共享平台，促进区域绿色低碳产业发展。

（3）构建智能化、绿色化、融合化的现代产业体系

持续增强制造业核心竞争力，提升产品质量，推进品牌建设，实现制造业由低附加值向中高端跃升。以人工智能为着力点，推进信息化、数字化在产业转型升级中的应用，重塑产业发展模式，推进产业体系的智能化。发展现代化农业，创新农业生产技术，促进农业高质量发展，发挥物联网功能，构建高效的流通体系和现代化基础设施系统，促进农业、工业与服务业的深度融合发展。

3.3.2　大力发展低碳技术，优化能源结构

我国区域绿色低碳技术发展相对滞后，需要进一步加快低碳、环保、节能技术创新，优化能源结构，为区域绿色低碳发展提供新动力。

（1）积极引进新技术，加强技术创新

积极引进国外在冶金、电力、石化、建筑、农业、废弃物管理等领域的节能减排技术，并增加自主研发投入，重点发展新能源、新材料，以及节约能源、可再生能源、碳捕集/利用与封存等关键技术。加强新材料、新工艺等基础性技术的创新，从产业链初端降低污染和能耗水平。积极研发、引进回收利用、无害化处理、能源替代、循环使用、清洁生产等技术，加强在煤炭精细加工以及碳回收储存和重复利用方面的技术创新。

（2）构建完善的知识产权制度，将绿色低碳技术有效转化为生产力

加强绿色低碳技术发展与专利的协同联动，编制关键核心技术专项知识产权规划，加强自主知识产权创造和储备。发挥绿色低碳龙头企业引领作用，高标准建设和运行国家级产业知识产权运营中心，促进专利价值实现，推动产业加快向技术主导转变，助推绿色低碳产业高质量发展。

（3）以高素质人才队伍支撑自主创新活动

高素质、高技能人才是实现我国区域能源节约、能效提高、绿色发展、技术创新的基础。鼓励高校开设储能科学与工程、新能源汽车与工程、碳储科学与工程、氢能科学与工程、智慧能源工程等专业，大力培养可再生能源技术、节能减排技术、清洁煤技术、核能技术、废弃物利用与管理等专业人才，加强高校与国外大学在节能环保相关领域的合作，联合培养人才。加强高校与企业的合作深度，提升人才队伍的实践应用能力。

3.3.3　制定完善绿色低碳发展政策与法规

我国已经颁布实施《中华人民共和国节约能源法》《中华人民共和国大气污染防治法》《中华人民共和国温室气体排放控制办法》《碳排放权交易管理暂行条例》《中共中央　国务院关于完整准确全面贯彻新发展理念做好碳达峰碳中和工作的意见》

《国务院关于印发 2030 年前碳达峰行动方案的通知》《加快构建碳排放双控制度体系工作方案》《温室气体自愿减排交易管理办法（试行）》《"十三五"节能减排综合工作方案》《打赢蓝天保卫战三年行动计划》《关于建立碳足迹管理体系的实施方案》等与绿色低碳有关的法律法规，还应制定更具针对性和可操作性的法律法规。各地应根据本地实际，制定和完善与绿色低碳发展相匹配的地方法规及其实施细则，以更有效地指导和规范企业发展。同时，各级执法部门应严格执行法律，确保低碳经济的法律法规得到有效实施。

加强顶层设计，发挥政府的主导作用，完善污染排放的计量体系、考核体系和奖惩体系，制定碳排放监测的指标体系。规范碳计量方法，健全碳市场机制，加强低碳技术、低碳成果推广的政策支持力度。制定专门的绿色低碳发展规划和政策体系，增强对项目审批、税收、信贷及碳市场交易信息的监管，严格执行行业准入、污染排放和环保标准的规定，以促进绿色低碳发展的规范化。建立健全跨区域、跨部门的协同执法监督制度，完善绿色金融法律制度，健全绿色金融市场体系，发挥市场在资源配置中的作用，提升绿色金融的监管职能。为加快绿色低碳发展进程，需强化财政补贴、税收减免及绿色信贷政策对绿色技术创新、可再生能源采纳及生态补偿项目的扶持力度。

3.3.4　强化生态保护与修复，促进生态产品价值实现

强化生态保护与修复，促进生态产品价值实现是从源头上推动生态环境保护、促进区域绿色低碳发展的重要手段。为此，需要做到以下几点：

（1）建立生态产品调查监测机制

明确界定自然资源所有权和使用权的边界，健全自然资源确权登记制度规范。利用物联网等信息技术，开发云数据平台，解决自然资源确权登记成本过高的问题。利用遥感技术和网格化监测手段，建立"天—空—地"一体化监测网络体系，开展生态产品基础信息调查，明确生态产品开发清单，对生态产品的开发利用现状、权益归属、数量分布等信息及时跟踪和充分共享，实现生态产品动态监测，提升区域生态系统风险预警和应对能力。

（2）完善生态产品价值核算体系

针对区域生态系统的类型与功能，应构建统一的生态产品总值统计核算体系，确立相应的核算规则与方法，并将其整合进国民经济核算中。此外，应将自然资源成本、生产成本、流通成本、环境治理与生态修复成本，以及退出与发展成本等要素纳入自然资源价格构成中，并扩大资源税从价计征的覆盖范围（张丛林等，2024），通过将更多的自然资源纳入资源税的征收范围，促进自然资源的合理开发利用。借鉴国外的生态服务付费核算体系，并结合我国区域生态系统类型特征，探索生态产品在市场交易、生态补偿中的经济价值，对市场化程度较高的生态产品，进一步完善配套设施和生态产品价值核算标准。

（3）健全生态产品价值实现政策体系

对不同类型的生态产品采取分类施策的办法，如森林、河流等纯公共性生态产品，加强保护与修复，发挥其碳汇价值，提升生态功能。对于碳排放权和排污权等准公共性生态产品，需要明确权责关系和有偿使用制度。对于生态农产品、旅游产品等经营性生态产品等，需要进一步健全生态产品经营开发机制，加强市场交易的监管水平。根据我国生态资源的分布特点，对重点生态功能区地区的生态保护与修复工程要加强生态环境分区管控，对经济发展相对落后的地区，在纵向生态补偿机制的基础上，进一步建立横向生态补偿机制和生态治理价值提升机制。

3.3.5　树立绿色低碳经济理念，促进生活方式转变

加强绿色低碳的宣传教育，使低碳观念深入人心。需要通过广泛的宣传教育，让公众了解推动绿色低碳发展对我国实现高质量发展的重要性，加强对公众低碳节能意识和消费意识的引导，转变消费者的消费观念，促进生活方式向低碳化转变。加强全民对节约资源、保护环境的重视程度，通过政府引导，社区和企业参与的方式，采用媒体宣传、社区活动等多种渠道开展绿色低碳教育培训活动，将绿色低碳知识普及和教育纳入基础教育内容，提升公众绿色低碳意识，促进形成全民参与绿色低碳发展的氛围。

转变生活方式，将低碳理念转变为实际行动。完善公共交通体系，增加对公共交通设施建设的财政补贴，鼓励居民绿色出行，限制私家车数量，发挥公共交通的减碳

功能。加强立体化交通网络体系的建设，鼓励发展轨道交通和城际高铁，促进全社会形成节约环保的意识。通过市场需求倒逼企业转变生产方式，提高绿色低碳产品的供应数量和质量，引导居民改变购物和消费习惯，选用更加节能环保的产品。开发低碳建筑，提高建筑节能技术水平，制定严格的建筑节能标准。加强对绿色低碳产品、食品的监管，加大对企业生产标准的检查和执行力度，强化社会监督，加大公众对企业、政府环保行为的监督力度，为低碳生活方式的转型提供制度保障。

第 4 章

我国区域绿色低碳产业体系分析

建设我国区域绿色低碳产业体系，对于推动经济结构优化升级、实现经济与环境"双赢"具有深远意义，是加快生态文明建设、促进经济社会高质量发展的必由之路。本章阐述绿色低碳产业的内涵与特征，构建我国绿色低碳产业体系框架，讨论低碳产业的区域差异。

4.1 我国绿色低碳产业产生的背景

我国绿色低碳产业的产生背景源于多重因素的关键作用，包括政策法规的推动、能源危机与资源的紧张、经济发展模式的转型、技术创新的加速以及社会意识觉醒和公众参与。随着这些因素的变化发展，我国绿色低碳产业不断进步与开拓，逐步形成富有特色的区域绿色低碳产业体系。

4.1.1 政策与法规的推动

在推动经济发展方式转变的过程中，政策法规的作用至关重要。国际协议和国家政策与法规的制定是促进经济向低碳、绿色方向转型的关键手段。

《巴黎协定》是全球范围内对气候变化问题作出的重要承诺，约定了各国的减排目标和行动计划。通过该协议，各国将共同致力于推动应对气候变化的低碳、绿色经济转型。该协议规定，首次将发展中国家列入全球强制性减排范围，以加强全球应对气候变化，包括确立将全球变暖控制在 2℃内的目标，并努力将目标限定在 1.5℃内（陈若鸿等，2024），确定了国家在全球温室气体减排中自主贡献的法律地位。

《巴黎协定》的实施，对推动经济发展方式转型的推动作用不容小觑。各国根据协定设定的减排目标，制定相应的气候政策和法规，推动经济向更加绿色、低碳的方向发展。例如，欧盟设定 2030 年碳排放减少 40%的目标，促进了清洁能源的发展和碳减排技术的推广。另外，我国还在协定的基础上提出了碳中和目标，鼓励各地区采取有效措施提高碳排放效率，推动经济向低碳发展。

国际协议的推动作用得到了一些国家的实践效果和成就的验证。德国推动《可再生能源法》，鼓励太阳能、风能等可再生能源的发展，这一比例到 2020 年已达约50%。挪威实施禁止使用燃油车政策，推动了电动汽车的快速普及，电动车占比已超过 50%。这些实践证明，国际协议对于引导经济向低碳、绿色方向转型具有积极推动作用。

各国政府通过制定环保政策和法规，引导企业和市民参与碳减排，推动经济走向可持续发展。建立减排目标，推行清洁能源，政府就能达到碳排放控制的目的。我国政府出台了多项环保政策，推动企业采用清洁生产技术，控制污染排放，促进低碳经济发展。例如，《中华人民共和国清洁生产促进法》明确提出了清洁生产的定义、执行的具体要求以及激励措施和法律责任；《碳排放权交易管理暂行条例》为促进低碳经济发展提供了法律依据。欧盟各国也对碳排放设定了相应的税收和排放标准，鼓励企业投资于清洁技术和低碳产业，降低碳排放和环境污染。

国家政策法规的推动作用在很多国家都是显著的。截至 2023 年年底，我国可再生能源发电装机规模达到 15.16 亿千瓦，占全国发电装机总容量的 51.9%，历史性地超过火电装机规模。其中太阳能发电装机和风电装机均实现大幅增长（王怡，2024）。2023 年，全国大气优良天数的比例为 85.5%。在去除沙尘天气异常超标的天数后，这一比例提高至 86.8%，比年度目标高出 0.6 个百分点，与 2019 年相比增加了 3.5 个百分点。

实践证明，有效的政策和法规是推动经济向绿色、低碳方向转型的重要保障，有助于应对气候变化、实现经济可持续发展。因此，继续加强国际合作和国家政策与法规的制定，将是推动经济发展模式转型的关键所在。

4.1.2　能源危机与资源的紧张

能源和资源的需求在世界人口激增、工业化进程加快的背景下空前高涨。传统的化石燃料能源日渐枯竭，而新能源的开发与利用尚不能满足日益增长的需求，这导致了全球范围内的能源供应日趋紧张。同时，各类自然资源的过度开采和不合理利用，已导致各类资源稀缺，进一步加剧了资源紧张的状况。这种局面不仅对全球经济稳定发展构成了严重威胁，也给生态环境带来了巨大压力。

传统能源（如煤炭、石油、天然气）的不可持续性和有限性特征使我国面临严峻的资源枯竭风险。随着传统的生产生活方式开始广泛利用传统能源，能源需求的不断增加，煤炭、石油、天然气的需求持续上升，资源的消耗速度远快于资源的再生速度。据报道，目前全球每年使用的能源相当于 400 亿吨标准煤（顾佰和等，2024），能源和资源的有限性在一些快速发展的新兴经济体中表现得尤为突出。我国是世界上最大的煤炭消费国和石油净进口国，长期依赖传统能源，导致资源消耗过度，供需矛盾突出。一些非洲国家虽然拥有丰富的石油和天然气资源，但是能源基础设施薄弱，由此导致的供需不平衡也是能源危机的主要原因之一。如果继续以目前的速度消耗能源和资源，将很快面临资源枯竭的危险（表 4-1）。传统能源的不可持续性不仅仅体现在资源的有限性上，还表现在其开采和使用过程中对环境造成的严重破坏，产生包括 CO_2、SO_2 及 NO_x 在内的大量排放物。而且煤炭开采会导致土地沙漠化和水资源污染，原油开采和运输会引发海洋原油污染等问题，这些都给生态环境带来了不可逆转的损害。尽管一些国家和地区已经开始转向更加可持续和环保的能源替代方案，如丹麦通过大力发展风电、光伏等清洁能源，降低了对传统能源的依赖，在环境保护和经济效益上取得了明显效果，但大部分国家仍面临着煤炭等传统能源储量有限，清洁能源如风能、太阳能等技术突破难、成本较高等问题。这成了亟待破解的绿色低碳产业发展难题。

表 4-1 2012—2022 年我国能源消费总量及各类能源比重

年份	能源消费总量/ 10^4 吨标准煤	煤炭占比/%	石油占比/%	天然气占比/%	一次电等能源占比/%
2012	402 138	68.5	17.0	4.8	9.7
2013	428 913	67.4	17.1	5.3	10.2
2014	428 334	65.8	17.3	5.6	11.3
2015	434 113	63.8	18.4	5.8	12.0
2016	441 492	62.2	18.7	6.1	13.0
2017	455 827	60.6	18.9	6.9	13.6
2018	471 925	59.0	18.9	7.6	14.5
2019	487 488	57.7	19.0	8.0	15.3
2020	498 314	56.9	18.8	8.4	15.9
2021	524 000	56.0	18.5	8.9	16.6
2022	541 000	56.2	17.4	8.5	17.9

资料来源：国家统计局。

4.1.3 经济发展模式的转型

随着气候变化的日益加剧和资源环境的严重制约，人类社会逐步认识到以高碳经济为主要特征的传统发展模式已经不可持续，必须向低碳经济发展模式转变。同样，我国目前面临的能源资源短缺问题也十分突出，主要表现为能源资源利用效率不高，在转型过程中主要是由高碳经济向低碳经济转变。

高碳经济发展模式主要是指排放二氧化碳等温室气体较多、污染环境严重的经济发展模式，以化石能源（如煤炭、石油、天然气等）为主要能源来源。在这种模式下，虽然经济发展迅速但却带来了沉重的环境代价，包括空气、水资源污染以及气候变暖等问题。低碳经济发展模式是指通过减少使用化石能源、促进清洁能源使用、提高能源利用效率等途径，实现经济可持续发展的一种发展模式，这种模式下，可减少温室气体排放，减轻环境压力，经济发展与环境保护可实现良好的平衡（李加升等，2024）。

我国作为目前世界上最大的碳排放国，已经认识到高碳经济发展模式的不可持续性，开始积极推进向低碳经济转型。据中国绿色发展基金会的数据显示，我国低碳经济发展指数在 2020 年达到 75.7，比 2019 年增加 3.1，连续 7 年保持增长态势。而且，我国万元国内生产总值能耗在 2021 年的基础上降低 0.1%，万元国内生产总值二氧化碳（CO_2）排放量降低 0.8%，节能降耗减排工作稳步推进（魏斌，2023）。如果能够超预期完成低碳经济转型的相关指标，那么通过大力发展清洁能源产业、提高能源利用效率、加强碳排放管理等现有措施，完成 2035 年的远景目标就有了坚实基础。

绿色 GDP 可以更全面地反映经济发展对环境的影响，促使社会更加重视环境问题，推动经济向绿色、可持续方向发展。绿色 GDP 还考虑经济发展过程中对环境的破坏和折耗，提出根据环境损害的程度来修正国内生产总值数值的概念（张琦，2023）。一方面，绿色 GDP 可以更准确地反映经济发展对环境的影响，更客观地评价经济增长的质量，使人们更加注重经济发展的质量和效益。另一方面，有了绿色 GDP 提供的数据支持，政府和企业能够更准确地评估不同经济活动对环境的影响，进而将资源投向更加环保、高效的产业和项目。这种引导效应有助于降低投资行为对环境造成的巨大损害。而且当资源消耗和环境损失的成本被明确反映出来时，政府和企业会更有动力去推动减少浪费和减轻污染，以降低总成本。在环保和可持续发展日益受到全球各国重视的情况下，绿色 GDP 已成为衡量一个国家或地区经济发展好坏的新标准。推动绿色 GDP 的发展，意味着该国或地区在积极响应全球环保大趋势，这有助于提升其在国际上的形象和声誉。这不仅能吸引更多的外资和技术进入，还能促进本国或地区相关产业的发展和创新能力的提升。

4.1.4　技术创新与科技进步

新能源技术的发展和节能减排技术的创新是推动经济向低碳、绿色方向转型的重要推动力量。节能减排技术的推广也将在减缓气候变化、保护地球环境等方面发挥日益重要的作用，随着科技的不断进步与创新，未来能源格局中清洁能源的应用将成为重要一环。

随着气候变化和能源资源紧缺的压力不断增加，新能源技术的研发已成为当今的重要议题。替代传统化石能源的主要选择是有助于减少碳排放、降低对化石燃料依赖、促进经济可持续发展的且被广泛认可的清洁能源，如太阳能、风能和生物质能等。

作为一种清洁的、可再生的能源形态，太阳能发展潜力巨大。在太阳能技术不断进步的情况下，清洁能源的主流选择就是太阳能光伏发电。根据国际能源署的数据，全球太阳能发电容量在过去 10 年中呈现出爆发式增长，2019 年全球太阳能发电容量已经达到 580 吉瓦，较 2010 年增长约 25 倍（陈观福等，2024）。目前，太阳能发电技术的成本还在不断下降，并逐渐成为一种成本日益下降的经济可行的替代方案。例如，我国作为全球太阳能产业的"领头羊"，通过大规模投资和技术创新，在太阳能光伏领域取得了显著的成就。我国已成为全球最大的太阳能光伏发电市场，众多太阳能企业在国内外取得了令人瞩目的业绩。

风能也是一种重要的可再生能源。风能逐渐成为一种发展迅猛的清洁能源形式之一，是随着风电技术不断进步而发展起来的。根据国际再生能源机构的数据，2019 年全球风力发电能力已超过 650 吉瓦，较 2010 年增长约 5 倍。越来越多的国家开始关注风能发电，并推动相关产业发展。丹麦作为风能发电的典范，凭借优越的地理条件和政策支持，已经实现了能源 70%以上来自风能的目标。

同时，节能减排技术革新也极大地促进了绿色低碳产业的形成和发展。不断革新的节能技术，促进了能源消耗在工业、建筑和运输等领域的减少。以工业领域为例，通过智能制造、循环经济等技术的应用，可以有效提高生产效率、降低能源消耗。联合国工业发展组织的报告显示，全球工业节能潜力巨大，有效的节能措施可降低全球工业碳排放量 30%以上。例如，德国作为工业强国，通过推行能效管理制度和技术创新，实现了工业碳排放量持续下降的目标，为经济转型提供了有力支持。绿色建筑技术以减少能源消耗、提高建筑材料利用率为目标，通过采用太阳能发电、建筑节能设计等手段，实现建筑物的能耗减少。全球各地正积极推动绿色建筑技术的应用，如美国的能源与环境设计先锋认证（Leadership in Energy and Environmental Design，LEED），已成为国际上最具权威性的绿色建筑认证标准之一。

4.1.5　社会意识与公众参与

社会对环境保护意识的重视程度随着全球气候变化、环境污染等问题的日益凸显而逐步提高。人们开始意识到环境的可持续性对未来人类生存至关重要，并积极投身环保事业中。具体表现在：①教育与宣传。学校、社会各界和媒体等开展环保教育和宣传工作，提高社会对环保问题的认知，引导人们树立绿色发展理念。例如，北京市推行的"绿色办公行动"，倡导单位减少使用纸张、节约能源，取得了显著成效。②法律法规的完善。各国相继出台了一系列环保法规政策，规范环境行为，加大对破坏环境者的惩罚力度，提高法治环境保护效果。③环保活动的兴起。各种环保组织、志愿者团体开展环保活动，如进行植树造林、海滩清洁等，广泛动员社会力量参与环保事业。

低碳生活方式是指在生活中减少碳排放，节约使用资源，是被越来越多的人所追求的一种生活方式。人们开始在生活中积极探索低碳选择，关注个人行为对环境的影响，具体表现在绿色消费和节能方面。人们越来越关注产品的环境友好性，选择绿色、可再生的产品。例如，越来越多的人青睐有机农产品、低碳出行工具等。人们在日常生活中开始关注能源的节约与利用。例如，减少不必要的开灯、减少电器使用时间等，积极响应低碳生活方式。新兴起的共享经济模式也为低碳生活提供了新的选择方式。单车共享、充电宝共享等共享经济产品减少了资源浪费，有利于环保。

4.2　我国绿色低碳产业内涵与特征

4.2.1　绿色低碳产业的内涵界定与概念演进

低碳产业是一个全新的概念，其内涵更是在不断地丰富和延伸，对人类产业的发展形成引导，随着人类认识的不断深入，发展低碳产业会形成更加科学的路径。

对于国际关注的全球气候变暖和二氧化碳排放问题，低碳经济的崛起是一个直接的反映。狭义层面，这一领域聚焦于那些以降低碳排放为目标的服务与产品；而广义上，它涵盖了所有促进能源节约和减少碳排放的产业，包括提供节能技术解决方案的行业、管理二氧化碳排放的领域（如森林碳汇），以及参与碳交易市场的各行业。发端于 20 世纪 70 年代的环保产业，主要聚焦于污染防治，细分为废水处理、废物管理、空气质量管理、噪声控制和环境监测咨询等五个主要领域。可再生能源产业的发展是以利用可再生资源为基础的，包括太阳能、地热、风能、海洋能、生物质能。绿色产业的概念从 20 世纪 90 年代就产生了，从广义上讲，既包括生物资源开发、无害农业、花卉产业，也包括一切污染程度较低或没有污染的行业；狭义上则专指无公害农产品及与人类日常生活息息相关的加工行业。

通过对概念的辨析可以知道，环保产业涉及的对象是污染，主要是涉及与污染治理相关的行业，更注重的是行业的前期检测咨询和后期的治理，处于产业链的两端；可再生能源产业涉及的对象是可再生能源，主要是围绕可再生能源研发和应用的行业，处于产业链的前端；绿色行业涉及的对象是第一产业和食品加工行业，主要是与第一产业相关的行业；而低碳产业则涉及与产业链中碳排放相关的各个环节，"低碳"不仅追求减少碳排放，而且追求效率的提高。

当前，低碳产业被赋予了更为广泛的内涵，它不再仅仅局限于减少碳排放的产品和服务，而是扩展为一个以碳资源管理和减排技术为核心的多元化产业体系。这一体系已成为推动低碳经济增长的关键力量，在国家经济结构中占据了重要的地位，从研发到生产各个环节，都集中在低碳技术和产品的创新和应用上。

随着对低碳产业发展重要性认识的不断深化，人们开始意识到早期的经济增长模式已不再适应可持续发展的要求。Paul Krugman（1994）在研究中指出，亚洲的经济增长并非奇迹，而是主要依赖高要素投入而非生产力提升。在边际效益递减规律的作用下，这种增长模式难以持续。同样，过去 30 年中，中国以年均超过 10% 的速度实现了经济的快速增长，被称为"中国奇迹"。然而，这种增长模式同样存在问题，表现为资源的高投入、能源的高消耗、污染物的高排放，以及经济增长的不协调、不可持续和效率低下。

对低碳产业重要性的理解已经从资源和环境的角度扩展，将其与生产规模、产业结构和技术革新紧密结合。从生产角度分析，这一理解涉及规模、结构和技术三个维度。在其他条件不变的情况下，环境污染的增大通常会导致生产规模的扩大。因此，需要依靠以下几个方面的转变来解决环境与发展之间的矛盾：首先，产业结构优化升级。随着经济的发展，一个国家的产业结构将由以劳动密集型、农业为主，转向以资本密集型和重工业为主，最终发展为以知识和技术密集型以及服务业为主导的产业结构，这一变化对环境的改善是有帮助的，因此，一个国家产业结构的优化升级，将是一个国家产业结构转型的重要组成部分，而这种变化又将是一个国家的产业结构转型的关键。其次，能源消费结构的调整。不同能源类型在国家能源消费中的比重不同，对环境的影响也各异。能源消耗与经济增长紧密相关，但通过调整能源强度和能源结构，可以在促进增长的同时减少环境污染。除了与节能技术的进步有关，能源强度的变化也与行业格局发生了变化相关。最后，技术革新的作用不容忽视。技术进步不仅包括提高生产效率的一般技术，还包括专门的环保技术，如节能、减排和污染治理技术。这些技术的进步有助于减少对能源和资源的依赖，提高资源利用效率，并降低污染物排放，从而实现生态环境的改善。

随着人类对环境问题认识的深化，环境成本已成为衡量经济发展的关键指标之一。尽管自然环境的不可分割性和公共物品特性曾导致环境污染成本被忽视，但随着环境问题成为全球性挑战，其成本和影响日益受到重视。国际社会对低碳产业的重视程度显著提升，各国经济发展的外部性及其带来的额外成本成为全球关注的热点。减少二氧化碳排放不仅能够提高国内经济效率，还能降低对其他国家发展的影响。2009年的哥本哈根气候大会讨论了全球从高碳工业文明向低碳生态文明转型的必要性，尽管会议上利益各方博弈激烈，但其对全球气候变化的未来走向有着举足轻重的影响。

4.2.2　绿色低碳产业的特征

我国低碳工业呈现出明显的"低能耗、低排放和低污染"的特点。

（1）低能耗

低能耗是通过提升能源效率减少能源消耗的方式，不仅能降低生产成本，提高竞争力，还能减少对环境的影响，实现可持续发展。能源效率的提高以及节能技术的应用主要体现了低能耗的特征。

影响能效提升的因素主要有技术进步、企业规模、对外开放和国际贸易、产权结构和能耗结构。为实现提高能源效率、确保可再生资源有效利用的目标，我国采取了多方面的消纳措施，并在全国范围内大力推进实施。其中包括：一是科学合理布局电力网络系统，结合不同地区的实际情况和能源利用条件，科学规划、统一布局，以实现以可再生能源为主的电力优化配置和输送。加强全国范围内的电网互联互通，提高电力系统的输送能力，确保可再生能源的电力能够高效、稳定地输送到各个地区。在发电侧，通过对传统火电机组的升级改造，提高其响应速度和调节精度，以更好地适应可再生能源发电的波动性特点。在电网方面，增强智能电网的建设，运用先进的信息技术与通信技术，达到电网智能化管理和优化调度的目标。在用户方面，推广需求侧响应技术，鼓励用户参与电力市场的调节，实现电力的供需平衡，大力提升电力系统的灵活调节能力。同时对增量发展可再生能源也要积极推进。"十四五"期间，国家能源局计划将可再生能源发电装机比重提高到 50%以上。为此，我国将加大投入，推动风能、太阳能等清洁能源的开发利用，并加强技术研发和创新，提升能源使用效率。在促进可再生能源发展的过程中，我国同样注重市场化进程。通过完善电力市场机制、建立配额制度等措施，鼓励更多企业和个人参与。同时，加强政策扶持和资金支持，降低开发成本和风险，提升市场竞争力。二是节能技术的应用。节能技术是一个多维度、多层次的领域，其核心目标是达到提高能源使用效率、减轻环境污染、促进可持续发展的目的，同时尽可能地减少能源的消耗，以保证生产和生活的需要。具体而言，节能技术可以从节能技术本身、环境治理技术和资源综合利用技术三个方面来划分。节能技术作为直接针对能源消耗的核心手段，涵盖了众多领域。在工业生产中，节能技术主要是在生产过程中通过新材料、新工艺和先进设备的研发与应用，减少能源损失。例如，通过研发和应用高效节能电机、变频器等电力设备，可以显著提高设备的运行效率，减少能源浪费。同时，在建筑设计领域，节能技术则主要体现在采用绿色建筑材料、优化建筑布局和通风设计等方面，以提高建筑的保温隔热性能和能源利用效率。环境治理技术主要通过物理、化学、生物等手段，对废气、废水、固体废物等污染物进行处理和治理，以减少对环境的污染和破坏。例如，采用先进的烟气脱硫脱硝技术，使工业生产中产生的硫氧化物、氮氧化物排放量能得到有效降低；通过实施垃圾分类和资源化利用，有效减少和资源化利用固体废物。资源综合利用技术主要是通过引入先进的工艺和设备，回收和再利用生产过程中产生的废弃物，从而提高资源的利用效率。例如，钢铁行业，推行废渣资源化技术，可将废渣中的有用成分提取出来，用作生产其他产品的原料；在农业领域，通过秸秆还田技术的实施，可以将秸秆转化为提高土壤肥力、促进作物生长的有机肥料。

（2）低排放

①减少温室气体排放

温室气体作为影响地球气候的关键因素，主要是指在大气中能够吸收并释放地球表面红外辐射的气态成分，主要包括二氧化碳、甲烷、氧化亚氮等。这些气体使地球表面的热量很难散发到外层空间，从而像一层无形的"温室玻璃"一样，造成地球表面温度逐渐升高。

其产生的主要原因是人类活动。工业化进程使化石燃料成为能源供应的主要途径，并由此产生了大量的 CO_2 排放。同时，工业生产中的化学反应也释放大量温室气体。农业活动也是重要因素，如畜牧业产生的甲烷和氮肥广泛使用。

减排的重要手段是推广清洁能源。太阳能、风能、水能等清洁能源被广泛应用，具有环保、可再生等优点，可减少化石燃料消耗，降低碳排放。如电动车在很多国家都被提倡，传统燃油汽车污染就会减少。

采用先进的节能技术装备能大幅降低能源消耗和碳排放。在工业生产、建筑行业和日常生活中，可广泛采取节能措施，如使用高效节能灯、节能空调等，减少能源浪费和碳排放。

②清洁能源的利用

联合国在 20 世纪末开始注重清洁能源问题。1997年，《京都议定书》的签署为全球清洁能源发展构建了框架。随后在2004年的德国波恩会议上通过的《波恩政治宣言》进一步加强了国际在清洁能源领域的合作。2009 年，国际可再生能源机构（International Renewable Energy Agency，IRENA）成立，在德国的积极推动下，不断将清洁能源的使用引向全球。这些行动不仅标志着国际社会对清洁能源重要性认识的提升，也体现了全球向低碳经济转型的决心。

根据彭博新能源财经和国际可再生能源署的数据（图 4-1），2019 年全球在清洁能源方面的投资总额达到 3 830 亿美元，较 2010 年增加了 30%。其占全球能源总投资的 23.6%，较 2010 年增加了 6.1 个百分点。在各类清洁能源投资中，风能以 1 430 亿美元位居第一，太阳能以 1 410 亿美元紧随其后，地热能源的投资为 770 亿美元；而水电投资金额最低，仅为 220 亿美元，还不及 2013 年最高峰时 701 亿美元投资金额的1/3。这些投资不仅反映了全球对清洁能源的重视程度，也显示了各类清洁能源技术在全球能源转型中的不同地位和发展潜力。

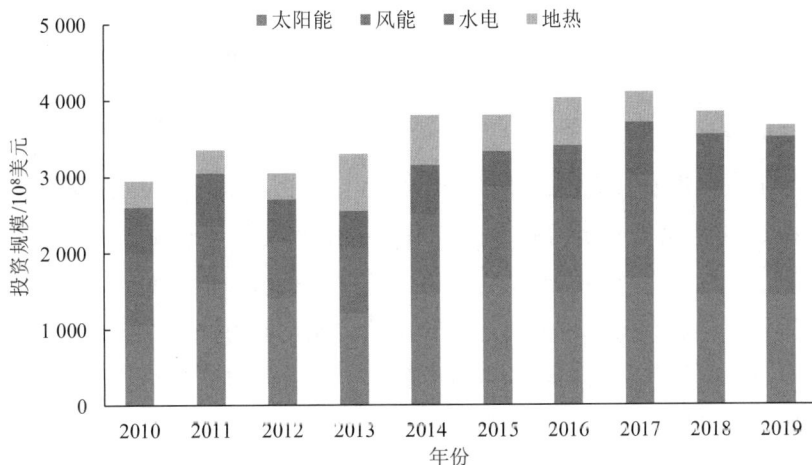

图 4-1　全球清洁能源投资规模变化

在各类清洁能源中，太阳能的装机容量增长最为迅猛，2019 年达到了 586 吉瓦，较 2010 年增长了 14.1 倍。风能装机容量紧随其后，为 623 吉瓦，是 2010 年的 3.4 倍。实现地热装机容量 13.9 吉瓦，增长 1.4 倍。最高的水电装机容量为 1 310 吉瓦，增长 1.3 倍。相较之下，海洋能的装机容量相对较小，自 2011 年超过 500 兆瓦后，增长速度较为缓慢，2019 年才达到 531 兆瓦。这些数据反映出全球清洁能源领域的发展态势和各类能源技术的进步速度。

全球清洁能源装机容量变化如图 4-2 所示。

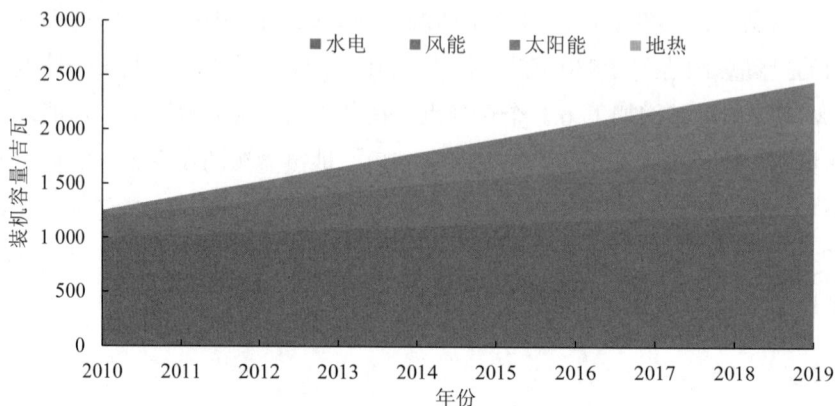

图 4-2　全球清洁能源装机容量变化

（3）低污染

党的二十大报告明确提出，要推动环境污染防治工作向纵深发展，以绿色转型的发展方式持续推进。工业结构的绿色转型是指工业发展逐渐减少对高污染行业的依赖，表现为这些行业在整体工业结构中所占的比重逐渐降低。明确各行业的污染排放强度是评估我国工业结构是否实现这种转型的关键。而不同行业排放的污染物类型存在显著差异，如果从各种污染物的角度观察到的行业结构变化均显示出向清洁化发展的趋势，那么就可以认为工业结构整体上呈现出绿色转型的特征。我国在推进工业绿色转型方面成效显著，例如通过绿色制造体系的建设，实现了产业结构的优化和绿色低碳能源利用比例的提高，同时我国也在积极推动传统产业的绿色低碳改造升级，大力发展绿色低碳产业。这些举措和成果表明，我国产业结构正持续向绿色转型迈进。

由图 4-3 可以看出，总体上，我国工业污染强度明显降低，特别是污染程度更高的工业污染问题更加明显。在废水排放方面，从 1998 年的 92.9 吨/万元大幅下降至 2012 年的 8.1 吨/万元，尾气排放也由 1998 年的 4.9 立方米/元降至 2012 年的 1.5 立方米/元。这表明工业领域尤其是高污染行业正在经历明显的绿色转型，其中废水治理的进展超过了废气治理。

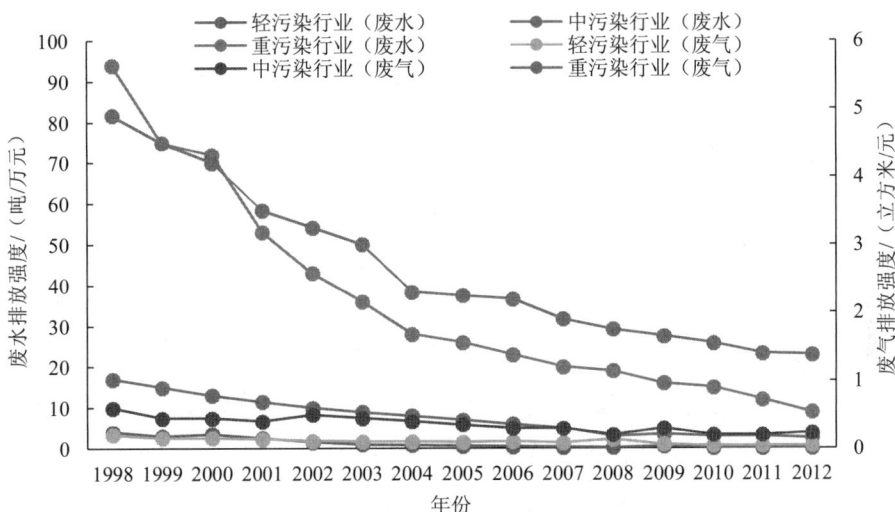

图 4-3　各污染行业废水与废气排放强度的变化趋势

在环保法律体系日益完善的背景下，推动我国工业绿色高质量发展需发挥资源配置和技术进步的主导作用。政府应引导资源向清洁行业和地区流动，优化行业与空间资源配置，避免污染集聚。同时，结合环境经济政策与行政手段，落实环保税和差异化收费，激励企业提升技术以降低排放。针对污染密集型行业，政府应通过认证、补贴和采购等方式，提高环保收益，推动绿色转型。

4.3　我国绿色低碳产业体系框架构建

4.3.1　农业绿色低碳转型

气候变化影响下的绿色低碳农业转型与经济增长的周期性波动直接相关，这种波动又与社会对农业的依赖程度密切相关。农业不仅提供了基本的产品（如食品）、市场（消费和投资的场所）和重要要素（劳动力和资本），而且对气候变化的敏感度相对于其他产业而言也是最强的。因此，为了评估气候变化对经济的影响，首先应当关注它对农业领域的影响。

（1）农业绿色低碳转型的含义

农业的绿色低碳转型涉及绿色经济的关键组成部分，即从传统的高投入、高耗能的生产方式转变为高质量、高效益、低能耗、低排放的现代化生产方式。我国农业基本面呈现显著特点，即"大国小农"格局：全国现有农户约 2.6 亿户，其中承包土地的约 2.3 亿户，户均耕地面积不足 10 亩。在可预见的未来，小规模家庭经营仍将是农业生产经营的主要形式。因此，促进农业向绿色低碳方向转型，关键在于小规模农户和新型农业经营主体。这一转变，既要依靠他们的积极参与，把维护国家粮食安全、促进生态文明建设和农村振兴作为重要目标，又要体现农业减排、应对气候变化、改善环境的有效途径，体现绿色发展理念和"绿水青山就是金山银山"理念的实际运用，是实现农业绿色发展、优质发展的必由之路。

（2）绿色低碳农业转型路径一：多元市场交易体系构建

在"双碳"目标的推动下，构建多元市场交易体系农业发展需要更加注重市场机制的拓展，在传统政府主导的基础上，通过市场获取农业转型的额外收益，实现低碳农业与经济社会其他部门在价值量贡献上的边际等价值。同时，也需要更多地关注市场机制的拓展、农业转型的农业系统碳平衡。

从主体层面分析，为保持系统的健康可持续发展，需确保至少存在与需求相匹配的低碳产品和服务供给。农业生产过程中低碳技术的应用若未能产生相应的经济收益，将导致农业生产主体积极性下降。因此，需平衡边际成本与收益，使低碳农产品在为生产者带来"净收益"的同时实现经济利益。具体而言，农业部门通过采用关键低碳技术生产低碳价值农产品。然而，生态环境部门需与经济社会其他部门协调，否则可能因资源配置失衡导致低碳农业效率低下。经济学理论强调的是通过市场机制来解决市场问题，即通过建立一个市场来纠正另一个市场的不足，保证每个市场都能高效运行，从而使市场的整体效益最大化，这是经济学理论强调的通过市场机制来解决市场问题，基于这一理论，本部分将详细探讨构建农业多元市场交易体系的思路。

①农业碳排放权交易市场

碳排放导致的外部性成本在农业碳排放权交易市场上相当巨大。在这样一个市场中，若存在众多掌握充分信息的交易参与者，碳排放权的交易机制便能有效地运作。在这一交易体系内，政府通过实施碳排放配额总量控制和交易政策，以及细化碳排放权交易的政策框架，促进碳排放总量控制和交易总量控制，从而推动碳排放总量控制和交易总量控制目标的实现；市场参与者可以根据预期折现计算 1 吨二氧化碳等温室气体排放导致的未来边际效用损失，进而确定碳排放权价格，从而实现市场参与者根据这一预期折现计算外部成本从碳排放向内部成本转化的过程。

在碳排放权交易体系的框架下，其运作基础在于不同农业生产实体在碳减排成本上的差异性。以两个生产实体A与实体B为例，二者采用的生产技术各异，导致二者在碳减排的边际成本上存在显著差异。边际减排成本较低的实体A可能通过技术革新获得既定碳排放额度下的额外碳配额，从而达到碳排放降低的目的；而边际减排成本较高的实体B可能更倾向于额外的碳购买额度，以满足合规要求。这种成本差异为碳配额的交易提供了可能性，使得实体A可以通过出售其超额配额获得经济利益，而实体B可以通过购买这些配额以较低成本实现合规。碳排放权交易市场通过这一机制，在不同减排成本主体之间实现了资源的优化配置，以较低的社会成本控制了碳排放总量。此外，碳排放权交易市场通过信号传递效应、投资效应和技术创新效应三种途径发挥作用：传递温室气体排放成本信号，引导资本和个人投资于新能源和技术研发，以及激励采用新技术以降低碳排放。为此，建议逐步将农业纳入碳排放权交易市场，建立农业碳排放权和碳汇量核算监测制度，选择资源富集地区开展试点，引导控排企业为促进农业增效、农民增收，优先考虑农业碳排放权和碳汇量收购。

② 市场交易区域性农业减碳

农业部门因其固有的自然属性和生态功能而具备独特的碳汇潜力，因而在减排方面具有重要价值。农业的碳减排价值呈现出明显的地域性差别。部分地区单位农业产出的高碳排放，由于采用粗放型生产方式，投入过大，不仅削弱了当地应对气候变化的能力，而且可能给周边地区造成环境压力；相对而言，那些单位农业产出的碳排量较低、能够积累较多碳汇资源的地区，秉承绿色低碳发展理念，能够为缓解周边碳排放压力提供一定帮助。因此，要实现空间公平与效率的平衡，就必须明确各地区在推进区域农业低碳发展过程中的降碳责任和降碳成本。具体策略是：一是建立综合指标体系，在农业碳排放权分配中建立各地区的责任和成本机制；二是确定各地区的碳排放配额，按实际排放量计算初始碳排放余额；三是允许碳排放权有富余的地区出售其富余的碳排放权，而碳排放不足的地区可以通过区域农业碳减排市场购买额外的碳排放权或通过增加碳汇来抵消超额排放，从而体现市场机制的调节作用。

③ 品牌交易市场低碳农业

低碳农产品因其内在的"信任品"属性，使得消费者在购买前后难以评估其对气候变化缓解和适应的实际贡献。在交易实践中，可能会引发"劣币驱逐良币"的现象：低碳农产品在消费者不信任感增强的同时，由于无法按照价值定价而被迫退出市场，信息不对称导致消费者面临更高的选择成本。对于农业生产者来说，如果市场不能提供相应的价格补偿，就会削弱他们生产低碳农产品的经济动力，因为低碳农产品的生产成本比传统农产品要高。建立低碳农业品牌，传递产品低碳属性的信息，可以降低消费者的搜索成本，提升他们的购买意愿，特别是对于那些拥有品牌口碑的产品，更是如此。品牌化的低碳农产品可以通过品牌溢价，使低碳农业的民间边际成本与社会边际效益之间的差异缩小，从而给予生产者更大的定价权，进而补偿生产成本与市场需求增加之间的缺口。

④ 碳标农产品

要增强对低碳农业产品的经济承受能力，实现与人们世界观、价值观转变息息相关的低碳农业的价值，则必须将公众的低碳意识转化为具体的低碳需求。在农产品碳排放信息不对称的背景下，那些高碳排放的农业生产者可能在隐瞒其产品碳足迹的同时，也未能通过现有的市场机制充分反映消费者对低碳农产品的真实需求，进而导致市场配置效率的降低。碳标签作为透明的量化工具，间接反映低碳农产品的生产成本，促进市场形成新的均衡价格，可以将农产品从生产到消费的全生命周期内的碳排放情况展示给消费者，这使积极推进碳标试点就变得格外重要。

⑤碳文化融合交易市场

碳文化融合交易市场往往因市场对资源承载力有限而寻求收益最大化，而农业在这个过程中往往受到一定程度的"歧视"，从而影响人力资源流动性、金融资本流动性和新技术流动性，究其原因其产业特性在资源配置中往往天然处于劣势。为了打破这种状况，提升农业对市场资源的吸引力，并推动农业与其他产业的深度融合，赋予其低碳文化价值，将是一条有效的途径。这种融合不仅可以扩大农业的产业边界，增强其市场竞争力，还能借助文化的力量，推动融合产业向更高端发展。特别是对于从事低碳农业的个人、家庭农场或企业来说，能够在农旅产业与碳文化结合的过程中，获得间接的经济利益，如出售门票、纪念品等衍生产品。此外，农旅一体化还能获得更高的利润，增加低碳农产品附加值，实现农业价值在直接交易中的正向循环。

（3）绿色低碳农业转型路径二：数字化驱动

农民在参与农业绿色生产活动时，根据可持续生计资本理论和布迪厄的实践理论，其行为受到对其有积极促进作用的人力资本、金融资本、自然资本、社会资本等的影响。计划行为论还强调，在农业绿色低碳转型中，农民遵循从意愿到行为的认知逻辑过程。因此，在可持续生计资本理论的视角下，研究的重点是如何通过数字化手段提高农户在人力、社会、自然和金融四个维度上的资本禀赋，打破资本禀赋的限制，并促进农户实现农业的绿色低碳转型。

① 数字化提升农户人力资本

数字技术可以拓宽农户人力资本积累的途径，改善农户知识存量，提升其人力资本。人力资本是农业绿色低碳转型的基础，是激活其他类型资本的先决条件。尽管正规的教育手段可提升农民的人力资本，但数字科技的进步却为他们开拓了一条新的道路，极大地增加了他们的知识，增强了他们的技能。在帮助农民提高知识储备和技能水平的同时，数字科技通过网络平台将优质教育资源引入农村，借助其传播和教育功能，为农民提供更多非农就业机会。此外，通过提升农民综合素质、提升人力资本，为农业绿色低碳转型提供动力，数字技术还可以影响农民的认知、态度和价值观。

数字技术作为信息传播的媒介，有效地解决了农民所面临的信息壁垒和非对称问题，因为其传播速度快，覆盖范围广，影响显著。这种技术的进步，改善了农民的信息获取困境，在信息流转速度加快的同时，也降低了农民寻找信息、获取信息的经济成本。通过网络平台流向农村的优质教育资源，既增加了农民的知识储备，形成了所谓的"知识效应"，又促进了农民对新思维、新知识、新技术的吸纳，从而促进了农民人力资本层次的提高，促进了农业向绿色低碳方向的转变。通过网络平台的传播，使绿色低碳农业技术的经济效益和操作标准通过网络视频培训、讲解等数字化工具，传递到农村，促进农民对这些技术的了解，在提高产量、增加收益、减少污染、减少碳排放等方面，加深农民对绿色低碳技术的价值理解。当农民认识到采用绿色低碳技术能够降低资源消耗，减少农业对环境的影响，提高土壤质量，增强土壤肥力，优化农业生态系统，最终实现增产增收时，采用这种技术的可能性就会大一些。

数字化网络作为一种教育工具，具备在低碳实践中增强农民素养，塑造其低碳意识、责任意识、环境价值观的能力。当农民对农业绿色低碳转型的责任感内化后，他们会更倾向于主动采取相关行动，这种心理上的转变，激发农民参与农业绿色低碳转型的积极性和主动决策，被称为"素养效应"。

综上所述，数字技术在信息传播和教育领域的应用，通过向农户提供相关知识，增强了农户对农业绿色低碳实践的理解，提升了他们对生态保护和低碳技术的认识，从而增强了农户的低碳意识和素养。这种推广直接作用于农民的人力资本，为其实施绿色低碳转型，进而推动农业向绿色低碳转型（图4-4）奠定了坚实的知识基础。

传播信息	增加知识	提高认知	提升素养	驱动效应	
数字化	绿色低碳信息 绿色技术信息 非农就业信息	绿色低碳知识 绿色技术知识 劳动技能知识	绿色低碳认知 绿色技术认知 环境风险认知	绿色低碳责任 绿色低碳态度 绿色价值观	知识效应 学习效应 素养效应	绿色低碳转型

图4-4 数字化提升农户人力资本

②数字化提高农户社会资本

社会资本覆盖了农民所依赖的多项社会资源，以实现他们的民生目标，包括社会网络、社会信任、社会参与和机构信任四大核心领域。社交网络平台在数字技术的支持下，能够跨越时间和空间限制，不仅拓宽了农户的社交网络，还提高了社交网络的质量，打破了农村地区通常依赖血缘和地缘关系的社会网络结构。这些平台激发了转型的"扩散效应"，通过分享农业绿色低碳转型的相关信息和知识，激发农民投身其中。作为沟通工具的数字技术，降低了农民之间的沟通成本，提高了沟通效率，提升了社会信任度，促使农民模仿其他农民的绿色低碳改造行为的可能性更大，从而产生了"群策群力"的效果。除了上述影响，数字化社交媒体还在农业绿色低碳技术领域，尤其是需要集体参与、具有公共产品属性的领域，增强了农户间的凝聚力，促进了集体行动，增强了社会参与度，形成了"聚合效应"，从而促进了转变。但负面和不实信息在数字化网络平台泛滥，可能会造成农民对政府的信任度减弱，进而影响农民参与农业绿色低碳改造的积极性，最终产生使改造进程受到抑制的"群体极化效应"（图4-5）。

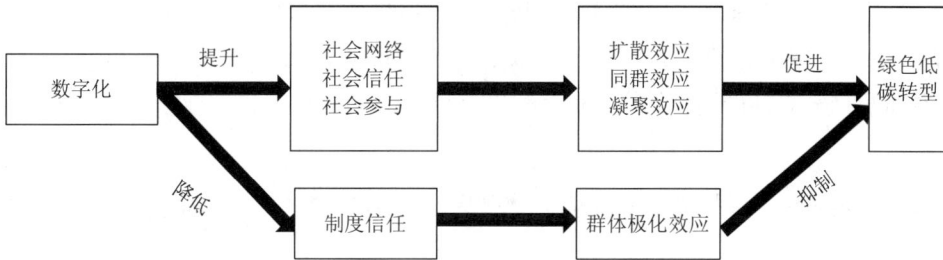

图 4-5　数字化提升农户社会资本

③数字化提高农户自然资本

土地资源构成农民进行农业生产的核心自然资本，其优化配置的决定性因素是土地资源的流动性。数字化网络通过实现信息的精确匹配，促进了土地使用权的流转，从而有助于扩大农民经营土地的规模，提升其自然资本的层次，将公众的低碳意识转化为实现低碳农业价值需求的现实低碳需求，因此，数字化网络促进了土地使用权的流转。跨越时空限制的网络平台，有效缩小了农户之间的"数字鸿沟"，在信息收集、洽谈、交易等环节，为土地供需双方降低了成本。应增强供需双方信息的匹配度和对称性，提高土地有效流转的价格透明度和公平性，平台提供丰富、可靠、准确的土地供求信息和定价信息。鼓励农户实施绿色低碳农业转型（图 4-6），随着土地经营规模的扩大，土地资源配置的"规模效应"和"范围效应"就会显现出来。

```
┌─────────┐    ┌─────────┐    ┌─────────┐    ┌─────────┐    ┌─────────┐
│  数字化  │───▶│供求信息  │───▶│ 土地流转 │───▶│规模效应  │───▶│绿色低碳转型│
│         │    │价格信息  │    │         │    │范围效应  │    │         │
└─────────┘    └─────────┘    └─────────┘    └─────────┘    └─────────┘
```

图 4-6　数字化提高农户自然资本

④数字化提高农户金融资本

金融资本是指农民能够掌握、能够筹集的资金，以及无偿获得的补贴。数字化金融使农民在农业绿色低碳转型过程中，能够更快、更便捷地从金融机构获得贷款，以提供多样化的金融服务信息和产品，降低其进入金融市场的门槛和信贷限制，满足其对资金的需求。借助社交功能的数字化网络，打破金融资本限制农业绿色低碳转型的现状，提升农民的金融资本，推动这种转型，可以扩大农民的社交圈，增加农民由朋友和私人渠道获取贷款的机会。此外，数字化还能带动金融"集聚效应"和"创新效应"，进而促进资金流转速度加快、资金配置效率提高（图 4-7）的农业绿色低碳转型。

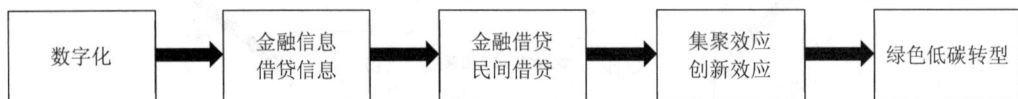

```
┌─────────┐    ┌─────────┐    ┌─────────┐    ┌─────────┐    ┌─────────┐
│  数字化  │───▶│金融信息  │───▶│金融借贷  │───▶│集聚效应  │───▶│绿色低碳转型│
│         │    │借贷信息  │    │民间借贷  │    │创新效应  │    │         │
└─────────┘    └─────────┘    └─────────┘    └─────────┘    └─────────┘
```

图 4-7　数字化提高农户金融资本

4.3.2　工业绿色低碳转型

（1）工业绿色低碳转型的内涵

工业绿色低碳转型内涵包含工业绿色转型和工业低碳转型两个方面，其不同之处主要在于考察不同污染物的种类。

①工业绿色转型的内涵

产业绿色转型（Industrial Green Transformation），是指产业经济从非持续发展模式向可持续发展模式过渡，按照经济合作与发展组织（OECD）的定义，即从"黑色经济"或"棕色经济"向绿色经济过渡。工业绿色转型的核心在于在理念、技术、制度层面需要全方位的创新作为支撑，逐步实现能源资源的集约使用、污染物排放的减少、对环境影响的降低、劳动生产率的提高和可持续发展能力的增强，以及这一转型过程是如何实现的。国内学者进一步解释说，产业绿色转型是向节约资源、环境友好的发展模式转型，核心在于绿色创新。这一转变以实现经济增长和环境保护双重效益为目标，通过新型工业化道路，推动工业生产向绿色、可持续方向发展。工业绿色转型旨在解决工业发展中的一系列问题，如高资源和高能耗、环境污染严重、生产效率低和竞争力不足，它满足了构建环境友好型、资源节约型社会的需求，并展现了绿色经济在工业发展中的实际应用（蓝庆新等，2012）。这一转变也可以看作工业发展模式从粗放型向集约型、从高污染向低污染转变的过程（彭星等，2013）。陈诗一（2010）的研究指出，我国工业绿色转型的本质是技术创新，强调要实现工业的绿色发展，其关键在于不断提高工业绿色全要素生产率，从而提高工业的绿色经济效率。因此，实现产业经济和环保业绩双提升是产业绿色转型的目的所在。

②工业低碳转型的内涵

在经济全球化不断深化的背景下，我国以高能耗、高排放为特征的工业传统增长模式正面临着工业低碳转型的内涵能源价格和碳排放成本不断攀升的严峻挑战。整体来看，调研多从产业可持续角度对产业低碳转型进行探讨（陈诗一，2009）。部分研究将环境因素纳入增长模型，将其视为与资本和劳动力同等重要的生产要素，从增长核算的方法学出发，从而对需要在增长核算框架中纳入环境要素的经济成本进行评估（袁富华，2010）。工业低碳转型是指在经济增长过程中，将碳排放、能源消耗等作为考虑因素的转变。部分研究从生产率测算的角度出发，将环境投入产出变量纳入分析框架，并将碳排放视为非期望产出。孙传旺等（2010）认为，低碳转型是指在考虑节能减排可能带来的产出损失的同时，将全要素生产率计算在内，需要限制碳排放，并即将降低非预期产出，同时追求经济增长。陈诗一（2012）则把低碳改造定义为发展过程，从高碳排放转变为低碳排放。无论是从增长核算的角度，还是从生产力测算的角度，改变工业经济增长模式，降低碳排放都是工业低碳转型的关键。总体而言，通过节能减排、结构优化和技术革新，实现产量增长和碳排放降低的双重目标，是我国工业发展方式的低碳转型目标。

（2）工业绿色低碳转型发展战略

①转变工业发展方式

21世纪以来，我国工业在低碳转型方面取得了一定的进步，但工业领域的碳排放和能耗水平仍然偏高，我国的低碳全要素生产率相较于发达国家仍有增长的潜力，因此，我国工业碳排放和能耗目前仍处于低碳转型的水平。面向未来，我国需通过低碳政策的制定和实施以及低碳市场建设等措施，协同推进工业低碳转型，实现"双碳"目标，进而推动工业经济实现高质量发展。具体来说，转型可以从以下几个方面入手：首先，我国应参考国际成功经验，结合当地产业的特色与优势，在关键领域优先实施税收优惠和财政补贴等激励措施。为推动低碳技术的应用和产业的绿色转型，建立一套低碳转型与经济增长相互促进的现代产业体系。其次，针对关键产业设定具体的碳排放强度降低和能源效率提升的目标，这些目标应基于科学的行业低碳转型潜力评估，并通过法律和标准文件来实施。对于那些高能耗、低效率的产能，需要严格执行能耗标准，对不符合低碳节能标准的项目，要逐步淘汰、整改或依法处理，对企业的能耗和环境影响进行全面评估。一方面，对于产能过剩行业，政府要加强行业引导，通过多方协同，抑制无序扩张，提高产能利用率，减少能耗。另一方面，通过完善市场环境的制度建设，市场在减污降碳方面的积极性可以被激发出来。我国碳交易市场仍需不断开拓。这一政策的好处在于通过市场机制可实现成本的最小化和低排放，因此我国需要进一步完善碳交易市场体系，在全国范围内扩大应用，从而使市场在配置环境资源方面发挥更有效的作用。为促进企业参与碳市场，需实现政策干预与市场竞争机制的有效结合，进一步优化碳市场政策设计，以及强化相关法规制度。为激励市场主体积极参与竞争、降低交易成本、增强市场开放度，市场准入负面清单制度也应继续完善。此外，还需要加强有助于促进服务型政府转型的公平竞争审查。为发挥中国特色社会主义市场优势，为建设"有效市场"提供必要的政策支持和基础设施，政府在实施碳市场政策过程中，要把主要精力放在制定规则上。

②提升区域间、行业间产业绿色低碳转型的协调性

在我国产业低碳转型的进程中，地区间的差异越发明显。因此，要实现区域间的协同发展，政府推动低碳转型就必须考虑自身的特殊情况。在东部经济相对发达地区，主要原因在于技术创新动力不足，低碳转型步伐放缓。因此，要在工业化水平较

高的地区实现低碳转型重点突破，打造低碳发展高地，应加大对这些地区低碳技术研发的投入。对于资源富集的中部地区、东北地区，要促进清洁能源使用比例的提高和资源循环利用率的提高，其前提则是生态保护；而在生态脆弱的西部地区，要发展特色低碳产业，与当地资源环境的承载力相匹配，推动生态优势转化为经济优势。要根据产业发展的阶段性特征，实施差异化的产业政策，鉴于我国各产业在低碳转型方面进展不一，对于那些在低碳转型中已经取得成效的非重污染、高科技产业企业，政策要持续帮助企业产业升级、技术创新，提升企业低碳竞争力，发挥应有的带动作用。对于重污染、中低技术产业，要制定合适的产业政策，推动这些产业实现低碳转型，防止陷入路径依赖、锁定状态，而这需要借鉴低碳发展水平较高国家的经验。

③ 促进产业结构低碳化

在今后一段时期内，我国要向低碳化方向发展，就需要继续推动产业结构的优化升级。一方面，需要加快低碳转型，加快传统产业的升级换代。虽然重污染行业（如钢铁、有色金属、石化、建材、轻工、机械等传统制造业）对地方财政贡献明显，但也是碳排放的主要来源。各级政府应根据各地区的资源条件和比较优势，通过产业政策引导这些高污染、高排放、高能耗的产业，向低碳、高效、技术革新、工艺改进的方向发展；同时，严格控制高耗能、高排放项目的无序发展，依法淘汰落后产能，实现区域特色产业向低能耗、低污染、高附加值、高市场需求的升级。另一方面，为驱动社会经济低碳化、绿色化发展，应重点培育低碳环保战略性新兴产业。这些产业不仅排放低、产值高，而且对我国未来的高质量发展具有关键的引领作用，是我国提升产业竞争力的重要领域，有助于产业全面实现低碳转型。政府需要制定全面的战略性新兴产业发展规划并组织实施，通过专项资金支持、设立发展基金、向市场传递明确的政策信号等方式，为这些产业的起步发展提供资金支持。

促进工业低碳转型的核心战略是加强低碳技术革新。在此过程中，政策扶持是加速低碳技术突破的关键。政府需从政策激励、构建低碳技术创新体系入手，从根本上增强我国低碳技术供给能力，以实现关键低碳技术突破、产出原创性科技成果为目的，以市场需求为导向，为低碳技术研发项目提供资金支持。另外，普及和应用成熟的低碳技术也同样至关重要。筛选出技术领先、经济效益显著、市场潜力大的技术产品进行推广，为此要定期制定并发布包含低碳技术、设备和产品的目录。同时，鼓励行业和企业，特别是具有基础性、外溢效应的低碳技术的企业，加快设备更新和低碳技术规模化应用。此外，为推动低碳技术的广泛应用和产业低碳转型的不断深化，应大力支持低碳、零碳、负碳技术的创新发展，促进其产业化示范应用。

4.3.3　服务业绿色低碳发展

（1）服务业低碳转型的内涵

①服务业低碳化

从生态和环保的视角出发，新技术（如网络技术）的应用能够促进服务业的低碳和节约型发展，这主要体现在两个方面。一是传统服务业向低碳化转变，表现为物流服务中使用新能源汽车替代传统燃油汽车、可降解塑料袋替代普通塑料袋或不提供塑料袋用于商品销售、减少一次性餐具在餐饮服务中的使用，这些举措都是在向低碳化转变。二是信息技术的应用推动了服务业流程的数字化，减少了资源投入，这涉及服务业数字化转型、网络办公、线上会展和共享经济等模式。

②低碳生产服务业

在节能环保服务领域，服务业通过提升生产活动的投入产出比率或降低资源和能源的消耗来创造经济价值。具体地说，合同能源管理通过帮助客户优化能源配置来提高服务收益，减少了能源浪费；同时可以从技术服务中获得收益，如通过应用低碳、环保的传统产业技术。随着"双碳"目标的推进，这类服务业的发展潜力还会继续扩大。

③低碳引导服务业

通过这类服务业的支撑和引导，结合制度设计降低交易成本，确保绿色环保理念得以有效实施。如在绿色金融领域，通过建立新的绿色贷款评价指标体系，利用市场化手段促进企业低碳行为的价值实现；为资源节约和环境保护项目提供贷款优惠；通过碳排放交易、排污指标交易等服务业增加对合同能源管理和合同环境的税收优惠，促进企业低碳行为实现价值收益。与前两类服务业不同，低碳引导服务业不直接涉及低碳实践，也不帮助市场主体直接实现减碳和绿色发展。

（2）服务业低碳发展路径

①完善低碳政策体系

现代服务业的覆盖面非常广，与人们的日常生活联系非常紧密。在当前经济全球化的背景下，推动现代服务业的低碳发展已成为一项紧迫的任务。政府应建立一套指导我国现代服务业低碳发展战略的政策框架体系，参考发达国家在低碳经济发展方面的成功实践，制定我国当前服务业发展的相关规划政策。在税收政策方面，要根据低碳经济的发展需求，从宏观上加强消费税的绿色引导，调节市场消费需求，包括适时推出碳税，鼓励提供低碳产品和服务等。要推动低碳经济发展，可采取以下几个方面的措施：一是利用国家财政投资、商业银行绿色信贷、国际金融机构清洁能源发展机制引导金融资本合理配置资金。二是以促进低碳科技创新各方面的合作为重点，建立联席协商机制，确保国际合作有序开展。政府还可通过加大与发达国家的合作，在清洁能源发展机制项目上，积极吸引现代服务业的国际转移，扩大我国低碳服务贸易市场。三是基于市场规律和区域资源特征的需要，政府需要明确战略定位，合理规划，构建现代服务业集聚平台，促进低碳经济发展。

②开展低碳供应链管理

在生态挑战日益严峻的背景下，为提升企业社会责任，保障企业长远可持续发展，我国现代服务业必须加强低碳供应链管理。企业需要从战略层面重视低碳供应链管理，将其作为企业发展的核心，逐步实现低碳理念在企业运营中的全面渗透，培养企业发展的核心，这就要求企业要内化低碳形象，内化品牌，切实做到让员工自觉行动，认同以低碳为特征的企业文化。创新现有供应链体系，融合低碳环保理念，在供应链的规划、采购、生产、配送、回收等各个环节打造循环运营模式，做到资源节约，管理高效。例如，服务一体化的企业，在供应链设计阶段就对碳排放的要求给予充分考虑；核心企业在评估和控制合作者风险方面需要加大力度；实施低碳交通战略，优化物流网络设计；在强调包装循环利用的同时，推广可减少包装物使用量的环保型产品包装；配送效率将通过第三方物流得到提升；在循环利用阶段，以低碳环保的方式处理废弃物，同时以最小的资源消耗和环境影响，将可回收材料通过反向物流系统重新整合到供应链中，实现经济和环境的可持续发展。

③提高服务业绿色发展水平

为了推动商业流通领域的绿色转型，我国应培育绿色流通的主体力量，并促进商贸企业的绿色升级。在此过程中，要有序推进旅游住宿等领域的共享经济，规范闲置资源交易市场。大数据中心和网络机房的绿色建设和改造需要重视，这也是打造绿色运维体系的重要之处。会展设施的循环利用也不容忽视，应制定相关绿色标准推动会展行业的绿色发展。提升行业竞争力，除了前述措施，还需采取以下行动：一是鼓励汽修、装修等行业使用含低挥发性的有机化合物原辅料，提倡减少宾馆、餐饮等行业一次性用品的使用。二是加大再生资源回收力度，在当地挂牌成立可再生资源交易中心，推进垃圾分类回收和再生资源回收的"两网融合"。同时，对已建立物流倒置回收体系的生产企业，要加快推行生产者责任延伸体系。此外，还应支持利用现代信息技术将废料回收利用进行线上和线下一体化的企业发展新的商业模式。

第 5 章

我国区域产业结构绿色低碳转型研究

推动我国区域产业结构绿色低碳转型，对于提升资源利用效率、加强环境保护以及促进经济向高质量发展阶段迈进具有深远的意义。同时，这也是加快构建生态文明体系，提升国家整体可持续发展能力的关键路径。本章内容从我国区域产业结构绿色低碳转型的社会背景入手，详细分析了转型的困难与挑战，并据此提出后续区域产业结构绿色低碳转型的实现路径。

5.1　我国区域产业结构绿色低碳转型的社会背景

5.1.1　我国产业结构优化调整面临的挑战

改革开放后，随着工业化、城镇化进程的推进，深刻影响了我国产业结构的转型进程。自 1978 年起，我国的产业结构展现出第二产业为主，第一产业次之，第三产业随后的"二一三"分布特征，1985 年，这一格局得以重构，第三产业的经济规模首次超越了第一产业，标志着我国的产业结构向着更加多元化和服务化的方向转变。2012 年，我国产业结构实现了又一里程碑式的跨越，第三产业的规模不断扩张，再度超越第二产业，成为国民经济的第一大支柱产业，标志着我国产业结构模式由先前传统的"二三一"向"三二一"的深刻转型。党的十八大以来，我国经济迈入了一个崭新的发展阶段，表现出前所未有的活力，产业结构战略性重构和转型升级进程加快，进一步稳固了"三二一"的产业分布格局，经济发展的全面性、协调性和可持续性显著增强（国家发展和改革委员会，2021）。特别是近年来，我国加快推进落后产能的淘汰进程，并有效应对产能过剩问题，同时高度重视战略性新兴产业的培育与发展，为产业结构的绿色低碳转型构筑了稳固的基石。然而当前，我国单位 GDP 能耗仍居高不下，约为世界平均值的 1.5 倍，与发达国家相比，则高出 2～3 倍。这些数据深刻揭示了我国产业布局的不合理性，凸显了产业结构低碳转型任务的艰巨性和紧迫性（曹红艳，2024），持续调整产业结构，推动绿色低碳转型，已然是我国经济发展中亟待解决的重要课题。作为全球制造业领先的国家，我国第二产业在国内生产总值中的比重长期维持在 40% 以上，虽然近年来这一比例有所下调，但截至 2022 年仍高达 39.9%。相较于第一产业和第三产业，第二产业的单位产值能耗则更高，达到了前两者的 4 倍以上，使我国成为全球最大的能源消费国之一。自 2015 年起，我国产业格局迎来重要变化，第三产业占比首次突破 50%，并在随后几年持续提升，2022 年增加至 52.8%。但是，与欧美等发达经济体相比，我国第三产业占比仍显不足，我国产业结构转型仍有较大空间。从产业内部结构来分析，我国第二产业目前主要位于价值链的中下游。其中，钢铁、有色金属等核心行业所消耗的能源占据制造业整体能源消耗的 85% 以上。

从产品结构看，当前产品普遍具有高能耗和高物耗的特点，增加值率偏低，产品效能与全球顶尖水平之间尚存较大差距（国家发展和改革委员会，2021）。

近一个世纪以来，由于经济生产活动的不断增加，人类对化石燃料的过度依赖导致了二氧化碳排放量急剧上升，对人类的生存环境和社会经济的可持续发展带来了不容忽视的严峻挑战。随着以二氧化碳为核心的温室气体排放量的急剧增加，全球气候系统正经历前所未有的显著变化。根据《中国气候变化蓝皮书（2023）》和《中国气候变化蓝皮书（2024）》，2023 年全球平均温度为 1850 年以来的最高值，2014—2023 年全球平均温度较工业化前水平高出 1.2℃，主要温室气体浓度逐年上升。2022 年，中国地表气温的上升速度超越了同期全球的平均增幅，相较于常年值，增加了 0.92℃。1961—2022 年，我国发生多起极端天气事件，气候风险指数呈现递增态势，2022 年达到峰值。气候变化，特别是极端天气频发对我国产业结构调整敲响了警钟，极大地影响着我国产业结构绿色低碳转型的塑造过程。只有持续强化产业优化升级、培育经济增长的新驱动力、建设绿色低碳的现代化产业体系，才能使产业结构、经济社会发展方式与生态环境相协调，筑牢绿色高质量发展的基础和屏障（李凯旋，2023）。推动产业结构的绿色低碳发展是经济社会全面绿色转型过程中一项复杂且持久的任务，产业结构调整非迅速可达的短期目标，也不可背离现实条件盲目推进，要注重顶层设计，坚持先立后破、统筹兼顾，坚守安全底线，保证转型风险可控（高世楫等，2023）。

5.1.2　产业结构绿色低碳转型的紧迫要求

2016 年《巴黎协定》的签订是开启全球产业结构转型趋势的里程碑。该协定提出全球应加速达到温室气体排放的峰值，并在 21 世纪后半叶实现净排放归零的目标，把全球温升控制在 2℃甚至 1.5℃以内（杨华磊等，2024）。迄今为止，全球已有超过 150 个国家提出了碳中和的承诺，涵盖了全球 92% 的 GDP、89% 的人口以及 88% 的碳排放量，其中 90% 的国家将碳中和目标的实现年份设定在 2050 年或 2050 年之后，仅有 12 个国家承诺在 2050 年前达成碳中和（清华大学碳中和研究院，2023）。在第七十五届联合国大会上，习近平主席宣告"双碳"目标愿景，彰显了中国对全球气候治理的坚定承诺与积极贡献。然而，这一目标远少于发达国家所用的时间，这对我国产业结构转型升级提出了迫切要求。碳达峰的峰值越高，意味着实现碳中和的难度越大，而产业结构绿色低碳转型是实现碳达峰峰值降低的关键方式。我国当前产业转型的重点是提高第三产业比重，逐渐降低第二产业比重，尤其是降低第二产业中钢铁、有色金属等高能耗产业占比。在产品结构的优化方面，关键在于提升产品的附加值，从而有效降低单位增加值所对应的能源消耗和碳排放强度，进而增强产品的市场竞争优势。为了实现碳达峰、碳中和，需要严格控制高耗能、高排放行业的产能规模，以减少温室气体排放；研发先进技术对传统制造业生产方式进行改造升级，提升其生产效率和环境友好性；实现现代服务业加速发展，推动低碳升级改造进程。

5.1.3　产业结构绿色低碳转型的战略机遇

为实现碳达峰、碳中和的宏伟目标，我国产业结构转型面临着巨大的挑战，但我们也要看到，这一目标也孕育了产业结构低碳转型的重要契机，开辟了前所未有的战略机遇。一是全国范围内已普遍形成产业结构绿色低碳转型的共识。党的十八大以来，党中央将生态文明建设工作摆在全局工作的突出位置，全面加强生态文明建设，深入贯彻习近平生态文明思想，作出了一系列重大战略部署，"绿水青山就是金山银山"的理念成为全党全社会的共识。二是传统产业节能降碳空间巨大。传统产业的生产技术和设备往往比较落后，资源利用效率相对较低，污染排放量高，毫无疑问，节能技术的创新研发将会带来能源消耗和污染排放的显著降低。传统产业的企业在能源计量、能源监管等能源管理方面也存在诸多不足，导致了大量的能源浪费。通过构建高标准的能源管理体系，形成包括能源审计、能源对标、合同能源管理等流程在内的能源一体化体制机制，可以极大地提升企业的能源管理水平和节能降碳能力。我国传统产业规模庞大，煤炭能源在传统产业结构中的能源消费占比超过半数，因此，减少传统产业对化石能源的过度依赖，必然蕴含着巨大的节能降碳潜力。三是我国工业生产能力和基础设施建设需求持续增长，可以采取发展绿色产能与绿色基础设施的策略，规避传统工业化、城镇化可能带来的"锁定效应"。同时，随着以重化工业为主导的工业化阶段在我国即将结束，传统制造业的碳排放量有望逐步达到峰值并保持平稳。在这个过程中，先进制造业与现代服务业在产业结构中的比重不断提升，新一代 IT 和绿色技术的应用范围日益扩大，为我国实现碳达峰、碳中和目标奠定了坚实基础。未来，产业结构的绿色低碳转型不仅将带来显著的经济效益，还将为社会福祉的增进作出重要贡献。

5.2 我国区域产业结构绿色低碳转型的困难与挑战

5.2.1 面临稳增长、降成本、促创新等多重制约

首先，在稳增长方面，低碳转型可能导致传统高能耗、高污染产业的生产能力下降。这种转变不仅会直接影响经济增长速度，还会带来明显的就业压力。依赖这些产业的工人可能面临失业或需要再培训，进而增加社会保障系统的负担。同时，地方政府的财政收入也可能因企业利润和税收的减少而受到影响，进一步加大了保持经济稳定发展的难度。

其次，在降成本方面，绿色低碳技术的研发和应用需要大量资金支持，这对企业，尤其是中小企业，是一个巨大挑战。这些企业往往面临资金压力，难以负担高额的初期投入和转型成本，更换设备、改造生产线以及购买新的低碳技术都需要巨额资金，这不仅影响企业的短期利润，还可能导致其在激烈的市场竞争中处于劣势。此外，融资渠道有限和融资成本高也进一步加剧了中小企业在低碳转型过程中的困难。

最后，在促创新方面，绿色低碳转型技术的自主创新能力不足，关键核心技术仍处于追赶阶段，严重制约了低碳转型的进程。国内在许多核心领域的技术创新尚未达到国际领先水平，高度依赖进口技术。此外，专业人才短缺使得低碳技术的研发和应用难以快速推进。高校和科研机构培养的人才数量不足，无法满足产业需求，同时现有的科研团队也面临着技术储备不足、创新动力不足等问题，导致了我国在绿色低碳转型过程中面临较大的技术和人才"瓶颈"。

5.2.2 区域产业布局不合理，发展不均衡

一方面，不同地区的经济发展水平和产业结构差异明显，部分地区高能耗、高污染产业比例较高，转型难度较大。这些地区通常集中了传统的重工业、重化工业等高耗能、高排放产业，这些产业虽然拥有成熟的生产技术和市场优势，但也面临着技术更新和环保压力的双重挑战，一旦转型速度过快或不当，可能会对当地的经济造成极

大的冲击。

另一方面，发展水平较高的地区在绿色技术研发和应用方面已经取得了显著进展，其拥有先进的研发基础设施和人才资源，能够较快地引入和应用新技术。这些地区通过政府支持和市场驱动，推动了清洁能源、节能环保技术的创新和应用，积极参与国际合作，成为全球绿色技术领域的重要参与者。然而，较为落后的地区通常面临着技术和资金等方面的巨大挑战。这些地区可能缺乏必要的绿色技术研发能力和基础设施，同时，由于经济发展水平较低，财政资源和投资能力有限，难以有效支持和推动绿色低碳技术的发展和普及。

5.2.3　缺乏足够的资金和金融工具支持

实现"双碳"目标需要大规模的资金投入，包括技术升级、设备更新、生产线改造等多方面的成本支出。并且绿色低碳项目往往具有前期投资成本高、回报周期长的特点，传统金融体系的融资模式难以满足其需求。尤其是对于中小企业和新兴绿色技术企业而言，融资渠道有限，融资成本较高，缺乏专门为绿色项目定制的金融产品和服务。不同地区和行业之间绿色低碳转型的资金需求也不同。在东部沿海等经济发达地区，技术基础和市场环境较为成熟，绿色低碳项目相对较容易获得资金支持和投资，有利于加快转型步伐和提升产业竞争力。而西部地区和一些传统老工业基地，经济基础薄弱，面临着绿色技术更新和市场转型的双重压力，资金需求更为迫切但获得难度较大。

虽然绿色债券、绿色基金等金融产品在理论上可以为绿色项目提供资金，但在实践中，许多地方的金融市场对这些工具的认识和应用仍不够成熟。这导致企业在实施绿色低碳转型时，往往难以获得必要的资金支持，进而制约了技术创新和生产方式的改进。此外，由于风险评估和回报预期的不确定性，金融机构对绿色项目的投资热情也相对较低，这进一步加剧了资金短缺的问题。要解决这一困境，需要加大金融工具的创新和推广力度，完善相关政策和激励机制，引导更多资木流向绿色产业，助力区域经济实现可持续发展。

5.2.4　碳市场体系和运行机制尚不健全

目前的碳市场在地区间和行业间的覆盖和联动性不足，导致市场分割和发展不均衡。虽然经济发达地区和重点行业积极参与碳交易，但欠发达地区和传统高能耗行业的参与度较低。这种不平衡性限制了碳市场的整体规模和深度，无法充分反映市场供需关系。现有的碳排放权交易体系虽然已初步建立，但在市场监管、制度设计和配额分配等方面仍需进一步完善和优化，市场的透明度和公平性问题也需要关注。此外，现有的碳市场激励政策和配套措施不足，难以有效引导企业和消费者积极参与绿色低碳转型。

5.3　我国区域产业结构绿色低碳转型的对策建议

5.3.1　全面推行绿色制造，构建绿色低碳产业体系

绿色化、低碳化是未来科技创新和产业变革的主要方向。现阶段，我国工业化以及城镇化发展尚有很大进步空间，传统产业所占比重仍较高，在此背景下，推动工业绿色低碳转型是我国生产方式和产业结构优化升级的关键。其中，绿色制造是推动工业绿色发展的重要抓手。习近平总书记指出，要建设绿色制造体系和服务体系，推动制造业向高端化、智能化、绿色化发展。大力发展绿色制造，既可以缓解资源能源短缺，又对推动经济发展方式转变、实现制造业高质量发展、加快产业结构绿色低碳转型具有重要作用。绿色制造是一种高效率、低能耗的现代化制造模式。从横向看，绿色制造涉及钢铁、有色金属、化工等各个行业，既要对传统制造业进行绿色化改造，也要在信息通信、生物制造等新兴产业领域加速绿色化转型进程。从纵向看，绿色制造是在保证产品功能完善、品质可靠、成本合理的前提下，将绿色低碳的核心理念和要求全面贯彻融入产品设计、生产、配送、使用、回收利用的全生命周期中，旨在构建一条环境友好型的全链条生产模式，以制造模式的深度变革助力传统产业绿色低碳转型。

构建绿色制造体系是一项系统性工程，需要标准规范、人才技术、监管机制等关

键要素的支撑与保障。

（1）建立统一的绿色制造标准体系

为了确保各项绿色制造活动在国家和地方标准下有效运行，需要建立统一的标准体系及信息平台，以提高生产效率和产品质量，从而降低对环境的影响。制定明确的技术规范和操作标准，可以帮助企业合规生产，并在全国范围内实现绿色制造的标准化和统一化。同时，建设绿色制造公共服务平台可以为企业提供全方位的支持和服务，平台集成了先进的绿色技术和解决方案，能够为企业提供技术培训、政策解读、市场分析等多方面的支持。通过公共服务平台，企业还能够快速获取最新的绿色技术信息和市场趋势，为其绿色转型和创新提供强有力的支持。这不仅促进了绿色技术的快速应用和推广，还有助于企业提升竞争力，拓展绿色市场份额，推动整个产业向更加环保和可持续的方向发展。

（2）实施区域和行业绿色制造示范工程

实施区域和行业绿色制造示范工程是为了在特定地区或行业内推广和应用先进的绿色制造技术和管理模式，以培育典型成功案例，并通过示范效应引领整个产业向绿色低碳发展方向迈进。首先，需引入最先进的绿色制造技术，如清洁生产工艺、节能技术、循环利用技术等，通过技术创新和工艺改进，提高企业生产效率，降低资源消耗和环境污染物排放，实现可持续发展目标。其次，通过推广成功的绿色制造示范案例，可以促进相关产业技术成套能力的提升和产业化推广，不仅有助于降低新技术应用的成本，还能加快市场化进程，推动绿色产品和服务的普及和市场占有率的提升。此外，示范工程形成的示范效应，能够激励更多企业参与到绿色制造转型中，政府也要为积极进行绿色低碳转型的企业提供税收优惠等政策和资金支持，加速我国产业结构向绿色低碳转型的进程。

（3）加强绿色制造人才培养和产业联盟建设

加强绿色制造人才培养和产业联盟建设是提高绿色制造技术和创新能力的关键举措。通过设立专业化的绿色制造教育培训课程，培养具备绿色技术和环保意识的工程师和技术人才。这些人才不仅掌握着先进的绿色制造技术和管理知识，还能够在实践中推动技术创新和应用，为企业提供关键的技术支持和解决方案。同时，建设产业联盟，可以促进企业间的合作和交流，打破技术壁垒，共享资源和技术成果。通过联盟平台，企业可以共同开发绿色制造解决方案，探索新的市场机会，提升产业整体竞争力。此外，产业联盟还可以协调政策资源，推动行业标准制定和推广，为绿色制造的普及和深化提供支持。

（4）强化对绿色制造体系的监管

强化对绿色制造体系的监管是确保绿色低碳工业体系实现经济可持续发展和环境保护双赢的重要举措。建立动态监督机制能够实时跟踪并评估企业的生产活动，确保其符合国家和地方的环保法规和标准要求。将企业的碳排放水平作为绿色制造标准体系的核心参考要素，不仅能有效衡量企业的环境负荷，还能促使企业减少碳足迹，推动技术创新和工艺优化。监管部门通过严格执行各项标准，能够有效监督和管理企业的环境行为，确保绿色制造理念落地。

依托绿色制造打造的绿色低碳工业体系，不仅有助于降低资源消耗和减轻环境污染，还能推动企业积极转型升级，提升其产品竞争力和市场影响力。这种双赢的发展模式不仅实现了经济效益与环境保护的协调，还为未来可持续发展奠定了坚实基础。

5.3.2　推动各产业绿色低碳转型，促进经济高质量发展

（1）大力推进绿色低碳循环农业的发展

大力发展绿色低碳循环农业不仅有助于减少对环境的负面影响，还能显著提升农业的碳汇能力和经济效益。要积极实施耕地质量保护与提升计划，通过科学耕作、土壤改良等措施，提升土壤肥力和碳储存能力，促进农业固碳增效。同时，要推进化肥、农药减量替代计划，减少化学投入品的使用，降低农业生产对环境的污染，促进农业生态良性循环。此外，还要加强农作物秸秆和畜禽粪污的资源化利用，通过技术创新和模式探索，将农业废弃物转化为宝贵资源，实现农业废弃物的无害化、减量化、资源化和再利用，推动绿色低碳循环农业向更高层次发展。

（2）加快实施工业和服务业绿色化改造

加快实施工业绿色化改造，是推动经济社会可持续发展的重要举措。要深入推进绿色制造示范单位建设，引导企业积极推行绿色设计，在产品设计之初就融入环保理念，从而降低生产过程中的能源消耗和环境污染。同时，构建完善的绿色制造体系，包括绿色供应链管理、绿色生产技术、绿色生产标准等，实现工业生产的绿色化。关

注低碳工艺革新和数字化转型，鼓励企业引进和应用先进的低碳技术和工艺，提高能源利用效率，减少碳排放。数字化转型也有助于实现资源的优化配置和生产的智能化管理，进一步提升工业的绿色发展水平。对于化工、冶金、建材等园区，要积极推进循环化改造，构建循环经济体系，实现资源的有效利用和废物的减量化、资源化。

在服务业领域，要加快商贸流通、信息服务等行业的绿色转型，鼓励企业采用绿色技术和服务模式，提升服务业的低碳发展水平，构建一套绿色、低碳、高效的产业体系，为实现可持续发展贡献力量。同时，还要开展绿色外贸循环经济产业园建设，推动外贸产业的绿色转型，促进国际贸易的绿色可持续发展。

（3）引导各产业开展清洁能源替代

一方面，积极引导新能源产业集聚，构建绿色低碳产业链，促进绿色低碳产业高速发展。为了推动供应链的绿色低碳转型，政府和企业需要共同努力，在供应链各个环节推广绿色管理措施。包括优化原材料采购、产品设计、生产过程以及物流运输中的环保标准和实践，鼓励企业采用更加环保的技术和材料，整体降低碳足迹。

另一方面，还可以积极建设绿色产业集群和园区，通过集聚效应提升资源利用效率和环境保护水平，鼓励传统产业通过技术升级、工艺优化等方式进行绿色低碳改造，推动整个产业体系向低碳化、绿色化、高端化方向转型，不仅可以促进技术创新和经济增长，还能推动区域内企业共同实现绿色转型，为地方经济的可持续发展注入新动力。

5.3.3　深耕低碳科技前沿，引领绿色技术创新浪潮

政府与企业应当增强对低碳技术研发的投资力度，通过建立专项财政支持与激励措施体系，激发科研单位与企业探索低碳技术的创新活力。同时，应推动产学研合作，形成技术研发和应用的紧密结合，加快绿色技术的产业化进程。具体来说，重点发展高端集成电路和关键软件，确保信息产业的安全和自主，突破关键新材料和重大装备技术"瓶颈"，提升制造业核心竞争力，构建先进的工业互联网平台，促进传统制造业与新兴技术深度融合，推动产业转型升级。通过强化基础共性技术供给，促进各产业协同创新，可以形成良好的创新生态系统，确保国家经济的可持续和高质量发展。

要大力发展包括超低排放、资源循环利用在内的绿色低碳技术，减少工业和能源生产过程中的污染物排放，推动资源循环利用，提升废弃物的回收和再利用率，减少能源消耗和碳排放。鼓励行业龙头企业携手高校、科研机构及中小企业，共同构建创新合作联盟，促进各方协同，整合优质资源，加速技术革新与产业升级步伐，并积极推动绿色制造技术的研发及其广泛实践应用。加快建立制造业创新中心网络体系，形成覆盖全国的创新资源共享平台，提升整体创新能力和竞争力。打造一批具有示范效应的创新平台，集聚创新资源和人才，推动技术研发和产业化应用的紧密结合，形成绿色制造的生态系统，加速绿色制造技术的普及和应用，最终实现全行业的绿色低碳转型。

强化企业创新的主体地位，推动企业采用更环保、高效的生产方式，加速绿色技术的产业化与规模化进程，不断加固并提升产业链的韧性和弹性。通过鼓励企业加大绿色技术研发投入和技术创新，提升自主创新能力，形成核心竞争力。推进绿色技术在实际生产中的应用，加快技术成果转化为生产力，实现规模化生产和应用，降低生产成本，提高产品质量。通过构建灵活应对市场变化的供应链体系，增强产业链各环节的协调性和适应性，提高抗风险能力，确保在全球供应链中保持竞争优势，避免因技术或市场变化而导致的产业链断裂，保障经济稳定和可持续发展。

5.3.4　加大资金投入，充分发挥绿色金融的作用

"双碳"目标的实现需要工业、交通、建筑等各产业的绿色协同改造，并结合自然碳汇、碳捕获与封存等技术手段进行减排，这意味着庞大的资金需求。当前，许多绿色低碳项目由于前期投入大、回报周期长，往往难以获得充足的资金支持。加大资金投入不仅能有效推动技术创新和绿色技术的应用，还能为企业提供必要的财务支持，帮助其顺利进行生产方式的转型。此外，充足的资金投入可以改善基础设施建设，提升资源利用效率，推动绿色产业集群的发展，从而为区域经济注入新的活力，确保绿色低碳转型的顺利进行。

近年来，我国金融机构积极推动绿色金融发展，为环境质量改善提供了多样化的金融服务和资金支持。发展绿色金融工具（如绿色债券和绿色基金），为绿色项目提供长期、稳定的资金支持，吸引金融机构增加对绿色低碳产业的投资，推动资本市场

朝更加可持续和环保的方向发展。

　　绿色金融指的是通过金融手段和工具，支持和推动环保、节能减排、可再生能源、绿色基础设施等可持续发展项目和活动。绿色金融服务大力引导绿色产业发展，支持自然碳汇、碳捕集/利用与封存等技术的研发应用，深度融入了项目投资建设的环境评估环节，并提高了金融体系环境风险的应对能力，同时还能利用金融市场的价格发现功能为"碳"合理定价，可以有效助力产业绿色低碳转型（刘绪尧，2021）。事实证明，绿色金融是拓宽环境友好型项目资金来源渠道、改善融资结构、促进生态环境保护的重要途径。我国现已构建起一个涵盖绿色贷款、绿色债券等多元化、多层次的绿色金融市场架构，绿色金融市场的发展已初见成效。虽然在融资模式、风险防控手段等方面有所创新，但还存在发展速度较慢、融资成本较高、信息披露机制不够完善等问题，亟须解决（王玉玲，2023）。未来，要重点从强化政策支持、创新产品服务、提高风险防范能力三个方面入手，以更高品质的绿色金融服务赋能产业绿色低碳转型。

　　在强化政策支持方面，相关政府部门应加强沟通协调，制定绿色项目认定统一标准，给予绿色金融工具在绿色担保等方面更多的政策便利。持续优化绿色金融体系建设，完善绿色金融评价方法，加大环境信息披露力度，加快培育规范高效的金融中介服务市场，推进绿色金融业务标准化、规范化、透明化。在创新产品服务方面，金融机构应结合市场需求，积极创新金融产品，增大绿色金融产品供给能力。在持续扩大绿色金融业务规模的同时，还要注重提高绿色金融业务的发展质量。要加速创新多元化的融资途径，以满足经营主体的多样化需求，加大对清洁能源、循环经济等重点领域的信贷支持力度，全面助力绿色经济的蓬勃发展。在提高风险防范能力方面，绿色项目往往具有投资周期长、回报率低的特点，投资风险相对较大。因此，要发展绿色金融，还需要多层次、全方位地强化风险防控，构建具有针对性的绿色金融监测与分析模型，精准识别各类风险。同时，要着力提升对绿色金融风险的预见性、应对能力和处置效率，争取为绿色低碳产业提供更为长期、低成本且可持续的资金支持。

5.3.5 推动协同治理，促进区域产业结构绿色低碳转型

（1）区域协同治理

区域协同推进产业结构低碳转型就是要通过政策协调、资源整合和技术共享，实现跨区域的协同发展。一方面，可以将高耗能产业向能源富集地区转移，促进区域间的资源共享和优势互补，包括企业整体搬迁、产业链整体转移等。例如，将东部地区的高耗能产业转移到西部能源富集地区（潘家华等，2021），可以较好发挥西部地区的比较优势，带动西部地区经济发展。

另一方面，促进区域间的资源共享和优势互补，建立跨区域合作机制，推动资源、技术和信息的自由流动，实现资源的最优配置。可以通过区域间共享清洁能源基地、科技研发平台和专业人才库，提高各区域的资源利用效率和创新能力。此外，设立区域合作示范区和试点项目，通过成功案例展示和经验分享，带动更多区域参与合作。

（2）产业协同治理

对于政府部门来说，应制定和实施明确的政策和法规，通过一系列激励措施和监管手段，鼓励不同产业之间的协作与资源共享。例如，政府可以出台税收减免和财政补贴政策，支持企业投资绿色技术和设备。政府还应建立完善的信息共享平台，促进产业链上下游企业间的沟通与合作，共同致力于环保目标。通过这些政策和措施，政府可以有效引导企业在绿色技术研发、生产工艺改进和资源循环利用等方面进行深度合作，实现更高效的绿色低碳转型。

对于企业来说，应积极参与各类产业联盟和绿色发展平台，通过这些合作网络分享绿色技术和实践成果，企业不仅可以获得最新的环保技术和行业资讯，还能与其他企业一起探索新的绿色发展模式和解决方案。此外，企业间的合作和交流能够促进资源共享和成本分摊，实现互利共赢。例如，通过联合研发和共同采购绿色原材料，可以降低单个企业的研发和采购成本，提升整体竞争力。同时，企业还可以借助产业联盟的力量，向政府和社会发出更强有力的环保倡议，共同推动政策优化和市场环境改善，从而为实现绿色低碳转型创造更加有利的条件。

第 6 章

———

我国区域能源结构绿色低碳转型研究

能源是经济社会发展和人类生活重要的物质支撑，我国能源生产和消费所产生的碳排放超过全国碳排放总量的 80%，是重要的二氧化碳排放源，随着温室气体排放引发气候变化的不利影响日益突出，能源领域的绿色低碳转型日渐受到重视。党的十八大以来，面临国内国际能源供需和发展格局的新趋势，并且将应对气候变化纳入了生态文明建设整体布局和经济社会发展全局，国家陆续出台了《关于完善能源绿色低碳转型体制机制和政策措施的意见》《2024—2025 年节能降碳行动方案》等政策文件，推动太阳能、风能、水能等非化石能源生产和消费规模的提升，合理控制煤炭消费规模和发展。同时，我国幅员辽阔，不同地区的资源、能源禀赋特点和经济发展模式具有较大差异，在全面推进能源革命时，各地区结合区域具体发展情况，围绕能源结构绿色转型对重点领域和重点行业制定了一系列政策，大力发展绿色经济，积极参与应对气候变化。推进能源结构绿色转型不仅有助于改善环境质量，也是实现经济转型升级、促进能源安全和经济高质量发展的必然选择。本章旨在深入探讨区域能源结构转型的定义、必要性、发展现状及其面临的挑战，以寻求实现区域能源结构绿色转型的发展路径。

6.1　我国区域能源结构绿色低碳转型的内涵与重要性

6.1.1　区域能源结构绿色低碳转型的内涵

区域能源结构转型是指在特定区域内，通过技术创新、政策引导、市场调控和社会参与等多种手段，逐步减少对化石能源的依赖，提高可再生能源的利用比例，实现能源系统的低碳化、清洁化和可持续发展。这个转型过程不仅涉及能源生产和消费模式的改变，还包括能源基础设施的升级和优化、能源管理体系的完善，以及相关政策法规的制定和实施。区域能源结构转型具有多层次、多维度的内涵，主要包括区域能源多样化、能源高效化、能源清洁化、能源技术的创新与突破和能源管理体制的完善与创新。

能源多样化。区域能源结构转型的核心目标之一是实现能源多样化，即在能源供应中引入多种能源形式，减少对单一能源的依赖。通过大力发展风能、太阳能、生物质能、水能等可再生能源，结合天然气等相对清洁的化石能源，形成多元化的能源供应体系，增强能源的安全性和稳定性。

能源高效化。提高能源利用效率是区域能源结构转型的重要内容。通过推广高效节能技术和产品，优化能源管理，提高能源利用效率，减少能源浪费，从而降低能源消费总量和碳排放水平。例如，在建筑、交通、工业等领域推广节能技术和措施，提高用能设备的能效水平，推动生产过程的节能改造。

能源清洁化。能源清洁化是区域能源结构转型的关键环节，即在能源生产、转换和消费过程中减少污染物和温室气体的排放。通过发展清洁能源和清洁生产技术，减少煤炭、石油等高污染、高排放能源的使用比例，推广天然气、可再生能源等低碳、清洁能源，推动能源系统向清洁化方向转型。

能源技术的创新与突破。技术创新是实现区域能源结构转型的重要驱动力。包括可再生能源技术、储能技术、智能电网技术和节能技术等在内的一系列技术创新，将为能源结构转型提供强大的技术支撑。通过不断推进技术进步和创新，提升能源系统的智能化、自动化和信息化水平，实现能源生产、传输和消费全过程的优化和高效管理。

能源管理体制的完善与创新。能源结构转型离不开科学有效的管理体制支撑。区域需建立健全能源法律法规体系，完善能源市场准入、价格形成、监管服务等机制，促进能源市场的公平竞争和有序发展。同时，加强能源政策与环境保护、经济发展、社会民生等政策的协调配合，形成政策合力。

6.1.2 区域能源结构绿色低碳转型的必要性

应对气候变化。全球气候变化问题已成为人类亟待解决的一项重大挑战。温室气体排放是气候变化的主要原因，而能源系统是温室气体排放的最大来源。通过推动区域能源结构转型，减少化石能源的使用，增加可再生能源的比重，可以显著降低温室气体排放，减缓气候变化的速度，履行国际减排承诺，助力实现《巴黎协定》的目标。

保障能源安全。能源安全是国家安全的重要组成部分。传统的化石能源供应链存在诸多不确定性因素，如地缘政治风险、资源枯竭风险等。区域能源结构转型通过多元化能源供应，减少对进口能源的依赖，提升本地能源的自给能力，增强能源供应的稳定性和安全性。例如，通过大力发展风能、太阳能等本地可再生能源，提升区域能源自主供应能力，减少对外部能源市场波动的敏感性。

改善环境质量。化石能源的大规模利用已引发了一系列严峻的环境污染问题，包括大气污染、水体污染及土壤污染等。区域能源结构转型通过减少煤炭、石油等高污染能源的使用，增加清洁能源和可再生能源的利用，可以有效降低污染物排放，改善空气质量和环境状况，提升公众的健康水平和生活质量。例如，通过推广清洁能源供热，减少燃煤锅炉的使用，降低 $PM_{2.5}$ 和 SO_2 等污染物排放。

推动经济转型升级。区域能源结构转型不仅是能源系统的转型，也是经济发展的转型。通过推动能源结构转型，可以带动新能源、新材料、节能环保等新兴产业的发展，促进技术创新和产业升级，创造新的经济增长点和就业机会，推动经济高质量发展。例如，通过支持风电、光伏等新能源项目建设，带动相关设备制造、安装和维护等产业链发展，创造大量就业岗位和经济收益。

提升社会可持续发展能力。区域能源结构转型有助于提升社会的可持续发展能力。通过构建绿色、低碳的能源体系，可以降低资源消耗和环境负荷，实现经济、社会和环境的协调发展，为子孙后代创造良好的生存和发展环境。例如，通过推广可再生能源和节能技术，减少化石能源资源的消耗，保护自然生态系统，增强社会的可持续发展能力。

6.2　我国区域能源结构绿色低碳转型的发展现状

我国已成为全球最大的能源生产国和消费国，各地区的能源生产和消费规模仍然在逐年扩张，年均增长率分别达到了 7.691% 和 9.570%，增速快于全球的平均水平，同时每单位 GDP 的能耗和碳排放逐年下降，能源利用效率逐步提升，能源领域的减碳成效显著。其中，随着能源科技创新技术的快速发展，煤炭在各地区的能源生产和消费比重分别从 2000 年的 46.867% 和 55.565% 下降到 2019 年 34.0% 和 41.6%，天然气、水能、太阳能、风能等非化石能源在能源供给和需求中的地位日益提升。各地区的能源供给与消费结构正逐渐从传统的以煤炭为主导转型向多元化能源供应体系转型，发展动力也由传统能源向可再生能源转变，实现从规模扩张向发展质量提升转变。

6.2.1　非化石能源消费持续增长

《2024—2025 年节能降碳行动方案》等政策的出台，为非化石能源的发展提供了明确的目标和路径。各地政府也积极响应，通过制定地方性政策、加大资金投入、优化资源配置等方式，推动非化石能源项目的落地实施。从图 6-1 可以看出，无论是我国东部地区、中部地区、西部地区还是东北地区，煤炭占能源消费的比重持续显著下降，电力消费在能源消费中的占比持续上升。其中，东部地区和中部地区的能源转型速度较快，煤炭消费比重分别从 2000 年的 38% 和 49% 下降到 2022 年的 19% 和 18%，北京是煤炭消费减少量最多的城市，从 2000 年的 2 719.78 万吨下降到 2019 年的 182.8 万吨，近 20 年下降了 93.279%。电力消费占能源比重从 2000 年的 17% 增长到 49%，电力消费取代煤炭消费成为中部地区和东部地区主要的能源消费。其次是东北地区和西部地区，煤炭占能源消费的比重分别下降了 10% 和 8%，电力占能源消费的比重分别提升了 12% 和 10%，但是煤炭仍然是能源消费中占比最高的能源。总体来看，能源结构逐步由煤炭、石油等化石能源为主导向能源多样化、均衡化发展进行转变。此外，非化石能源以其清洁、可再生的特点，如风能、太阳能、水能、核能及生物质能等，正逐步取代传统的化石能源，成为优化我国能源消费结构的关键驱动力。在电力领域，近 10 年来，各地区可再生能源电力平均增长了 1.790 倍，其中太阳能发电增长最快，增长了 117 倍，其次是风能增长了 6.4 倍，水能增长了 77.4%，可再生能源发电量的占比从 2012 年的 19.3%增长到 2022 年的 28.8%。随着"十四五"规划的深入实施和"双碳"目标的逐步推进，各区域加大了非化石能源的开发利用力度，推动能源结构向清洁低碳转型。

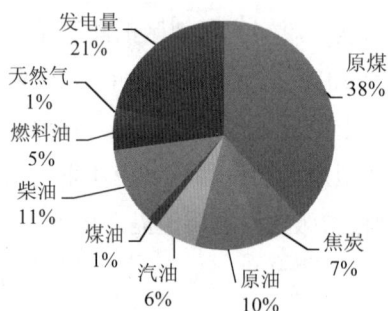

（a）2000 年东部地区能源消费结构

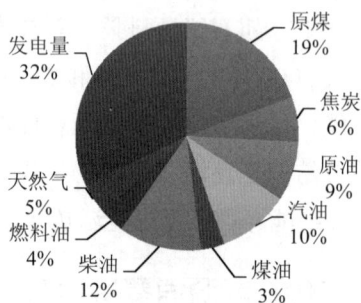

（b）2022 年东部地区能源消费结构

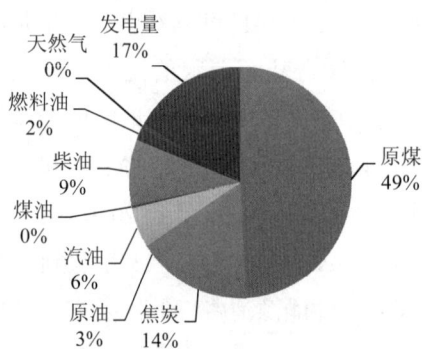

（c）2000 年中部地区能源消费结构

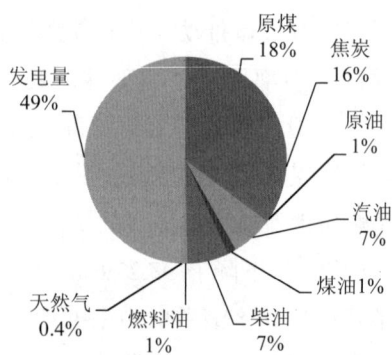

（d）2022 年中部地区能源消费结构

（e）2000 年西部地区能源消费结构　　　　（f）2022 年西部地区能源消费结构

（g）2000 年东北地区能源消费结构　　　　（h）2022 年东北地区能源消费结构

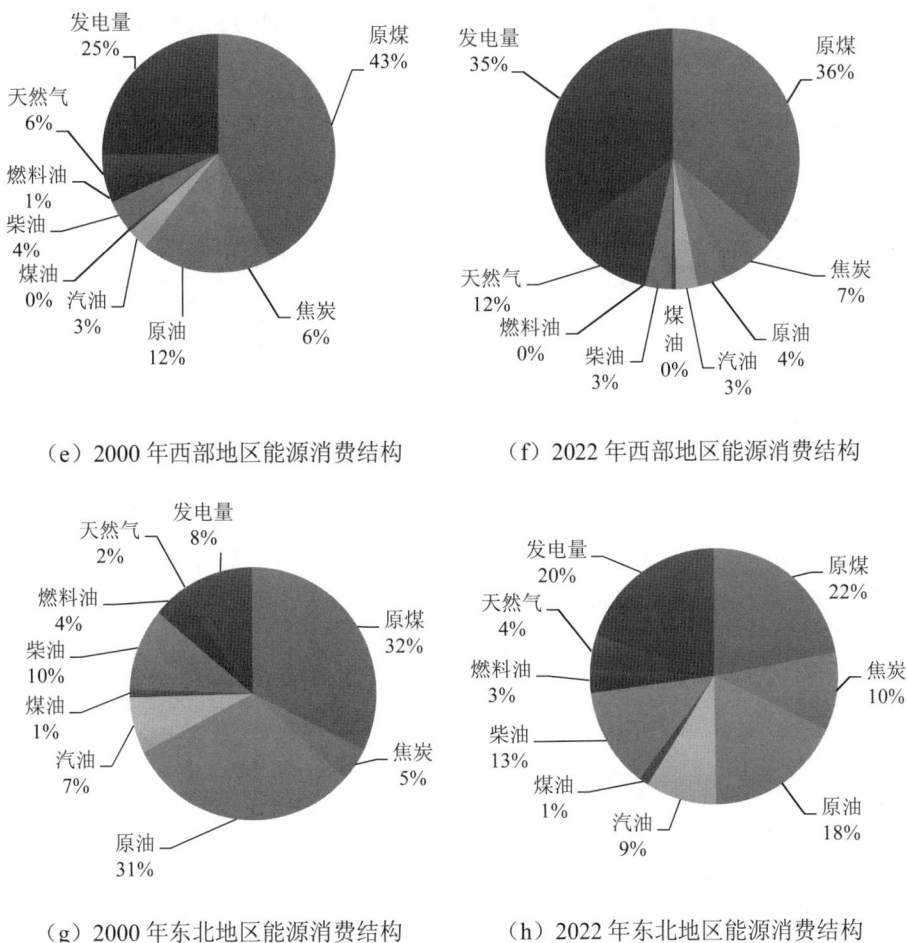

图 6-1　2000 年和 2022 年我国各地区能源消费结构对比

从区域分布的角度，从图 6-2 和图 6-3 可以看出，西部地区的可再生能源发电量最高，截至 2022 年达到 5.596 亿千瓦时，其次是东部地区、中部地区和东北地区。各地区的可再生能源发电主要是水能发电，直到 2010 年之后，风能、太阳能发电快速增长，东部地区的年均增长速度最快，达到了 18.92%，2021 年，东部地区可再生能源的发电量超过西部地区，成为发电量最高的地区；其他地区的可再生能源的年均增长率保持 13% 的高速增长。从发电构成的角度，由图 6-4 可知，近 20 年来，不同地区的可再生能源消费占比平均提高了 20.271%，其中东北地区的可再生能源消费提升幅度最高，从 2000 年的 19.256% 增长到 2022 年 45.090%，增长了 1.345 倍。这可能是东北三

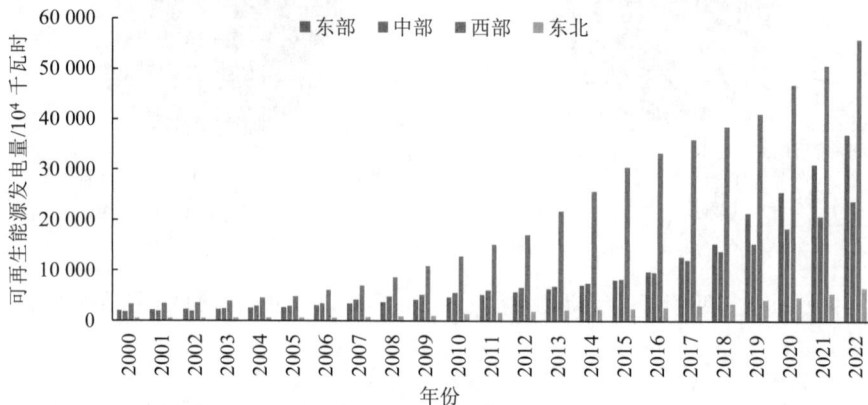

图 6-2　2000—2022 年我国各地区可再生能源发电量

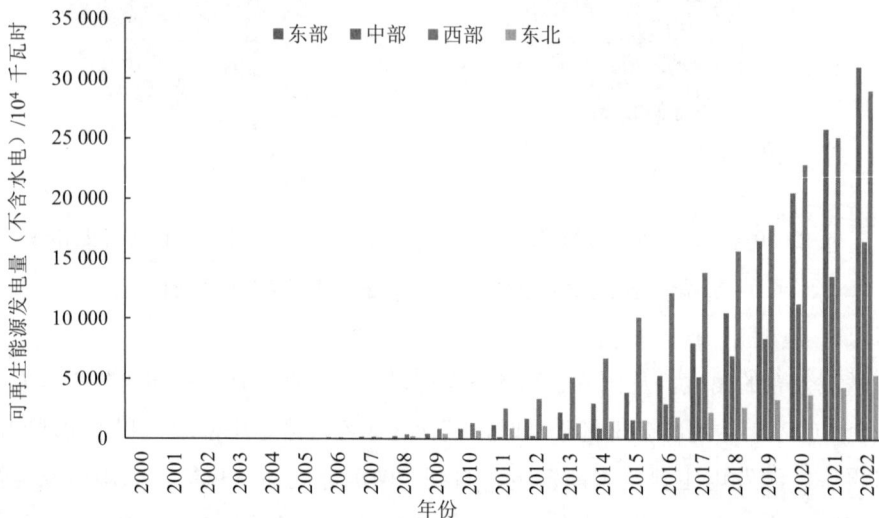

图 6-3　2000—2022 年我国各地区可再生能源发电量（不含水电）

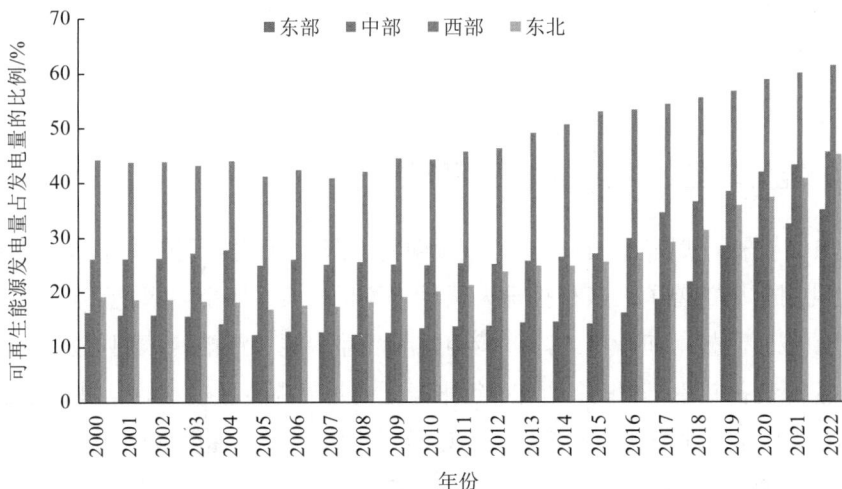

图 6-4　2000—2022 年我国各地区可再生能源发电量占比

省大力推进钢铁、石化、建筑、交通等重点领域清洁低碳转型，全力推进风电、光伏规模化开发利用，促进增量绿电 80%以上就地转化为实物产品，加快建设千万千瓦级绿能产业园区等原因。

6.2.2　高耗能企业转型升级，非资源型企业稳定发展

各地政府通过财政激励、税收优惠及市场机制等手段积极优化产能规模和布局，坚决遏制高耗能、高排放、低水平项目的盲目发展，加速出清低效产能，提升增量项目质量。同时，通过适度集聚产能形成规模效益，提高集约化、现代化水平。例如，江苏近六成 2020 年以后新建投产企业的能效水平优于省定基准水平；河北则引导钢铁、化工等传统行业产能适度集聚，以提升能源利用效率。此外，高耗能企业通过转移或淘汰高耗能、低产出生产环节来缩短产业链，还通过延伸上下游产业链来降本增效。此外，近年来，资源型产业对经济增长的推动作用明显减弱，其对资源需求的牵引力也相应放缓。与此同时，非资源型产业展现出蓬勃的发展态势，对经济增长的贡献率明显提升。特别是在过去 10 年，如山西、内蒙古、黑龙江、陕西、青海、宁夏、新疆等全省域资源型地区，第三产业占比显著增长。值得注意的是，自 2015 年起煤炭

大省山西与石油大省黑龙江，第三产业已超越第二产业，成为推动各自区域经济发展的主导引擎。这一变化不仅反映了经济结构的优化升级，也推动了能源结构转型和经济可持续发展。

6.2.3　能源转型技术创新水平不断提升

近 10 年来，我国坚持推进能源领域创新，深入推进能源技术革命，在能源清洁高效转化利用领域部署了许多科技重大项目，积极探索太阳能、风能、氢能、储能等能源转型领域的新技术和新模式，逐步构建起涵盖水能、风能、太阳能发电等领域的完善清洁能源装备制造产业链。近 20 年来，无论是能源转型技术的发明专利还是实用新型专利都得到了迅速增长（表 6-1），重庆的发明专利增长速度最快，由 2000 年的 7 项发明增长到 2022 年 3 147 项，增长了 448.57 倍。实用新型专利的增长速度慢于发明专利的增长速度，安徽的实用新型专利增长速度最快，增长了 209.06 倍。2000 年，除了北京和海南，所有省份的发明专利的数量都显著低于实用新型专利的数量，各省份在能源转型技术创新的初期更倾向于选择低投入成本和低价值的渐进性创新。随着国家对新能源产业的技术支持从"十五"规划提出的"加快技术进步和机制创新"到"十四五"规划提出的"针对能源绿色低碳转型迫切需求，加强基础性、原创性、颠覆性技术研究"，地区在推进能源领域的技术创新时也由侧重创新规模扩张转向创新质量扩张。截至 2022 年，上海、浙江、北京等 11 个省（直辖市）的发明专利数量超过实用新型专利数量，成为能源转型技术创新的主要构成，具有高投入成本、高风险和高收益的突破性创新开始越来越受到地方政府的重视。从区域构成的角度看，在 2005 年之前，整体上各个地区能源转型的技术创新水平偏低，随后能源转型的发明专利和实用新型专利数量得到了迅速提升。在发明专利方面，不同地区的发明专利数量差异较大，东部地区的数量远高于其他地区，是排在第二名中部地区的 4.61 倍，其次是西部地区和东北地区，东北地区仅为东部地区的 5.067%。在实用新型专利方面，各地区的专利数量在 2020 年达到峰值后开始逐渐下降，西部地区的专利数量始终保持最高，其次是东部地区、中部地区和东北地区。可能由于西部地区的资金不足、技术水平落后，难以支持高风险、高成本和投资回收时间长的发明专利的研发，西部地区更倾向于选择风险较小的实用新型专利（图 6-5、图 6-6）。

表 6-1　2000 年和 2022 年我国各省（自治区、直辖市）能源转型技术创新水平和变化率

地区	发明专利			实用新型专利		
	2000 年/项	2022 年/项	增加倍数	2000 年/项	2022 年/项	增加倍数
北京	425	23 944	55.34	297	7 515	24.30
天津	32	2 456	75.75	81	3 554	42.88
河北	43	3 383	77.67	105	5 095	47.52
山西	30	1 222	39.73	40	1 784	43.60
内蒙古	11	915	82.18	21	1 784	83.95
辽宁	130	2 440	17.77	160	3 573	21.33
吉林	43	1 817	41.26	72	1 098	14.25
黑龙江	43	1 360	30.63	114	1 251	9.97
上海	98	10 443	105.56	109	7 076	63.92
江苏	98	20 601	209.21	221	24 738	110.94
浙江	70	12 647	179.67	193	12 443	63.47
安徽	26	6 798	260.46	34	7 142	209.06
福建	24	3 473	143.71	43	4 782	110.21
江西	11	2 257	204.18	38	2 169	56.08
山东	106	9 327	86.99	241	14 253	58.14
河南	55	3 443	61.60	81	5 875	71.53
湖北	77	6 314	81.00	101	7 244	70.72
湖南	69	4 012	57.14	104	3 478	32.44
广东	116	24 026	206.12	222	23 131	103.19
广西	22	1 839	82.59	41	1 580	37.54
海南	8	563	69.38	3	678	225
重庆	7	3 147	448.57	37	2 336	62.14
四川	59	5 252	88.02	85	5 145	59.53
贵州	14	1 385	97.93	15	982	64.47
云南	27	1 902	69.44	40	2 410	59.25
陕西	34	92	123.47	53	156	75.47
甘肃	14	4 232	68.43	29	4 053	43.72
青海	2	972	161.00	9	1 297	37.67
宁夏	8	324	63.25	8	348	106.25
新疆	12	514	58.83	27	858	51.81

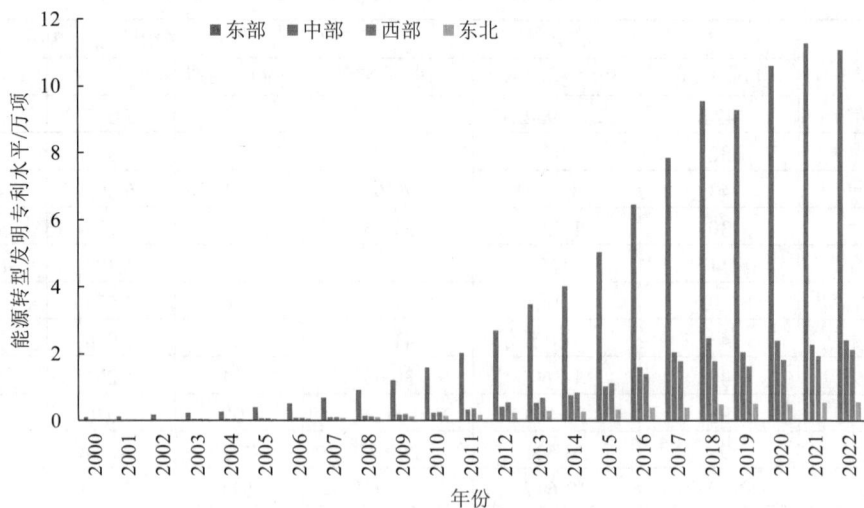

图 6-5　2000—2022 年我国各地区能源转型发明专利水平

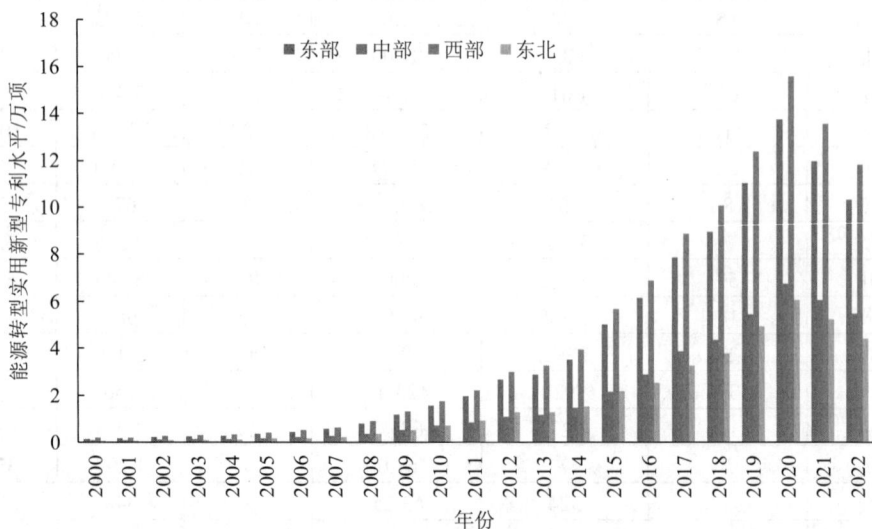

图 6-6　2000—2022 年我国各地区能源转型实用新型专利水平

6.2.4　碳排放双控成效显著

由于我国仍处于工业化的中后期，我国各省（自治区、直辖市）与能源相关的碳排量总量仍然处于持续上涨趋势（表 6-2），年平均增长率达到 4%，但是随着节能降碳行动方案的推进，碳排放的增长速度逐渐放缓，2013 年后碳排放的平均增长率均控制在 4% 以下。其中宁夏、山西、内蒙古这类煤炭资源较为丰富的地区增长速度最快，宁夏从 2000 年的 0.81×10^6 吨增长到 2021 年的 283.52×10^6 吨，增长了 347.43 倍，北京的碳排放量增长最少，增长率仅为 5%。但是除了山西和海南，各省（自治区、直辖市）的碳排放强度都显著下降，即每单位 GDP 生产引发的碳排放在快速下降。一方面是可再生能源规模快速扩张，逐步替代化石能源；另一方面可能是大力推进化石能源清洁利用，提高能源利用效率，减少碳排放。近 20 年来，北京和重庆碳排放强度下降最多，分别下降了 94% 和 88%，然而山西的碳强度处于波动下降的趋势，相较于 2000 年的碳强度为 0.5×10^6 吨/亿元，山西 2021 年反而增长到 0.9×10^6 吨/亿元，增长了 75%，可能是由于山西的资源禀赋以煤炭为主，长期的经济增长模式依赖于煤炭，要实现能源结构和经济结构的双重转型，需要相当长的时间。从区域分布的角度看，不同地区的碳排放量都在逐年增长，东部地区经济高速发展对能源需求量大，由此导致的碳排放增加。随着能源技术创新提升和能源转型的推进，东部地区碳排放量增速在逐渐放缓，年均增速为 6%，中部地区和西部地区的碳排放量的增长速度最快，年均增长率达到 9%。在碳排放强度方面，东部地区的碳排放强度最低，并且呈现逐年下降的趋势，从 2000 年的 0.025×10^6 吨/亿元下降到 2021 年的 0.008×10^6 吨/亿元，年均下降率为 5.32%。中部地区、西部地区和东北地区虽然碳排放强度呈现波动下降的趋势，但因为基于能源禀赋、发展路径依赖和技术水平的差异，碳排放强度仍然处于较高水平（图 6-7、图 6-8）。

表 6-2　2000　2021 年我国各省（自治区、直辖市）与能源相关的碳排放量和碳排放强度

地区	碳排放量			碳排放强度		
	2000 年/×10⁶ 吨	2021 年/×10⁶ 吨	增加倍数	2000 年/(×10⁶ 吨/亿元)	2021 年/(×10⁶ 吨亿元)	增加倍数
北京	63.47	66 99	0.05	0.03	0.00	−0.94

地区	碳排放量			碳排放强度		
	2000 年/×10⁶吨	2021 年/×10⁶吨	增加倍数	2000 年/(×10⁶吨/亿元)	2021 年/(×10⁶吨亿元)	增加倍数
天津	66.95	141.01	1.11	0.04	0.01	−0.78
河北	257.93	579.36	1.25	0.05	0.01	−0.72
山西	87.94	2 099.79	22.88	0.05	0.09	0.74
内蒙古	110.87	1 034.09	8.33	0.08	0.05	−0.36
辽宁	290.37	649.71	1.24	0.06	0.02	−0.62
吉林	95.97	190.88	0.99	0.05	0.01	−0.73
黑龙江	172.12	358.51	1.08	0.05	0.02	−0.54
上海	100.66	161.29	0.60	0.02	0.00	−0.83
江苏	216.26	669.22	2.09	0.03	0.01	−0.77
浙江	100.16	526.01	4.25	0.02	0.01	−0.57
安徽	122.50	415.06	2.39	0.04	0.01	−0.76
福建	54.00	314.54	4.83	0.01	0.01	−0.53
江西	51.51	189.24	2.67	0.03	0.01	−0.75
山东	261.42	1 267.57	3.85	0.03	0.02	−0.50
河南	140.53	474.74	2.38	0.03	0.01	−0.71
湖北	127.86	286.95	1.24	0.03	0.01	−0.81
湖南	75.79	218.03	1.88	0.02	0.00	−0.77
广东	182.14	669.62	2.68	0.02	0.01	−0.71
广西	47.48	239.25	4.04	0.02	0.01	−0.58
海南	4.79	68.40	13.28	0.01	0.01	0.14
重庆	60.60	122.33	1.02	0.04	0.00	−0.88
四川	104.03	268.88	1.58	0.03	0.00	−0.81
贵州	61.25	295.44	3.82	0.06	0.02	−0.76
云南	53.53	203.99	2.81	0.03	0.01	−0.73
陕西	68.54	571.87	7.34	0.04	0.02	−0.53
甘肃	70.74	211.52	1.99	0.07	0.02	−0.71
青海	12.55	45.99	2.66	0.05	0.01	−0.71
宁夏	0.81	283.52	347.13	0.09	0.06	−0.27
新疆	89.33	632.03	6.08	0.07	0.04	−0.40

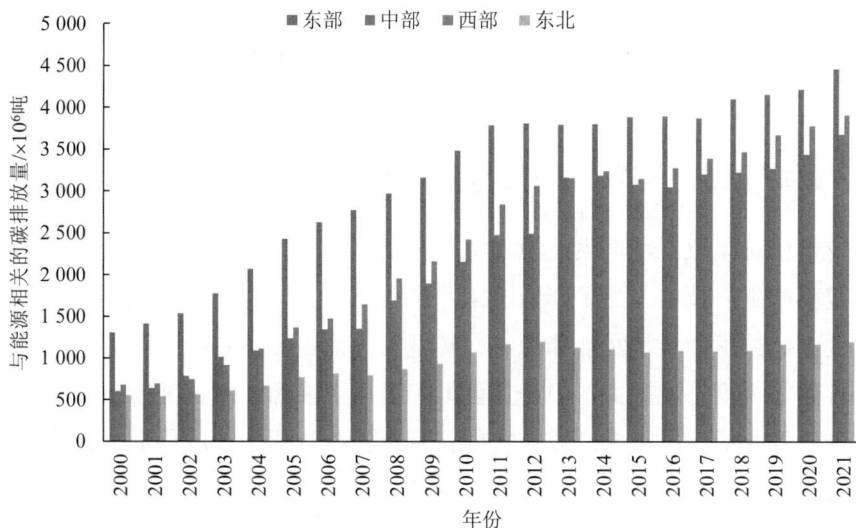

图 6-7　2000—2021 年我国各地区与能源相关的碳排放量

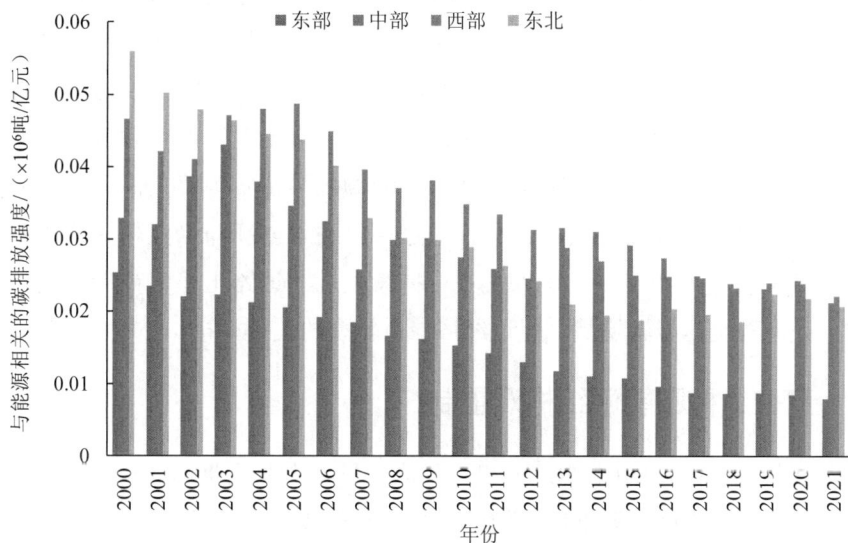

图 6-8　2000—2021 年我国各地区与能源相关的碳排放强度

6.3 我国区域能源结构绿色低碳转型面临的挑战

6.3.1 区域能源结构转型的技术"瓶颈"

相较于化石能源,可再生能源在生产初期可能因技术成熟度较低和外部性不确定而面临较高的生产成本。为了降低成本并推动可再生能源的广泛应用,需要进行持续的技术创新,技术创新是实现能源结构转型的关键。虽然我国太阳能、风能的发电量和装机容量等规模不断扩大,但是目前很多可再生能源技术仍处于研发阶段,投入资金大、创新效率低、风险偏高,技术创新商业化和产业化程度偏低。我国各地区的能源利用效率仍然偏低,2023 年我国单位 GDP 能耗达到 0.476 吨标准煤/万元,这一数值是世界平均水平的 1.324 倍,现有的技术创新水平难以支撑能源结构的快速转型以实现"双碳"目标。能源转型领域的部分关键技术和设备技术水平偏低,仍依赖于进口,尚未实现自主技术创新,可能存在断供风险,尤其在新型储能、清洁能源多能耦合和碳捕集、利用与封存(CCUS)等关键技术需要加快突破。例如,国内在大型风电机组研究方面起步较晚,且对基础性研究投入不足,导致风电机组存在运行效率低、故障率高、可靠性差等问题,进而影响了风能的实际利用率和盈利能力。2024 年的政府工作报告聚焦于新质生产力的构建,明确指出了涵盖十多个关键产业领域的发展蓝图,其中多个领域紧密关联于能源行业的革新。能源领域亟待实现"三高"(高科技引领、高效能运营、高质量发展)发展目标,通过前沿技术创新与产业模式的深刻变革,加速能源产业的转型升级步伐,确保其在可持续发展的道路上稳步前行。这一任务紧迫而关键,是应对全球能源挑战、促进经济绿色转型的关键举措。

6.3.2 产业结构和能源结构双重制约

在产业结构方面,由图 6-9 可知,各地区第二产业比重远高于美国、日本、英国等发达国家,中部地区和西部地区的第二产业比重最高,截至 2022 年,第二产业占比分别达到 43.42% 和 40.51%。尤其在很多资源型地区,由于资源禀赋优势,历史上发展出以煤炭、钢铁、有色金属和化工为主的高耗能产业。这些产业不仅在经济总量中占据重要地位，而且在能源消费中也是"主力军"，但同时带来了严重的环境问题和高碳排放。资源型区域的产业结构过于依赖传统重工业，缺乏高技术含量和高附加值的产业支撑。这种产业结构一方面导致能源消费总量巨大，另一方面也使得能源使用效率低下，且难以实现快速的调整和优化。例如，钢铁和化工行业的能耗强度远高于其他行业，且技术升级和结构调整的难度较大。在能源结构方面，煤炭在这些资源型区域的能源消费总量中占比过高，成为绿色低碳转型的主要"瓶颈"。尽管近年来我国大力发展可再生能源，非化石能源的消费比重逐年提升，但在山西、内蒙古等地，作为我国的重要煤炭生产基地和煤炭消费大户，因煤炭资源丰富和成本低廉，煤炭在能源消费中长期处于主导地位，使得这些区域的碳排放量难以快速下降，成为实现低碳转型的主要障碍。尽管风能、太阳能等可再生能源在这些地区具有较大发展潜力，但受限于技术、资金和基础设施等因素，新能源的开发和利用尚未形成规模效应，难以在短期内替代煤炭。此外，能源基础设施长期依赖于煤炭，使得电力、供热等系统的转型需要大量的投资和时间，这进一步增加了转型的难度。

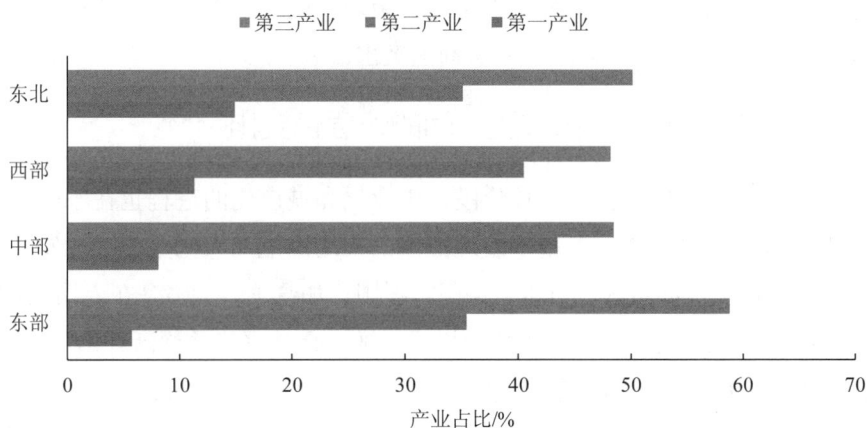

图 6-9　2022 年我国各地区的产业结构

6.3.3　政策与市场机制不足

尽管我国政府制定了一系列推动能源结构绿色转型的政策和目标，但在实际执行过程中，地方政府和相关部门的实施力度往往不足。首先，这主要体现在政策落实不到位、资金投入不足、监管不力等方面。例如，一些地区的可再生能源补贴政策未能及时到位，导致相关项目进展缓慢；部分地方政府在发展新能源项目时，更多关注短期经济效益，而忽视了环境和社会的长期效益。其次，政策协调性欠缺，由于能源结构转型涉及多个部门和领域，需要政策的协调配合。然而，当前我国的能源政策在部门间、中央与地方政府间缺乏有效的协调机制，导致政策执行效果不佳。例如，能源、环保、交通等部门在制定和实施政策时，往往各自为政，缺乏统一的协调和配合，政策的冲突导致了资源浪费。此外，尽管我国在推动能源市场化改革方面取得了一定进展，但整体市场机制仍不健全。例如，碳交易市场、绿色电力交易市场和可再生能源配额制等市场机制尚不完善，难以充分发挥市场在资源配置中的决定性作用。而且能源价格机制也难以反映真实的资源和环境成本，制约了新能源和节能项目的市场竞争力。同时，能源结构转型需要大量的资金投入，但当前我国的投融资机制尚不完善，特别是针对可再生能源和节能项目的融资渠道和方式较为单一，难以满足市场需求。例如，绿色金融产品和服务供给不足，金融机构对新能源和节能项目的风险评估和管理能力不足，导致融资难、融资贵问题突出。

6.3.4 经济发展与能源结构转型之间的矛盾仍突出

由于我国经济仍然处于快速增长阶段，工业化和城市化的进程也在不断加快，从而导致能源需求总量显著增加。基于发达国家的人均用能和人均 GDP 的发展经验来看，主要的发达国家（如美国、日本、法国、德国、加拿大）大多是在人均 GDP 达到 20 000～30 000 美元时达到了人均用能的峰值，随后保持平稳并逐渐开始下降。近 20 年来我国的人均 GDP 和人均能耗一直保持持续快速增长，截至 2023 年，人均 GDP 为 12 614.1 美元，远低于发达国家达到峰值的水平，人均综合能耗达到 317.16 千克标准煤。地区为了满足能源需求的快速增长，会倾向于选择成本更低、更易获得的化石能源，地区长期沿用的粗放型发展模式导致能源利用效率低、碳排放量大，与节能降碳目标存在较大差距。而且能源结构转型涉及多方利益，特别是在能源供应链上下游和不同地区间的利益协调难度较大。例如，传统能源企业在转型过程中面临巨大的经济压力和转型风险，难以积极参与到绿色转型中；不同地区在能源资源和经济发展水平上的差异，也导致了利益协调的复杂性和难度。

6.4　我国区域能源结构绿色低碳转型的实现路径

6.4.1　构建能源结构转型的科技创新体系，发挥科技创新的支撑作用

区域能源结构的转型离不开科技创新的引领与支撑，特别是对颠覆性、变革性的能源技术创新来说更是至关重要。虽然近年来，我国的能源转型领域的技术创新水平不断提升，可再生能源发电生产成本快速下降，但核心领域和关键技术仍旧不足。在新一轮科技革命和产业革命的推动下，区域能源结构转型向低碳化和数字化的方向发展，大力推进颠覆性技术创新能够为能源结构转型带来结构性变化。一方面，通过推广新一代信息技术，强化对能源转型的前沿技术和关键技术的支持力度，聚焦于储能、新型电力系统、可再生合成燃料、氢能和 CCUS 等技术研发，为技术研发设定短期、中期和长期的目标，提供资金和政策的支持，探索新的服务模式和延伸产业链，从而推动颠覆性和变革性的能源技术创新。另一方面，建全科技创新、技术评估和交易体系，完善研发投入机制，通过加强产学研合作，建立技术创新联盟，加速科技创新成果向现实生产力进行转化和应用，缩短研发周期，提高技术应用水平。联合行业上下游企业、高等院校和科研院所构建国家级科研创新平台，构建一个以国家战略为指引、企业为核心、市场需求为导向的产学研用紧密结合的能源技术创新体系，优化科技资源配置和实现科技资源共享，突破清洁低碳能源关键技术。尤其对能源领域的关键技术（如基础零部件、材料、工艺和大型科学装置）进行联合技术攻关，推动科技协同创新研究，从而实现能源技术的全面提升和可持续发展。

6.4.2　构建多能互补的能源体系

首先，加强传统能源与新能源的综合开发利用，在不摒弃煤、油、气等传统保供能源的基础上，通过系统优化的方式推动其清洁高效利用，并与风、光、水、核、储等新能源实现深度融合与互补，确保能源供应安全。特别是针对煤炭，需建立绿色发展长效机制，优化产能布局，推动煤炭由燃料向原料转化，发展现代煤化工产业，同

时完善绿色智能煤矿建设标准体系，鼓励废弃矿区的新能源及储能项目开发。此外，加强煤电机组与非化石能源发电、天然气发电及储能的整体协同，深入研究煤炭与新能源协同耦合发展的新模式，促进新型储能多元化发展，以支撑多能互补能源体系。其次，加速发展可再生能源是构建以新能源为核心的新型电力系统的核心策略。这涉及依据地域特点适度扩大可再生能源规模，打造基于电网稳定运行的高比例风光发电的源、网、储、荷一体化新型电力系统，推动煤电灵活性提升改造，发展火电的CCUS 技术，并加强跨省、跨区域的输电通道及分布式微电网建设，提高电网传输能力和需求侧的吸收能力，实现新型储能关键技术的突破。在终端用能领域，推动低碳化、电气化进程也不可或缺。应加速新型燃料技术如制氢、合成燃料的研发进程，力求实现燃料的"零碳"化。推动能源系统全生命周期的低碳高效运转，以可再生能源产电制氢、氢储运及大规模储能等关键技术为支撑，促进石化产业技术升级、清洁能源转化耦合及碳减排资源化利用，并在典型区域推进低碳化多能融合示范，为构建低碳互补、多能融合的新能源体系提供系统性解决方案。

6.4.3　完善能源转型政策顶层设计和市场机制

政府应构建与"双碳"目标相适应的中长期能源发展科技路线图，制定跨领域、系统化的能源中长期发展和工业升级技术路线图，推动跨领域综合交叉，打破能源与其他行业、能源内各分系统独立分割的局面，解决依靠单个领域科技发展难以突破的跨系统问题。在市场机制和价格体系方面，政府应加快建设全国统一的碳交易市场，完善碳交易制度，推动碳排放权的市场化交易，提高企业的碳减排动力。建立绿色电力交易市场，鼓励可再生能源发电企业和用户直接交易，提高可再生能源的市场竞争力和利用率。逐步理顺能源价格体系，反映真实的资源和环境成本，通过价格杠杆，促进企业和用户提高能源利用效率，减少不必要的能源消耗。此外，能源结构转型需要大量的资金投入，政府应创新投融资机制，拓宽融资渠道，吸引社会资本参与。大力发展绿色金融，支持金融机构创新绿色金融产品和服务，为新能源和节能项目提供多元化的融资渠道和支持。政府应设立专项资金，建立风险补偿机制，降低金融机构对新能源和节能项目的融资风险，提高项目的融资能力。通过政府和社会资本合作（PPP）等模式，吸引社会资本参与能源基础设施建设和改造，促进能源结构转型。

第 7 章

我国区域交通运输绿色低碳发展研究

国际能源署和国际铁路运输联盟的报告显示，2022 年，全球交通运输二氧化碳排放量继续反弹，达到近 80 亿吨，较 2021 年增加 3%，如果不加以控制，预计到 2050 年交通运输碳排放量将占全球碳排放总量的 60%。目前我国交通运输领域碳排放约占总量的 10.4%，是仅次于电力与热力、工业的第三大排放源，且仍然面临着较大增长压力。面对"难达峰""晚达峰"等难题，又该如何控制我国交通运输碳排放量，最终实现交通脱碳目标呢？本章围绕交通运输绿色低碳发展的中国路径，对我国区域交通运输碳排放现状、原因与政策环境进行了总结，分析了交通碳达峰过程中面临的挑战，并探讨了在技术、结构和管理方面可能的解决方案。

7.1　我国区域交通运输绿色低碳发展的政策要求与现实挑战

7.1.1　交通运输绿色低碳发展政策环境

交通运输业是指利用运输工具实现货物或人员空间位置转移的业务活动，涵盖了公路、铁路、水路、航空等多种运输方式，以及仓储和邮政等相关部门，属于第三产业范畴，是国民经济中基础性、先导性、战略性产业和重要的服务性行业。党的十八大以来，我国现代综合交通运输体系的建设迈入了一个全新阶段，交通运输的发展实现了从"总体缓解"到"基本适应"的阶段性跨越，为国民经济的持续快速发展提供了坚实的支撑，标志着我国正稳步从"交通大国"向"交通强国"转变。据国家统计局数据，2023 年我国交通运输业增加值 57 820 亿元，比 2022 年增长 8.0%，占总 GDP 的 4.6%；全年货物运输总量 557 亿吨，比 2022 年增长 8.1%；货物运输周转量 247 713 亿吨公里[①]，比 2022 年增长 6.3%。全年旅客运输总量 93 亿人次，比 2022 年增长 66.5%；旅客运输周转量 28 610 亿人公里，比 2022 年增长 121.4%。

党的十八大以来，为加快我国绿色交通发展、建设交通强国、构建现代化交通运输体系，政府相继出台了多项政策，指导交通运输行业绿色低碳转型。

"十三五"期间，我国政府就已经意识到要把绿色发展理念融入交通运输发展的各方面和全过程，制定了《交通运输节能环保"十三五"发展规划》，并在此前后针对交通运输不同领域提出了绿色转型的基本目标与重点任务。2015 年 10 月，国务院印发了《关于促进快递业发展的若干意见》（国发〔2015〕61 号），这是国务院首次正式确立了快递业在国民经济中的产业地位及其功能作用。2016 年 8 月，为完成"十三五"发展规划目标，交通运输部印发了《关于实施绿色公路建设的指导意见》（交办公路〔2016〕93 号），该规划清晰界定了绿色公路的发展路径与目标，确立了五项核心建设任务，并决定实施五项专项行动。2017 年 8 月，为助力长江经济带实现绿色发展，并推动航运业向绿色循环低碳方向迈进，交通运输部水运局印发了《关于推进长

---

① 1 公里＝1 千米。

江经济带绿色航运发展的指导意见》（交水发〔2017〕114 号），提出了构建长江经济带绿色低碳航运体系的发展愿景。

2017 年 11 月，交通运输部印发了《关于全面深入推进绿色交通发展的意见》（交政研发〔2017〕186 号），该意见紧紧围绕交通强国建设目标，涵盖铁路、公路、水运、民航等各种运输方式，涉及基础设施、运输装备和运输服务等各个领域，提出了未来一段时期全面深入推进绿色交通发展的行动纲领。2019 年 9 月，我国发布了《交通强国建设纲要》，其中规划了从 2021 年至 21 世纪中叶的两个阶段，旨在分阶段推进交通强国建设的宏伟目标，即到 2035 年，基本建成交通强国；到 21 世纪中叶，全面建成人民满意、保障有力、世界前列的交通强国。2020 年 7 月，为落实《交通强国建设纲要》，进一步提高绿色出行水平，交通运输部与国家发展改革委联合发布了《绿色出行创建行动方案》，旨在通过实施绿色出行创建行动，推广简约适度、绿色低碳的生活理念与实践。

进入"十四五"时期，恰逢"碳达峰"与"碳中和"目标的提出，迫切需要制定新时代交通运输绿色低碳转型的顶层设计文件，深入推进绿色交通发展，服务交通强国建设。2021 年 10 月，《2030 年前碳达峰行动方案》（国发〔2021〕23 号）指出"工业领域碳达峰行动、城乡建设碳达峰行动、交通运输绿色低碳行动"等重点任务。2021 年 10 月，交通运输部印发了《绿色交通"十四五"发展规划》（交规划发〔2021〕104 号），提出了"十四五"时期我国交通运输业已迈入加快建设交通强国、推动高质量发展的新阶段，迫切要求加速构建绿色低碳的运输方式，以积极响应国家"双碳"的目标要求，并对期间我国绿色交通发展总体要求、主要任务及保障措施进行了严格部署。2022 年 4 月，交通运输部、国家铁路局、中国民用航空局及国家邮政局等四部门联合印发了《贯彻落实〈中共中央 国务院关于完整准确全面贯彻新发展理念做好碳达峰碳中和工作的意见〉的实施意见》，明确提出了四项核心任务：优化交通运输结构、推广节能低碳型交通工具、积极倡导低碳出行方式以及激发交通运输绿色转型的新动力。8 月，《绿色交通标准体系（2022 年）》（交办科技〔2022〕36 号）发布，涵盖了包括多项绿色交通国家标准和行业标准。规划指出，到 2025 年我国将初步构建起一套供需匹配、内外畅通、安全高效且智慧绿色的现代物流体系。物流安全绿色发展水平大幅提高，货物运输结构进一步优化，此外，《关于加快内河船舶绿色智能发展的实施意见》（工信部联重装〔2022〕131 号）、《关于推进公路数字化转型加快智慧公路建设发展的意见》（交公路发〔2023〕131 号）、《关于推进城市公共交通健康可持续发展的若干意见》（交运发〔2023〕144 号）、《关于加快智慧港口和智慧航道建设的意见》（交水发〔2023〕164 号）和《深入推进快递包装绿色转型行动方案》（发改环资〔2023〕1595 号）等各领域相关政策文件进一步为交通运输绿色低碳发展作出顶层设计，助力实现"双碳"目标。

2024 年 5 月，国务院印发了《2024—2025 年节能降碳行动方案》（国发〔2024〕12 号），对现阶段重点领域和行业节能降碳工作任务做出战略部署，交通运输领域主要包括推进低碳交通基础设施建设、推进交通运输装备低碳转型和优化交通运输结构三项重点任务。

7.1.2　我国不同交通运输方式的减排现状

交通运输是化石能源消耗与碳排放的重点行业，推动交通运输行业绿色低碳转型对于促进行业高质量发展、加快建设交通强国具有十分重要的意义。1990—2021 年，我国交通运输领域碳排放量从 9 400 万吨增至 9.7 亿吨左右，远高于世界平均增长幅度。目前交通运输领域碳排放占我国碳排放总量约 10.4%，是仅次于电力与热力、工业领域的第三大排放源。相对于欧洲、美国、英国、日本等发达国家和地区的占比为20%～40%，我国交通运输行业碳排放量仍处于上升区间，具有占比低、增速快、减排潜力大的特点。根据发达国家的经验，在工业、建筑、能源等行业碳排放量得到管控甚至显著下降的情况下，交通运输行业的碳排放量依然会保持增长，最终将占碳排放总量的 1/3 左右。世界银行在 2022 年 10 月发布的《中国国别气候与发展报告》中提出，如果不加以控制，我国交通行业的碳排放要到 2040 年才能达到峰值（为当前水平的 150% 左右），远晚于 2030 年的总体碳达峰目标年份，然后在 2060 年降回当前水平。

交通领域之所以是我国碳排放增速最快的领域，首先是由于我国运输需求总量保持持续增长。虽然受新冠疫情、国际形势、逆全球化等因素影响，我国经济增长速度有所放缓，但仍然会在未来一段时间持续增长。随着经济资源流动规模的扩大，居民生活质量提升，我国旅游业、电子商务、物流业、国内贸易等行业规模将进一步增长，经济社会生活中人流与物流规模将稳步增长，由此带来对客货运输的巨大需求。城镇化的快速发展以及区域之间发展不平衡也将带来区域客运流动性不断增长。如表7-1 所示，2018—2023 年，我国公路、铁路、水路、航空运输里程整体上均呈现增长态势，2020 年与 2021 年受新冠疫情影响，定期航班航线里程有所下降但于 2021 年之后开始逐步回升，与此同时，我国旅客与货物运输量也将在政策支持下稳步升高。其次，在交通强国建设重大战略下，客货运输总量的增长与运输质量提升的需求仍需要基础设施与装备水平的增长来满足。在日常生活中，居民追求旅途中的更快速度和更高舒适度，因而出行方式由无碳转向有碳甚至高碳方式；在货物运输上，生鲜与农副产品等时效性强、附加值高的产品供求范围不断扩大，离线商务（O2O）模式下货物提取网点快速增长，对运输温度、质量、效率要求更为严格，煤炭、钢铁、水泥、矿石等大宗原材料的运输需求仍将维持较高水平。因此，运输方式的转变、基础设施的完善与升级都将带来更多的碳排放。

表 7-1　2018—2023 年我国交通运输营业里程与运输量

年份	铁路营业里程/万千米	公路营业里程/万千米	内河航道里程/万千米	定期航班航线里程/万千米	旅客运输量/万人	货物运输量/万吨
2018	13.17	484.65	12.71	837.98	1 793 820.33	5 152 732
2019	13.99	501.25	12.73	948.22	1 760 435.71	4 713 624
2020	14.63	519.81	12.77	942.63	966 539.71	4 725 862
2021	15.07	528.07	12.76	689.78	830 256.61	5 298 499
2022	15.49	535.48	12.8	699.89	558 737.63	5 152 571
2023	15.9	543.7	12.82	875.96	930 441.61	5 570 636

资料来源：国家统计局。

世界银行集团常务副行长冯慧兰曾指出，交通脱碳挑战的核心是快速机动化，尤其是在中等收入国家——当人均收入达到 5 000～15 000 美元时，汽车拥有量增长最快。根据公安部统计，2020 年，全国机动车保有量达 3.72 亿辆，其中汽车 2.81 亿辆，同比增长 8.1%；2023 年，全国机动车保有量达 4.35 亿辆，其中汽车 3.36 亿辆，同比增长 5.3%。2023 年，全国有 94 个城市的汽车保有量超过百万辆，同比增加 10 个城市，其中成都、北京、重庆、上海、苏州超过 500 万辆（图 7-1）。机动化率的不断提高将会使交通运输在碳排放总量中的占比相应上升，但交通燃料来源和能效可以通过电气化和其他技术得到明显改善。

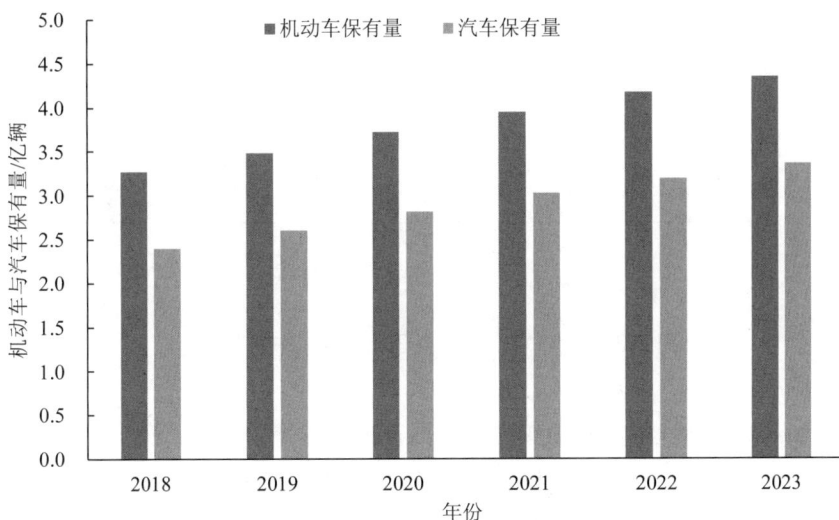

图 7-1 2018—2023 年我国机动车与汽车保有量

与机动车保有量增速放缓形成对比的是我国新能源汽车的高速增长。作为交通运输领域的碳排放主力，道路交通也是绿色低碳化的关键部分。随着科学技术的快速发展，运输工具不断进行技术革新，以电力、混合动力、新能源等驱动方式替代传统化石能源。2020 年之后，我国新能源汽车产销量取得了爆发式增长，带动我国道路交通绿色低碳发展取得显著成效，助推整个交通运输行业碳排放增幅变缓。根据公安部统计，截至 2023 年年底，全国新能源汽车保有量达 2 041 万辆，同比增长 55.8%，占汽车总量的 6.07%；其中纯电动汽车保有量 1 552 万辆，占新能源汽车保有量的76.04%。2023 年新注册登记新能源汽车 743 万辆，占新注册登记汽车数量的 30.25%，从 2019 年的 120 万辆增加到 2023 年的 743 万辆（图 7-2），呈高速增长态势。电能对汽柴油的替代效果已经超过了天然气等其他所有替代燃料，成为我国汽车交通的第二大能源。

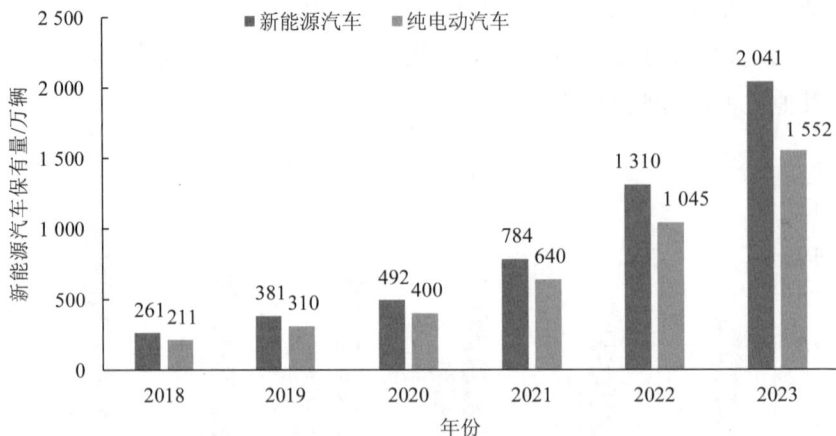

图 7-2　2018—2023 年我国新能源汽车保有量

交通运输领域不同运输方式的碳排放总量存在明显差异。据 IEA 统计，全球交通运输二氧化碳排放量中，公路运输排放量达 58.7 亿吨，占比为 73.84%，铁路、水路、航空、管道分别为 0.9 亿吨、8.9 亿吨、7.8 亿吨、3.2 亿吨。据中国环境与发展国际合作委员会报告，公路运输碳排放在我国交通运输总排放中占比约 87%，是交通运输领域碳排放绝对的主体和减排重点；其次为海运和航空，大约都为 6%；铁路占比最低，为 0.68%。

2022 年，全国机动车排放的一氧化碳、碳氢化合物的量分别为 743.0 万吨、191.2 万吨，其中，汽车是造成该类排放的罪魁祸首，占比超过机动车总排放量的 90%。在公路交通减排上，对新生产机动车实施环境管理是从源头预防和控制污染物排放的关键措施。我国通过制定和执行严格的机动车污染物排放标准，在设计、制造、销售等流程上强化环境监管，从而保障新生产机动车能够长期符合排放标准的要求。

据国家铁路局《2023 年铁道统计公报》显示，2023 年，国家铁路的能源消耗量换算为标准煤后为 1 752.7 万吨，较 2022 年度增加了 231.5 万吨，增幅达到 15.2%。与此同时，单位运输工作量的综合能耗为 3.81 吨标准煤/百万换算吨公里，同比下降 3.3%；此外，单位运输工作量的主营综合能耗为 3.79 吨标准煤/百万换算吨公里，同比减少了 2.8%（图 7-3）。从主要污染物排放量来看，国家铁路化学需氧量排放量 1 466 吨，比

2022 年增加 39 吨，二氧化硫排放量 652 吨，比 2022 年减少 663 吨。从电气化率看，高速铁路营业里程达到 4.5 万公里，电气化率 75.2%；全国铁路机车拥有量为 2.24 万台，其中内燃机车 0.78 万台，电力机车 1.46 万台，占比为 65.18%（图 7-4）。

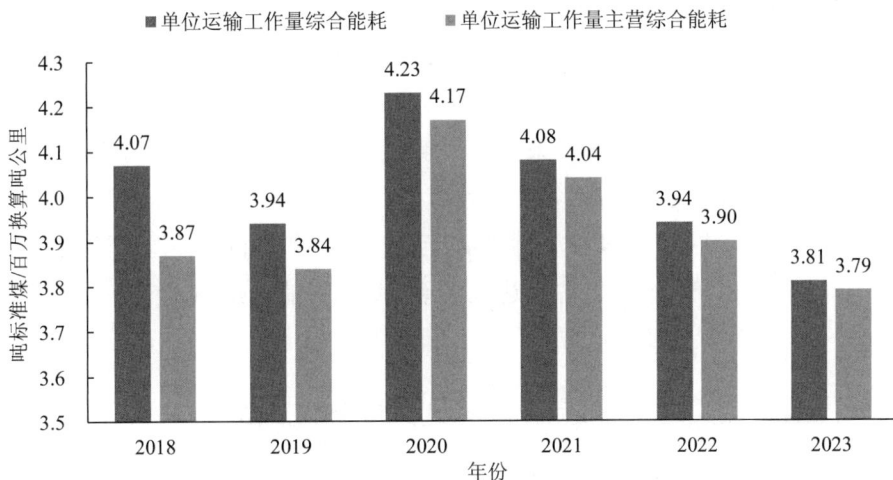

图 7-3　国家铁路单位运输工作量综合能耗、主营综合能耗

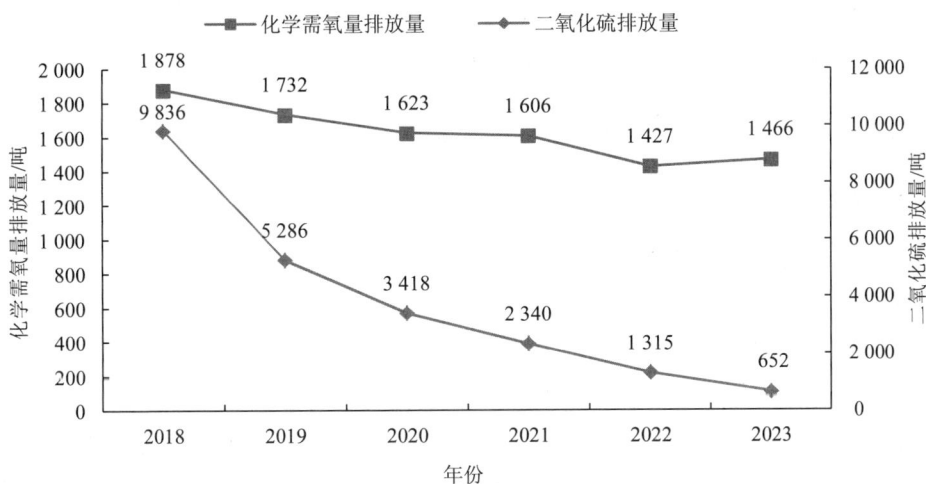

图 7-4　国家铁路化学需氧量、二氧化硫排放量

据中国民用航空局《2023年民航行业发展统计公报》显示，2023年，中国民航吨公里油耗为0.292千克，较2005年（行业节能减排目标基年）下降14.3%，机场平均每客能耗和每客二氧化碳排放较基线（2013—2015年均值）分别下降38.4%和60.5%。共有146.6万架次航班使用临时航路，缩短飞行距离4 195.8万公里，节省燃油消耗21.9万吨，减少二氧化碳排放68.9万吨。截至2023年年底，机场场内电动车辆设备12 790台，充电设施5 802个，电动车辆占比26.4%。自2018年9月民航局制定印发《民航贯彻落实〈打赢蓝天保卫战三年行动计划〉工作方案》以来，实施项目累计162个，总投资额达38.27亿元，累计节省航油约164万吨，相当于减少了二氧化碳排放量517万吨，减少了各类空气污染物2万吨。2023年，机场能源清洁化保持较高水平，电力、天然气、外购热力占比达到89.0%，太阳能、地热能等清洁能源占比约1.0%。

7.1.3　我国区域交通运输绿色低碳发展面临的挑战

我国在区域交通运输绿色低碳发展上已经取得了一定成效，但总体上看，仍然面临着运输需求量持续增长、区域间发展不平衡不充分、缺乏统一的核算方法和标准体系、碳减排的技术"瓶颈"与资金压力等挑战，制约了我国交通运输领域"双碳"目标的早日实现，难以有效满足新时代人民日益增长的优美生态环境需要。

（1）我国交通运输需求量保持增长趋势

如上文分析，目前我国交通运输需求持续攀升，导致碳排放控制面临挑战。2021 年，中共中央、国务院发布了《国家综合立体交通网规划纲要》，指出未来旅客出行需求将持续稳定增长，且对高品质、多样化、个性化的需求日益增强。预计 2021—2035 年，旅客出行量（含小汽车出行）将以年均 3.2%的速度增长；高铁、民航及小汽车出行占比将持续上升，国际旅行及城市群间的出行需求更为旺盛；东部地区仍将是出行需求最为集中的区域，而中、西部地区的出行需求增速将加快。同时，货物运输需求也呈现出稳中有升的态势，尤其是高价值、小批量、时效性强的需求迅速增长。预计 2021—2035 年，全社会货运量年均增长率为 2%左右，邮政快递业务量年均增长率为 6.3%左右；外贸货物运输将长期保持增长，大宗散货运量将在未来一段时间内维持高位；东部地区货运需求依然庞大，而中、西部地区的增速将超过东部地区。运输需求的增长将直接加剧交通运输领域的碳排放，并加大碳减排的压力，导致我国交通运输领域实现碳达峰的时间晚于全国整体达峰时间。

（2）不同区域交通运输绿色低碳发展不平衡

当前我国不同区域之间交通运输绿色化、低碳化发展不平衡不充分的问题依然突出。区域交通运输碳排放量与减排成效主要受区域人口规模、城镇化水平、基础设施建设、产业结构、运输结构、环境政策等因素影响，因此发达地区与欠发达地区、特大城市与中小城市、市区和郊区之间交通运输的绿色低碳发展存在较大差距。

公路运输是交通运输领域碳排放的主体，特别是重型柴油货车在运输过程中会产生大量废气污染。铁路和水路相对公路碳排放量较低，这主要是因为铁路运输电气化率较高，运输能耗低、效率高，水运利用天然的河流、海洋作为运输通道，运输量大，且单位长度的施工周期比其他运输方式短，耗费的能源、产生的污染相对较少。不同地区的地理位置、地貌条件与基础设施完善情况决定了区域交通运输结构。根据国家统计局最新数据，公路运输因运送速度快、机动性强在全国各地区货运中占据主导地位，特别是东北三省、京津冀等区域公路运输在货运中占比达 70%以上；浙江、江苏、上海、广东、福建、海南、山东等沿海地区水运客运量和货运量位居全国前列，安徽、湖北、重庆等沿江地区水运也占据区域运输结构一定比例；铁路运输在全国客运中均有一定分量，这主要是因为近年来我国大力发展高速铁路建设、公众生活水平提升，且高速铁路具有运输速度快、安全性高、性价比高、舒适便捷等特点，使越来越多的游客选择铁路出行；甘肃、宁夏、内蒙古、陕西、山西、山东等黄河流域地区拥有丰富的煤炭、天然气和铁矿石等资源，是我国主要的工业原材料输出地，运输大宗货物需求较高，因而铁路货运相较于其他地区占比较高。运输结构对交通碳排放影响的这种区域异质性导致区域间绿色低碳发展不平衡，因此各地政府在制定绿色交通相关政策时应因地制宜，结合本地地理特点调整运输结构，从而加快交通运输碳减排进程（图 7-5、图 7-6）。

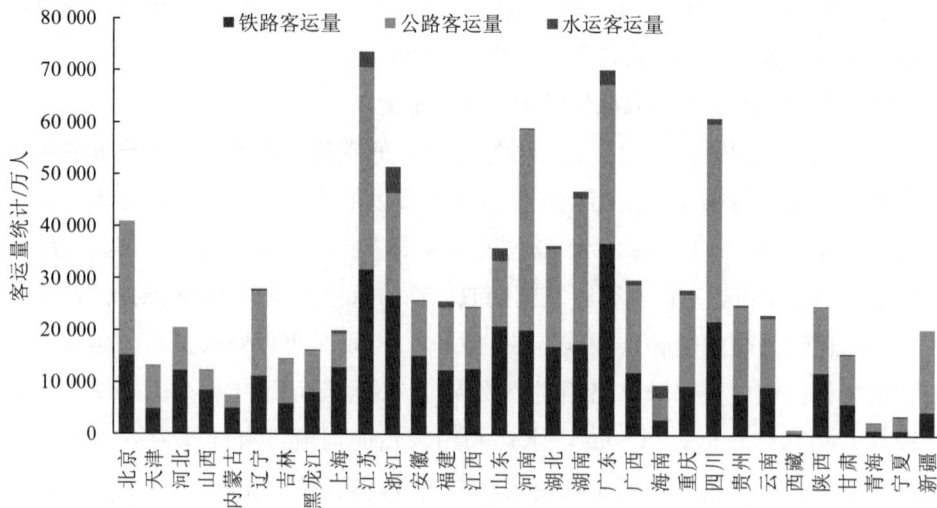

图 7-5　2023 年我国各地区客运量统计

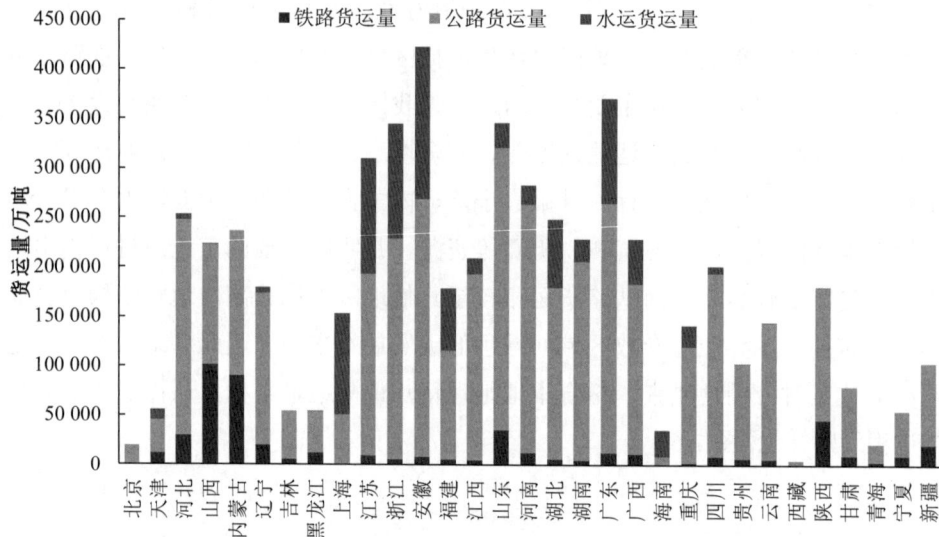

图 7-6　2023 年我国各地区货运量统计

区域城镇化水平和产业结构也会使不同城市交通运输碳排放大不相同。在城镇化的初始阶段，地区经济增长主要依靠工业的快速发展，产业结构向第二产业调整，在此期间交通基础设施集中建设，煤炭、钢铁等工业原材料生产和运输需求大幅提升，使地区交通运输碳排放量急剧增长。随着城镇化的推进，城市居民不断增加、人民生活水平随之提高进而带来产业结构的调整，制造业、建筑业的快速发展以及居民日常出行需求高涨使交通运输业碳排放量持续升高。当城镇化发展到一定水平后，地区产业结构向高级化、合理化方向调整，政府更加注重区域高质量发展，因而出台清洁能源政策、环保政策、产业政策等，使居民环保意识增强，更加注重绿色出行；同时可再生能源、新能源汽车等具有低碳特性的高新技术产业在地区内扩张，使城市交通运输碳排放增速放缓。据世界资源研究所（WRI，2019）的相关报告，城市快速扩张导致出行距离增加，大城市机动出行（私家车、公共交通出行）的出行量与分担率占比持续增加，非机动出行（如步行、自行车和电动车出行）的分担率不断下降。例如，北京市自行车、电动自行车和摩托车的出行分担率从 1999 年的 90% 下降到 2017 年的18%，私家车的出行分担率从 1999 年的 1% 上升到 2017 年的 36%。

（3）缺乏统一的交通运输领域碳排放核算方法与标准体系

实现区域交通运输"双碳"目标需要明确计量城市交通碳排放量。交通碳排放源具有移动性、复杂性等特点，涉及铁路、公路、水路、航空、管道运输以及城市交通、社会车辆等多种运输方式（图 7-7），每种方式都有不同的排放特征和测量方法。此外，目前国内将交通运输领域纳入碳市场的只有极少数城市，大部分区域交通碳排放量的核算都涉及跨省、跨市运输。因此，准确计量交通运输碳排放量的首要任务是明确界定运输类型与运输区域的边界，以规避跨领域重复计算的问题，并确保各区域交通碳排放量能够量化、评估及相互对比。进行此类核算需依赖丰富的数据资源，涵盖区域内各类交通工具的数量、能源消耗、运输量及行驶里程等关键信息。数据的收集、监测与计量需跨部门协同努力。然而，当前我国尚未建立起科学统一的碳排放统计方法与核算体系，也未构建交通运输能耗与碳排放的共享数据库，这无疑对交通运输行业绿色低碳发展的监测与评估等基础性工作构成了重大障碍。

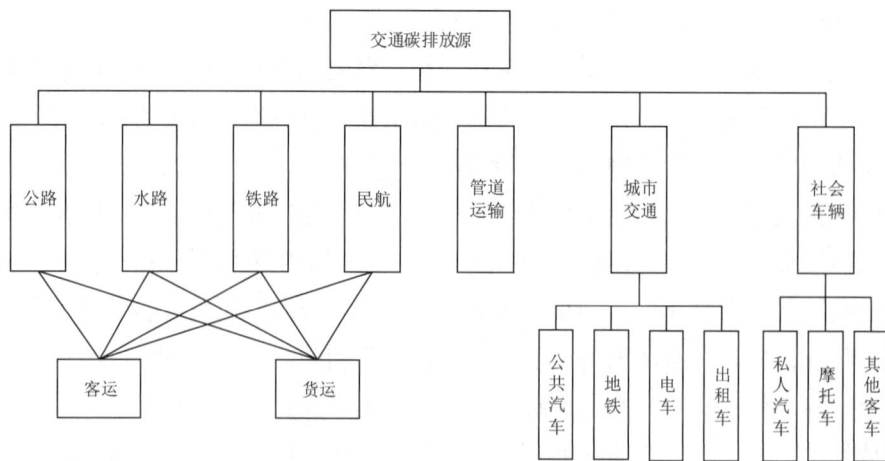

图 7-7　交通碳排放主要来源

　　根据《联合国气候变化框架公约》的要求，所有缔约方应按照联合国政府间气候变化专门委员会（IPCC）国家温室气体清单指南编制各国的温室气体清单。2011 年 5 月，为了进一步加强省级温室气体清单编制能力建设，国家发展改革委印发了《省级温室气体清单编制指南（试行）》，为我国各地区编制方法科学、数据透明、格式一致、结果可比的省级温室气体清单提供了有益指导，但该指南仅涵盖能源、工业、农业、土地利用变化和林业等领域，未涉及交通运输温室气体清单。2024 年 1 月，生态环境部办公厅印发的《大气污染物与温室气体融合排放清单编制技术指南（试行）》，将移动源核算边界界定为机动车、非道路移动机械、船舶、铁路内燃机车、民航飞机等使用过程产生的大气污染物和 CO_2、CH_4 和 N_2O 排放，并对各类移动源排放量计算方法、数据信息收集、排放系数获取、日尺度清单进行了详细规定和说明，是我国在交通运输领域碳排放核算的最新指导文件。下一步，国家、省级和市级生态环境、交通运输相关部门应将清单编制融入日常环境管理工作中，充分发挥排放清单对交通运输碳排放管理的支撑作用，进一步完善移动源排放系数技术方法，以支持我国交通运输"双碳"目标早日实现。

　　除了统一的核算方法，我国交通运输行业还缺乏配套"双碳"目标的政策法规和标准体系。美国、日本、欧洲等国家和地区在出台一系列节能减排政策文件后，已形成成熟的交通脱碳法律法规体系、碳排放标准体系及交易体系。欧盟于 2009 年首次制定了针对乘用车新车的强制性二氧化碳排放标准，规定了以车辆整备质量为依据的线性标准曲线。2011 年，欧盟针对轻型商用车颁布了法规，设定了 2017 年排放性能标准，目标为 175 克/千米，厂商普遍提前数年达成了这些目标。2014 年，欧盟对法规进行升级，要求到 2021 年，新增乘用车车队平均二氧化碳排放值达到 95 克/千米；新注册轻型商用车目标值则是到 2020 年达到 147 克/千米。2023 年 4 月，欧盟通过了一项突破性轻型车二氧化碳标准修正案——"落实 55%减排目标"（fit for 55）［修订法规（EU）2019/631］，将二氧化碳减排目标强化为：到 2030 年新注册乘用车二氧化碳排放在 2021 年基础上减少 55%，新注册轻型商用车减少 50%，并且到 2035 年均实现新车 100%减排。至此，欧盟成为全球首个对 2035 年以后新增轻型车设立 100%二氧化碳减排目标的主要市场。2024 年 3 月，美国政府批准了美国有史以来最严格的重型卡车温室气体排放标准，新标准涵盖了包括城市公共汽车、厢式卡车、垃圾车和 18 轮货车等在内的各种车辆。2024 年 5 月，美国国家环境保护局确定了轻型和中型车辆（轿车、SUV、货车和大多数皮卡车）尾气排放的规则，预计到 2032 年超过 50%的新上市轻型汽车是全电动的，如果算上插电式混合动力汽车，则将达到 2/3。与发达国家和地区相比，我国还未形成独立、系统、科学有效的交通运输减排体系，国内各区域应借鉴相似国际城市先进经验，细化"碳达峰"实施方案对交通脱碳的目标分解，逐步完善交通运输绿色低碳发展的配套规划与标准体系。

（4）交通运输碳减排存在技术瓶颈与资金压力

新能源与清洁能源在运输装备中的替代应用，是实现交通领域脱碳的重要途径。就交通运输碳减排技术及成本而言，当前我国在低碳交通装备领域的占比尚显不足，要达到主导地位还需经历长期的努力。尽管近年来我国汽车电气化的步伐逐步加快，特别是新能源小型乘用车、轻型物流车等装备技术日渐成熟，但是重型载货车、船舶的新能源替代在短期内仍受限于技术成熟度、配套基础设施、产能支持、风险防控及消费意愿等因素。水路和航空运输系统在较长时间内仍要依赖于高污染燃料，其中船舶电气化技术环境受限，仅支持短途轻量运输，而长途货运目前主流减碳措施为采用液化天然气作为替代燃料。飞机燃料优化复杂度较高，目前基本依靠运营手段优化路线来减少碳排放。

交通低碳新技术的研发与应用、配套设施的建设需要投入相当大的成本。鉴于资金量之大，仅靠公共投资是无法满足的，因此我国需要通过政策和监管改革来鼓励私营部门参与，充分挖掘投资和创新潜力。企业的参与对我国实现交通运输碳中和至关重要，政府应当制定并实施相关政策，以优化交通领域绿色低碳发展的市场准入条件及融资环境，进而促使企业在开发市场化解决方案、提升生产效率、削减成本、激励技术创新及填补资金空白等方面发挥主导作用。

7.2 我国区域交通运输绿色低碳发展主要实现方式

7.2.1 新能源交通

新能源是相对传统能源而言的，它涵盖了那些基于新技术且尚未规模化应用，或仍处于研发试验阶段、有待进一步开发的能源类型，如风能、太阳能和生物质能等。新能源汽车是指采用新型动力系统，主要或完全依赖新能源驱动的汽车。在我国，政策驱使汽车从传统出行工具向移动智能终端、储能单元及数字空间演变，推动了能源、交通、通信基础设施等多领域变革，对优化能源消费结构、构建清洁美丽的世界具有深远意义。近年来，全球主要汽车大国均加强了战略布局，并加大了政策支持力度。同时，跨国汽车企业也加大了研发投入，不断完善产业布局。在此背景下，新能源汽车已成为全球汽车产业转型升级的主要趋势，也是推动世界经济持续增长的重要动力源泉。

推动新能源汽车的发展，是我国由汽车大国向汽车强国迈进的关键路径，也是应对气候变化、推动绿色发展的重要战略选择。2020 年 11 月，国务院办公厅发布了《新能源汽车产业发展规划（2021—2035 年）》（国办发〔2020〕39 号），明确提出到 2025 年，我国新能源汽车的市场竞争力将显著增强，动力电池、驱动电机及车用操作系统等核心技术将取得重大进展，安全性能也将全面提升。具体而言，纯电动乘用车的新车平均电耗将降低至 12.0 千瓦时/百公里，新能源汽车在新车销售总量中的占比将达到约 20%，同时，高度自动驾驶汽车将在限定区域和特定场景下实现商业化应用，充换电服务的便利性也将大幅提升。在此规划发布后，国家及地方政府相继出台了一系列政策措施，旨在鼓励新能源汽车的生产与消费。这些政策既放宽了新能源企业进入市场的条件，也提高了产品性能标准，同时健全了相关强制性规范，有力推动了新能源汽车行业的繁荣发展。根据中国汽车工业协会的数据（图 7-8），2023 年全年我国新能源汽车产销量分别为 958.7 万辆和 949.5 万辆，同比分别增长了 35.8%和 37.9%，连续九年位居全球第一，市场渗透率进一步攀升 5.9 个百分点至 31.6%，乘用车渗透率更在 12 月突破 40%。

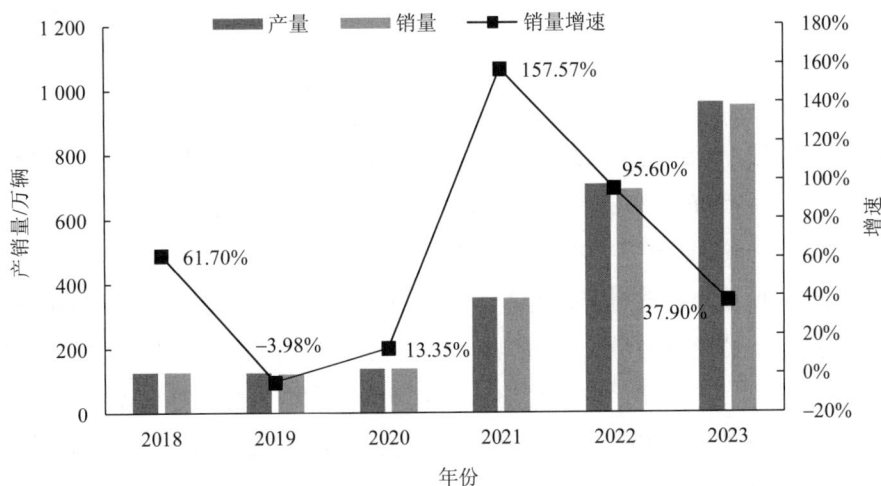

图 7-8　2018—2023 年我国新能源汽车产销量及增速

我国新能源汽车产业凭借其完整且成熟的供应链体系，以及领先的电动化和智能化技术，不断推动产品竞争力和品牌影响力迈上新台阶，赢得了全球消费者的普遍赞誉。据中国汽车工业协会整理的海关总署数据显示，2023 年，全球新能源汽车销量 1 465.3 万辆，中国、美国、欧洲分别为 949.5 万辆、146.8 万辆、294.8 万辆，中国占比超过 60%；中国全年新能源汽车出口量达到了 120.3 万辆，为全球汽车产业向绿色低碳转型作出了重要贡献。未来我国仍将继续保持全球最大的新能源汽车消费市场地位，预计到 2035 年，我国新能源汽车的核心技术将达到国际领先水准，其质量与品牌也将具备较强的国际竞争力。

7.2.2　公共交通

公共交通是历史悠久、覆盖范围广泛的绿色交通之一，是交通运输绿色化、低碳化的重要支柱，主要包括公共汽车、地铁、轻轨等交通方式，旨在通过提供高效、便捷的公共交通服务，鼓励民众减少私家车使用，从而减少交通拥堵和尾气排放、提高交通资源利用效率。建设以公共交通为主导的城市综合交通体系，已成为世界各国的共识。目前我国已经形成安全可靠、经济适用、便捷高效的公共交通服务系统，作为城市交通的主体，公共交通已经能够满足公众日常基本出行需求，实现了引领城市发展和缓解城市交通拥堵的作用。

2023 年 9 月，交通运输部办公厅印发了《城市公共交通优先发展和绿色出行典型案例》。其中，南昌市自 2012 年以来共规划公交场站用地 500 亩，市公交企业自主投资 14.33 亿元，建成了各种类型公交场站 26 个，总建筑面积 38.8 万平方米，可停放公交车 1 300 台，城市公共汽电车进场率达到 100%；截至 2023 年 7 月，成都市建成公交专用道 107 条，公交专用道长度超过 1 000 公里，日均运送乘客 221 万人次，约占公交客流总量的 79%；苏州市区轨道交通站点 100 米范围内公交站点覆盖率达到 100%，试点开通了轨道交通"零等待"公交线路，与城市轨道交通线路同频发车，高峰期实现"出站上车，随到随走"，有效提升了城市公共交通整体竞争力和吸引力，绿色出行服务满意率达到 92%；西安市开通 11 条社区巴士，填补了 20 条道路的公交服务空白，每天为约 6 000 名社区居民提供出行服务，有效解决了 108 个社区的居民"最后一公里"出行问题。

目前，公共交通正在向"零碳排放"方向发展（张明辉，2021）。2020 年，北京、陕西、上海、湖南等 7 个省（直辖市）公交车新增及更换实现了近 100%新能源替代。交通运输部发布的《2023 年交通运输行业发展统计公报》显示，2023 年年末全国拥有公共汽电车 68.25 万辆，比 2022 年年末减少了 2.07 万辆，其中纯电动车 47.39 万辆，增加了 1.85 万辆，占公共汽电车比重为 69.4%，提高了 4.7 个百分点（图 7-9）。

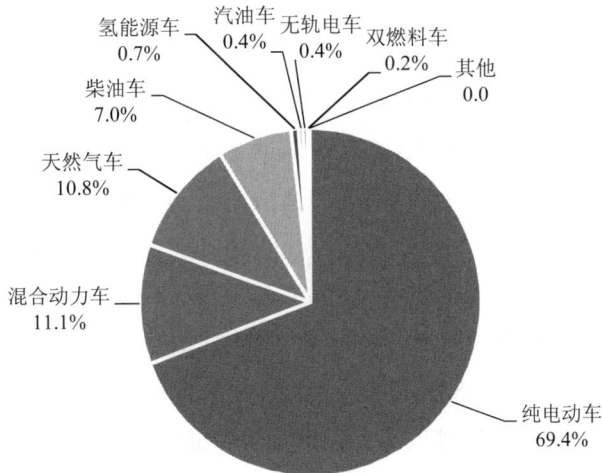

图 7-9　2023 年年末公共汽电车构成（按燃料类型分）

7.2.3　共享出行

共享出行，是指利用共同使用的机动车辆、自行车或其他低速模式的交通工具来实现出行的方式，是一种创新的低碳交通策略，通过共享资源使用户能够短期内利用多种交通方式进行出行，可减少车辆数量，降低城市交通压力和环境污染。共享出行类型多样，包括共享汽车、共享单车、拼车、按需乘车服务等，甚至包括商业递送车辆，提供灵活的货物移动等服务。麦肯锡咨询公司（2021）将共享出行方式根据车辆所有权结构（私人车辆与车队车辆）、客户是否驾驶以及是否与陌生人共享（共用或非共用）划分为网约车、动态班车服务、共享汽车、点对点汽车共享和拼车、共享微移动、空中机动及机器人出租车七种。根据国家信息中心发布的《中国共享经济发展报告（2022）》，2021 年，我国共享经济市场交易规模约为 36 881 亿元，其中交通出行领域市场交易额达 2 344 亿元，同比增长了 3.0%，共享出行领域融资额规模达 485 亿元，同比增长了 321.7%。

147

7.2.4 绿色物流

绿色物流旨在通过高效利用物流资源、应用先进的物流技术手段，科学规划与执行包括运输、储存、包装、装卸、搬运、流通加工、配送及信息处理在内的各项物流活动，以最大限度地减少这些活动对环境造成的不利影响。现代物流一头连着生产，一头连着消费，物流行业的绿色低碳转型是连通产业链、供应链全面绿色转型的重要桥梁和通道（朱睿颖等，2024）。中国物流与采购联合会绿色物流分会的研究显示，2020 年我国物流业碳排放量达到 8.8 亿吨，其中运输及配送活动二氧化碳排放量占我国物流业二氧化碳排放量的 85%左右，装卸搬运及仓储活动比重约 10%，辅助物流活动比重约 5%，预计物流业碳排放量在较长时间内将继续呈现上升趋势。根据中国物流与采购联合会的数据，2023 年，全国社会物流总额达到 352.4 万亿元，较 2022 年度增长了 5.2%。从产业循环来看，物流业正加速向绿色生产方式转型，再生资源的回收、分拣与集散等循环体系加速构建，相关产业的物流需求规模持续增长。据统计，全年再生资源物流总额同比增长率超过了 17%（孟圆等，2024）。

2020 年 5 月，国务院办公厅转发国家发展改革委、交通运输部《关于进一步降低物流成本实施意见的通知》，提出要积极发展绿色物流，深入推动货物包装和物流器具绿色化、减量化。2022 年 12 月，国务院办公厅印发了《"十四五"现代物流发展规划》，该规则描绘了中国式现代物流体系建设的宏伟蓝图，从优化货物运输结构、建立逆向物流体系、推广清洁货运车辆、绿色包装几个方面规划了绿色物流的发展目标，提出了以创建绿色物流企业、绿色枢纽、绿色园区为核心的绿色低碳物流创新工程。近年来，作为交通运输领域的碳排放"大户"，顺应"双碳"目标及交通强国建设战略，物流行业积极融入运输结构优化调整、推广应用新能源和清洁能源运输装备、加快数字化转型等举措，助力实现我国"双碳"目标落地。

企业是实施物流活动的核心单元，也是推动物流行业绿色发展的重要载体。从国际上看，2022 年 1 月，马士基正式提出 2040 年实现温室气体"净零排放"的脱碳目标提前 10 年完成；德迅集团提出到 2030 年，将供应商和客户产生的碳排放减少 33%，且全面实现海运业务碳中和，到 2050 年，最终实现"零碳"目标；瑞士邮政计划到 2040 年将其碳排放量减少约 90%，剩余 10%无法通过技术手段阻止的碳排放将被中和，并购买了德国图林根州的一片森林，以此实现碳存储和碳中和的目的。从国内来看，京东集团于 2020 年提出"到 2030 年，碳排放量与 2019 年相比减少 50%"的总体目标；顺丰控股承诺在 2030 年实现自身碳效率相较 2021 年提升 55%，同时实现每个快件包裹碳足迹较 2021 年降低 70%。2023 年 11 月，顺丰控股与奢侈品品牌路易威登签署"全链路物流之碳足迹系统、碳足迹管理"低碳战略服务协议意向书，启动供应链级碳中和加速计划。

7.3　我国区域交通运输绿色低碳发展路径与措施

我国区域交通运输绿色低碳发展的路径主要包括技术性、结构性、管理性等减排路径，需从技术研发、完善配套设施和政策体系建设等方面开展工作（图 7-10）。

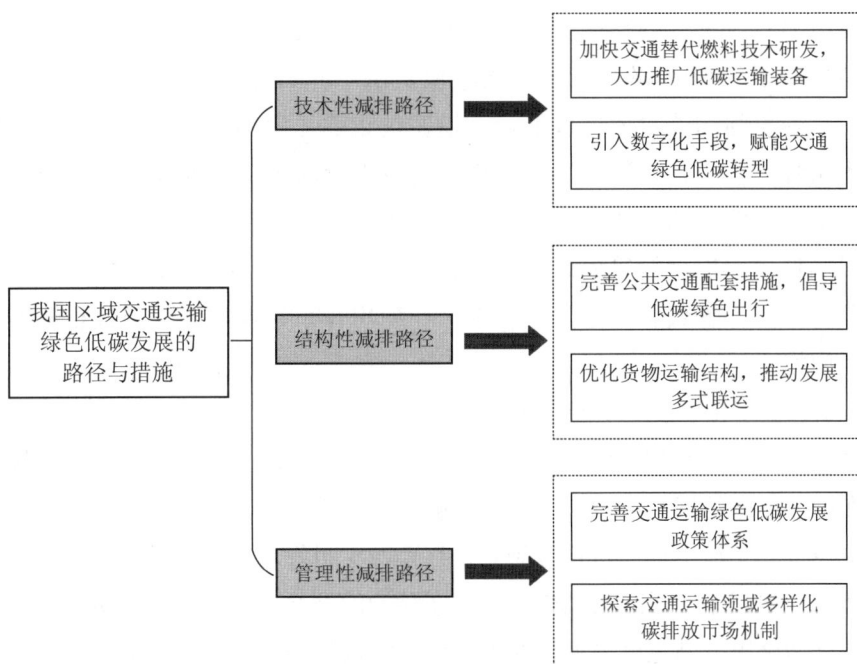

图 7-10　区域交通运输绿色低碳发展的路径

7.3.1 技术性减排路径与措施

（1）加快交通替代燃料技术研发，大力推广低碳运输装备

从长远来看，我国交通脱碳仍要加快运输工具电气化、多元化、清洁化，摆脱对传统高污染燃料的依赖（李晓易等，2021）。对于公路运输，纯电动汽车、氢燃料电池汽车、无轨电车、电力公路等装备和设施技术发展趋于成熟，且市场占有率逐渐扩大，因此应抓住机遇加快低碳装备在公路运输与城市交通的应用，以降低对化石燃料的依赖，减少碳排放；通过改进发动机技术、使用混合动力技术、轻量化设计等手段，提高传统燃油车的燃油经济性，减少碳排放。对于铁路运输，通过新材料技术的应用对现有车体进行轻量化改造，以降低能源消耗；引入氢能及列车电池技术，以新能源动力替代传统内燃机车，并建立供电系统数字仿真、监测应用，从而模拟、优化铁路交通供电系统设计，促进铁路交通节能减排。

水路运输和航空运输等脱碳难度较大的领域实现电气化的技术难点在于这种模式下运输距离长，且水路、航空运输环境复杂，导致燃料补给、充电站的距离较远，加上目前电池的能量密度较低，难以实现运输途中燃料的及时补充。因此，在当前技术条件下，应积极倡导船舶采用岸电及混合动力等辅助能源，并不断提升清洁能源在港口作业中的占比。同时需要加大对生物液体燃料、生物天然气、可持续航空燃料和低碳船用燃料等先进燃料的投资和扶持力度，持续支持低碳化关键技术研发突破，并加强替代燃料的生产、推广、应用体系建设，确保替代燃料的稳定供应和广泛应用。

（2）引入数字化手段，赋能交通绿色低碳转型

推动交通运输领域数字化与绿色化深度融合，是实现交通运输高质量发展的必由之路。在城市交通领域，可以引入数字化解决方案提升用户乘车体验，以引导更多居民主动选择公共交通出行。将行程规划、订票、支付等功能结合大数据分析技术整合至一个智能应用程序，通过公共交通与共享移动的结合，为用户提供绿色交通一站式服务，提升居民出行满意度与城市交通系统效率，进一步提升城市公共交通机动化出行分担率。此外，地方交通管理部门应与公交企业合作，运用物联网、云计算、大数据、全球定位等技术，结合城市公交基础管理和车辆调度业务需求，建设城市公交智

能化调度管理系统，从而提升城市公共交通的服务质量，最大限度减少交通拥堵和空气污染。2024 年 4 月，2 台经过改造的"智能网联"公交车在武汉市东湖高新区正式运行，串联起了光谷七路公交场站与左岭城铁站公交场站，实现惠民智能网联公交运营。该公交通过智能网联+主动安全预警系统双效配合机制、C-V2X 通信技术、道路巡检设备、电子公交站牌等多种智能技术与设备，实现城市公交安全、高效、便民运行，辅助公交公司优化调度管理方案，支撑主管部门优化城市路网交通调度，形成交通新质生产力。

数字物流是交通运输领域数字化绿色转型的重要环节。通过对物流进行数字化转型，可以重构物流活动的生产组织、协调调度方式，达到物流资源集约化利用、流程一体化调配，最终实现高效、绿色的物流。在流程优化上，通过规模化的车辆、货物资源整合，结合基于智能算法的运输调度和数字化仓储管理系统，能够有效调动区域内、跨地区的车货资源，大幅降低车辆空驶率，以更少的碳排放提供同等甚至更优质的服务。对于多式联运的管理，可通过一体化的信息共享平台，建立标准的数据集合，为实现不同运输方式之间的信息共享、业务协同和一单制落实提供技术基础。同时，平台化信息共享使得多式联运运单的运输状态能够可视化跟踪，多方业务数据和财务数据自动汇总，实现物流、资金流、信息流协同管理，通过数字化赋能实现供应链物流的降本、提效、绿色化。

7.3.2　结构性减排路径与措施

运输设施电气化是必要的，但对于交通脱碳来说远远不够。与高成本、长周期的替代燃料研发及数智化相比，结构性减排措施可能成本更低，也更易于实施，并且会带来显著的协同效益。这种措施主要包括日常出行和货物运输两个维度。

（1）完善公共交通配套措施，倡导低碳绿色出行

在城市交通的各类出行方式中，碳排放强度呈现出一定的差异，排放量较高的有出租汽车和网约车，而电动车和自行车则相对较低。其中，城市公共交通，如公交和地铁，以其高效节能的特点，成为机动化出行中最低碳的选择。相反，出租车由于空驶率较高，其碳排放强度最高（赵光辉，2022）。目前，我国已经先后出台了《绿色出行行动计划（2019—2022 年）》《绿色出行创建行动方案》《关于推进

城市公共交通健康可持续发展的若干意见》等政策文件，大力倡导低碳交通、绿色出行。下一步，应逐步完善配套相关措施，将绿色出行创建行动落实到居民日常生活中。首先，公共部门应当发挥引领示范作用，在公务用车及政府采购中优先考虑新能源车辆；加大对低碳集约公共交通体系的投入，鼓励公交企业购买新能源车辆；完善交通基础设施绿色化建设，构建安全温馨的城市步行与自行车等慢行道路系统。其次，通过短视频、公众号、公益活动等多种形式加强对"双碳"的系列宣传教育，在全国范围内扩大并延续现行绿色出行宣传月和公交出行宣传周等活动，应增强公众的绿色出行意识，鼓励市民优先选择城市公交、地铁等公共交通及无碳出行方式作为日常出行的首选。

（2）优化货物运输结构，推动发展多式联运

调整货物运输结构的最主要措施是"公转铁""公转水"，即推动大宗货物运输向铁路和水路转移，减少重型货车的运输量，从而降低公路运输在运输结构中的比重。2024 年 2 月，国家铁路局、国家发展改革委、生态环境部、交通运输部、国铁集团联合印发了《推动铁路行业低碳发展实施方案》，该方案着重于增强铁路主干线的运输效能，加速对运输能力紧张的干线铁路区段进行升级，并深化中、西部铁路网络的布局。同时，计划着重推动大型工业基地、物流中心、煤炭储存区及粮食仓库等关键区域的铁路专用线及连接线的建设进程，旨在加速推动长途及大宗货物由公路向铁路的转移，进一步提升了大宗货物运输的环保性和能效。此外，该计划还鼓励发展诸如重载直达列车、定期班列、冷链物流服务、集装箱多模式联运以及快速铁路运输等高效、经济、环保的运输方式。至于水路运输方面，计划着重于加大对现有船舶与码头的绿色化改造力度，优化码头作业流程，严格控制新增船舶的能耗标准，并全面在港口运营中推广使用节能型设备。注重长江干线等内河高等级航道建设，提高船舶的实载率和航运效率。

在跨区域货物运输中，要注重因地制宜，针对不同地区的特点选择合适的运输方式，深入推进"铁水""公铁""公水""公铁水""陆空"等多种多式联运运输方式。沿海区域应依托其得天独厚的地理位置，加速构建大宗货物及集装箱的铁水联运体系，着重强化铁路与海运的对接，并积极推动建立与多式联运相匹配的规则协调与互认体系。对于黄河、长江、珠江等重点经济区，在不断完善水运设施的基础上，发

挥沿江港口的枢纽作用，加强与产业集聚区、大宗物资主产区之间的交通衔接，重点提高区域铁路运输能力，大力发展公铁水联运。东北地区要把握在铁路运输及煤炭产业上的优势，完善铁路煤运通道集疏运体系建设，加快公路货运向铁路运输的转换，提升铁路运输的货运比重。对于西部地区，在加快与社会经济发展相适应的综合交通基础设施体系建设的同时，强化铁路规划建设，注重公路运输中新能源与清洁能源运输装备的投资与应用。

7.3.3　管理性减排路径与措施

（1）完善交通运输绿色低碳发展政策体系

首先，国家层面要坚持法治引领，完善现有综合交通法律法规体系，加强节能减排与绿色发展在交通立法中的体现，特别是加快新能源行业法规建设。中央加强对各省（自治区、直辖市）交通"双碳"行动方案和配套规章制度的指导，共同构建全国交通运输绿色低碳发展制度体系。其次，重点发挥专项财税政策在交通运输绿色化转型的引导作用，通过新能源购车补贴、公共交通补贴、燃油税、碳税、差异化收费等激励与惩罚措施，鼓励公众选择公共交通等低碳出行方式，消费者选择清洁能源、新能源车辆，推动绿色交通行业发展。最后，地方政府要根据自身发展实际，因地制宜分解国家交通"双碳"目标，完善地方性法规、激励机制、产业政策、排放清单等配套制度，开展区域交通碳排放跟踪评估和监察工作，鼓励交通行业企业和机构主动上报排放数据，以更高效地支撑交通运输碳排放监测与数据管理，实现区域交通绿色转型。

（2）探索交通运输领域多样化碳排放市场机制

美国、欧盟等发达国家和地区已经将交通运输领域纳入当地碳排放交易体系，以实现交通运输的可持续发展。建议以碳核算和碳交易机制为核心，积极探索适合我国交通运输碳排放现状的碳市场机制。世界银行（2022）提出，如果我国现有行政监管工具与燃料税或碳排放定价逐步实现外部因素内部化相结合，将为交通企业提供强有力的刺激，促使企业通过投资节能车辆、减少空车里程、提高车辆占用率、引入环保驾驶等手段减少燃料消耗。我国北京、上海、深圳等碳交易试点城市在交通运输领域纳入碳市场方面进行了积极探索，试点将由固定排放源逐步向移动排放源扩展。为加速构建我国交通运输碳交易市场体系，需要继续完善交通领域碳排放核算方法体系、减排标准规范、审核规则，支撑碳足迹记录工作，根据不同地区和企业特点制定合理的碳排放配额分配方案，并建立针对交通运输碳交易的监管与惩罚机制，构建公平竞争、健康运营的交易市场。

第 8 章

——

我国区域农业绿色低碳发展研究

区域农业绿色低碳发展研究有利于促进农业产业结构的优化升级，推动农业发展模式向更加环保、高效的方向转变，还为农业领域实现碳减排和可持续发展目标提供科学路径和技术支撑，助力农业绿色转型和生态文明建设。本章分析我国推进绿色低碳农业的重要意义与发展现状，详细探究其影响因素与作用机理，提出推动我国区域农业绿色低碳发展的政策建议。

8.1　我国区域农业绿色低碳发展的背景和意义

8.1.1　绿色低碳农业发展的背景

改革开放以来，我国经济高速发展，引发了资源消耗、环境污染、生态破坏等问题。为了解决这些问题，我国开始倡导绿色生产的经济发展理念。同时，近年来，全球气候系统呈现出高度不稳定性，海平面持续上升、城市"热岛效应"日益显著、生物多样性面临严重威胁等问题严峻，这些由全球变暖所触发的连锁反应，其破坏性不容小觑。

绿色农业是绿色发展理论的扩展和延伸。1987 年，联合国通过了一份关于人类未来发展的重要文件《我们共同的未来》，该文件将可持续发展解释为在满足当前人类需求的同时，确保不削弱后代满足其需求的能力的发展模式。1989 年，皮尔斯首次提出"绿色经济"的概念，绿色经济即兼顾经济发展与节约自然资源。2002 年，联合国首次提出"绿色发展"的概念，绿色发展是实现环境保护和经济发展相统一的必由之路。《"十四五"全国农业绿色发展规划》中指出"农业发展进入加快推进绿色转型的新阶段"。为实现碳达峰和碳中和创造有利条件，促进人与自然和谐共生，全面推进农村振兴是必然的选择。农业绿色低碳发展是由以牺牲环境为代价的农业发展方式向更优质、更绿色、更高效的可持续型现代农业转变。低碳农业即在可持续发展理念指导下，通过产业结构调整、技术和制度创新等多种手段，实现高能效、低能耗的发展模式。

长期以来，为确保粮食产量稳步增长，我国农业生产模式偏向于粗放发展，这必然伴随较高的环境污染与能源消耗，致使农业碳排放比例远超全球平均水平，且在整体碳排放结构中占有显著比重。联合国粮农组织的数据显示，截至 2017 年，中国农业碳排放量在亚洲范围内占比近 30%，在全球范围内也达到了 12.54%的较高比例，凸显了我国农业减排任务的紧迫性和重要性。农业是我国最重要的碳源，面临着低碳发展的艰巨任务，为加快我国低碳农业的发展，国务院相继发布了《国务院关于印发 2030年前碳达峰行动方案的通知》《"十四五"全国农业绿色发展规划》《国务院关于完整准确全面贯彻新发展理念做好碳达峰碳中和工作的意见》等政策指导文件，强调了继续巩固与发掘农业固碳增效的工作思路。

8.1.2 发展绿色低碳农业的意义

作为农业强国建设的"中国特色"之一，倡导生态低碳农业的发展，不仅为构建农业强国蓝图提供了明确指引，也标志着中国式现代化进程在农业领域的进一步深化与拓展。生态低碳农业能够兼顾生产效率的提高和环境效应的改善，具有经济效应、生态效应和社会效应的协调作用，是碳达峰碳中和愿景下现代农业发展的新方向（董红敏等，2008）。发展生态低碳农业是我国建设农业强国实现农业现代化的必然选择。

同时，发展生态低碳农业是赓续农耕文明的内在要求。中国是农耕文明的发源地之一，有着悠久的农耕历史和文化传统。传统村落是乡村遗产的重要载体，对于承载农耕文明具有重要作用，随着现代化农业的发展，农业生产对农村环境和传统村落的负面影响逐渐加剧，也侵蚀着农耕文明传承的根基。因此，发展生态低碳农业，保护农村环境和传统村落，将农业绿色发展与文化传承有机融合，是对我国优秀传统农耕文明的延续和传承，是赓续农耕文明的内在要求。选择适合我国国情的、具有中国特色的生态低碳农业发展模式，对于推进人与自然和谐共生的中国式现代化具有重要意义。

8.2 我国区域农业碳排放测算和低碳农业发展现状

8.2.1 农业碳排放数据处理和测算

目前，学术界对农业碳排放量的测量大致分为两类：一部分学者认为，农业碳排放量应仅计算由人类对农业生产活动直接或间接所导致产生的碳排放量；另一部分学者认为，在考虑农业碳排放量时，还需将农作物及农业活动本身所具有的碳吸收能（碳汇效应）纳入计算范畴（尚杰等，2019）。结合现有文献研究结果和本文研究需求，拟采用第一种计算方法。考虑人类在农业生产活动中的主要行为，本研究认为农业碳排放主要来源于以下几个方面：化肥、农药等农作物生产直接或间接消耗；机械在农业生产过程中的柴油消耗；农业灌溉和耕地播种所造成的碳流失。据此，主要考虑农业生产过程中的碳源有化肥、农药、塑料薄膜、农用柴油使用量，农作物播种面积，灌溉面积。相关公式如下：

$$E = \sum E_\lambda \sum T_\lambda \times K_\lambda \qquad (8\text{-}1)$$

式中，E 表示农业碳排放总量；T_λ 表示第 λ 种碳源的投入量；K_λ 表示第 λ 种碳源的碳排放系数。本书研究碳源碳排放系数如表 8-1 所示。

表 8-1　农业碳源碳排放系数

碳源类型	碳排放系数	参考来源
化肥	0.89千克/千克	美国橡树岭国家研究室
农药	4.93千克/千克	美国橡树岭国家研究室
塑料薄膜	5.18千克/千克	南京农业大学农业资源与生态环境研究所
农用机械柴油	0.59千克/千克	IPCC 2013
播种翻耕	312.60千克/千米^2	李波等
灌溉	266.48千克/公顷	段华平等

综上所述，计算得到全国 31 个省（自治区、直辖市）2012—2022 年农业碳排放条形堆积图及折线图，如图 8-1～图 8-5 所示。

目前，由国家统计局发布的东部、中部、西部及东北地区的经济地区规划如下：东部地区包括北京、天津、河北、上海、江苏、浙江、福建、山东、广东和海南 10 个省（自治区、直辖市）；中部地区包括山西、安徽、江西、河南、湖北和湖南 6 个省（自治区、直辖市）；西部地区包括内蒙古、广西、重庆、四川、贵州、云南、西藏、陕西、甘肃、青海、宁夏和新疆 12 个省（自治区、直辖市）；东北地区包括辽宁、吉林和黑龙江。本书暂将东北地区与东部地区一同讨论。

由图 8-1 可知，2012—2022 年大部分省（自治区、直辖市）的农业碳排放量总体上呈下降趋势，这显示出我国绿色低碳农业的逐步深化以及取得了阶段性的成果。在总体上，河南、山东、河北的农业碳排放量在堆积总量和单独年份总量上都位列前茅，究其原因，应与这些省（自治区、直辖市）耕地面积大和第一产业占比较重有关：耕地面积大，翻耕所流失的有机碳、所施用的化肥农药、所使用的塑料薄膜自然也量大，而且面积大代表土地集约化更容易，机械化更容易发展，农用柴油消耗量上升，这些因素都会导致农业碳排放大；相较于其他省（自治区、直辖市），第一产业比重较大则自然农业碳排放量相较于其他省（自治区、直辖市）会较大。

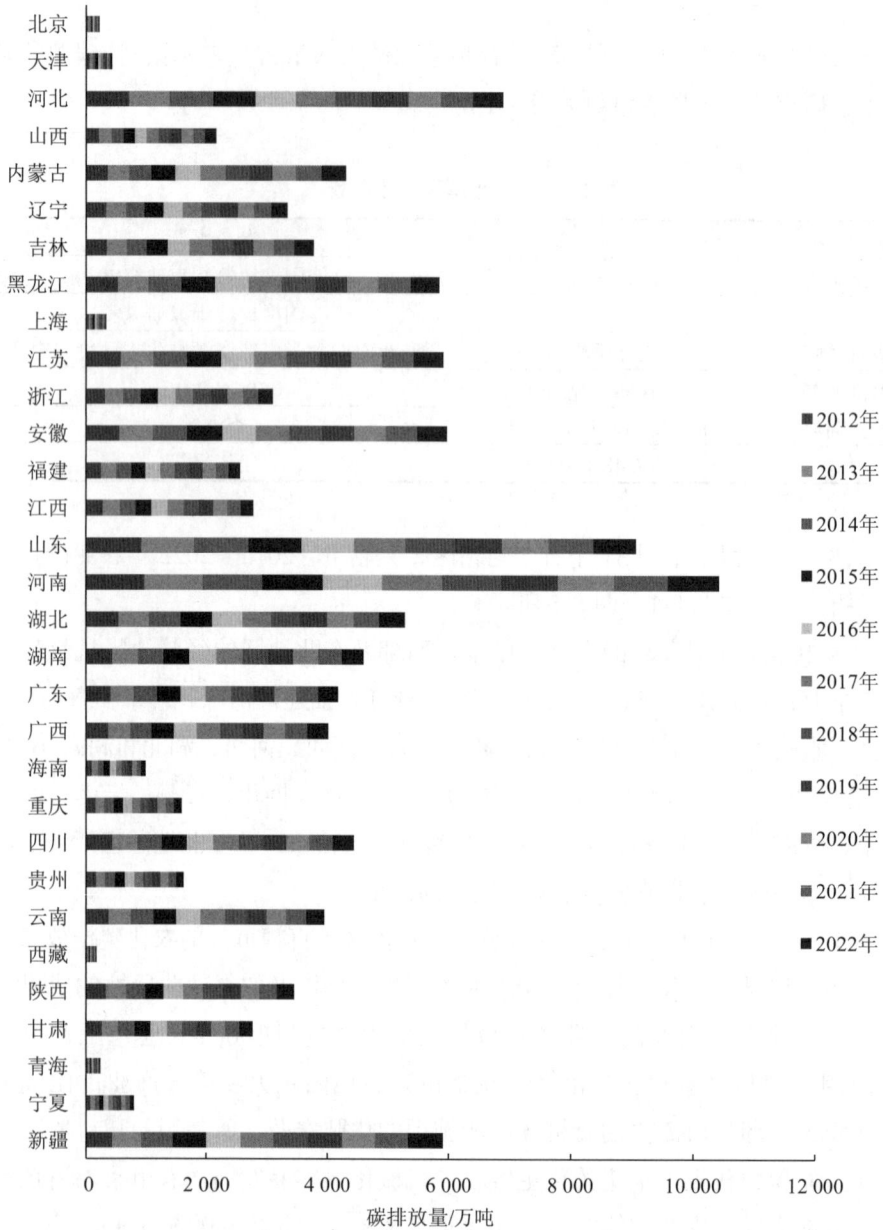

图 8-1　2012—2022 年我国 31 个省（自治区、直辖市）农业碳排放量

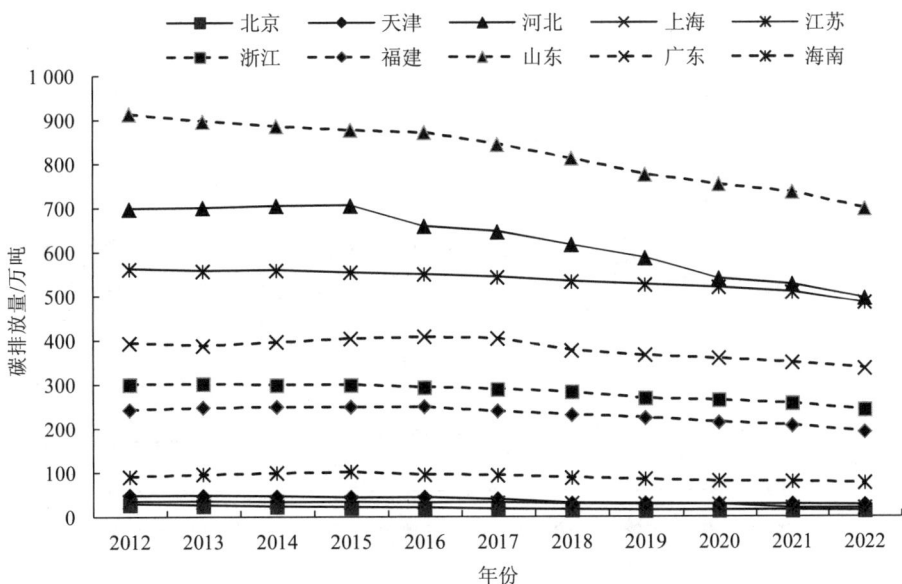

图 8-2　2012—2022 年我国东部地区 10 个省（自治县、直辖市）农业碳排放量

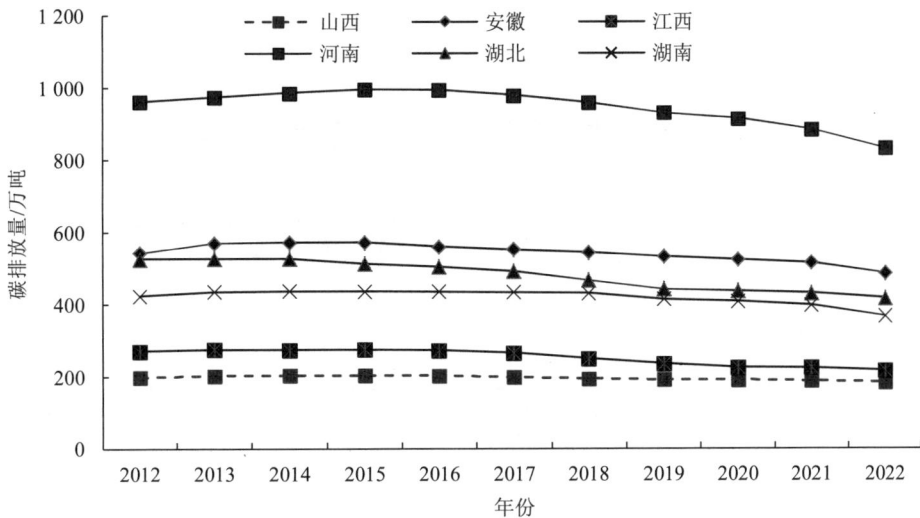

图 8-3　2012—2022 年我国中部地区 6 个省（自治县、直辖市）农业碳排放量

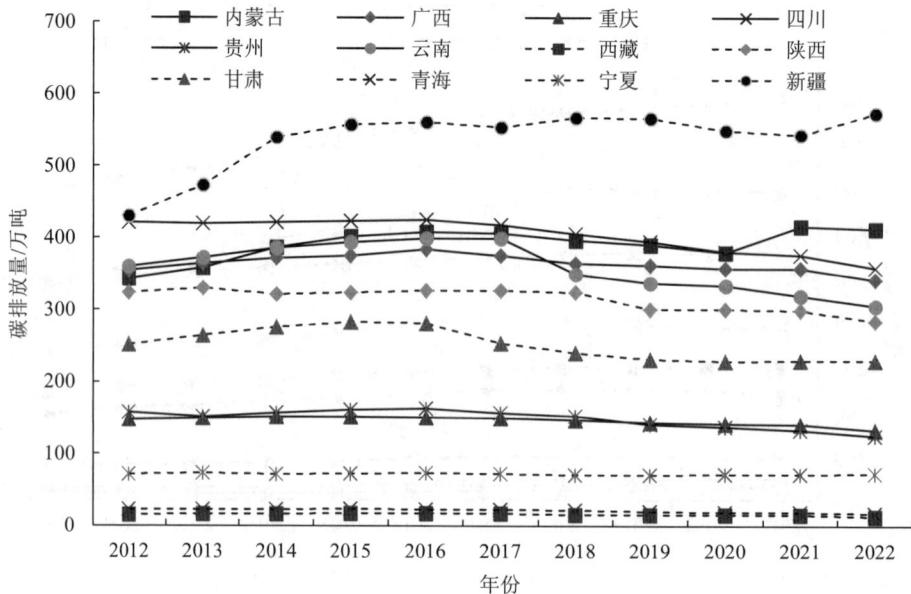

图 8-4　2012—2022 年我国西部地区 12 个省（自治县、直辖市）农业碳排放量

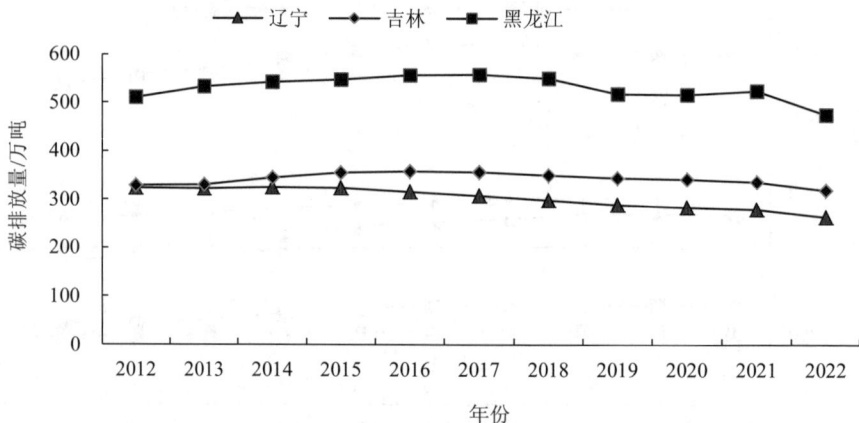

图 8-5　2012—2022 年我国东北地区 3 个省（自治县、直辖市）农业碳排放量

同时，东部、中部、西部三大农业区的农业碳排放量存在明显差异，这表示由于地理、经济、政策等因素导致三大农业区在绿色低碳农业上存在发展差异。

如图 8-2～图 8-5 所示，东部地区和东北地区各省（自治区、直辖市）农业碳排放量都呈现明显的下降趋势，其中，吉林和黑龙江呈现先上升后下降的倒"U"形趋势。东部农业区农业碳排放量下降较为明显的综合原因为：东部地区经济发展程度较高，促进农业绿色低碳技术快速进步发展，提高节水灌溉和化肥农药施用效率；大量的资金投入支持高标准农田建设，能有效减少碳排放量；东部地区人才数量多，从事绿色低碳农业人数也较多，有利于绿色低碳农业模式转变，提高农业生产效率，降低碳排放。中部农业区几乎所有省（自治区、直辖市）都呈现先上升后下降的倒"U"形趋势，前期为农业生产效率的提升，大量施用化肥农药，碳排放量上升，后期中部地区开始重视绿色低碳农业并就近学习东部农业区的减碳方式，碳排放量下降。西部地区农业碳排放量趋势较为复杂，除内蒙古、宁夏、新疆有上升的趋势外，其他西部农业区省（自治区、直辖市）大体为下降趋势。这与西部地区经济发展较慢，政策落实实施迟缓，农业经营模式不完善，第一产业占比较大等原因有关。

另外，各碳源在各省（自治区、直辖市）分布同样不均匀，需要进一步分析。2022 年我国 31 个省（自治区、直辖市）化肥、农药、塑料薄膜、农用柴油使用量、翻耕面积、灌溉面积碳排放量分布如图 8-6 所示。

由图 8-6 所示，2022 年我国 31 个省（自治区、直辖市）在农业碳排放的碳源分布上存在较大差异。总体上，几乎所有省（自治区、直辖市）化肥碳排放占比较大，表明绝大部分省（自治区、直辖市）通过施加化肥的形式来增加农业生产总量，进而导致农业碳排放的增加，可以在优化化肥配比、适量使用化肥等方面减少因化肥产生的碳排放。此外，个别省（自治区、直辖市）农用柴油碳排放比重较大，例如浙江，究其原因是浙江经济发展快，第三产业快速发展，随之第一产业快速衰落，农业耕地减少，且经济快速发展所带来的机械化发展迅速，随之运用于农业，农用柴油消耗量增加，农业碳排放上升。

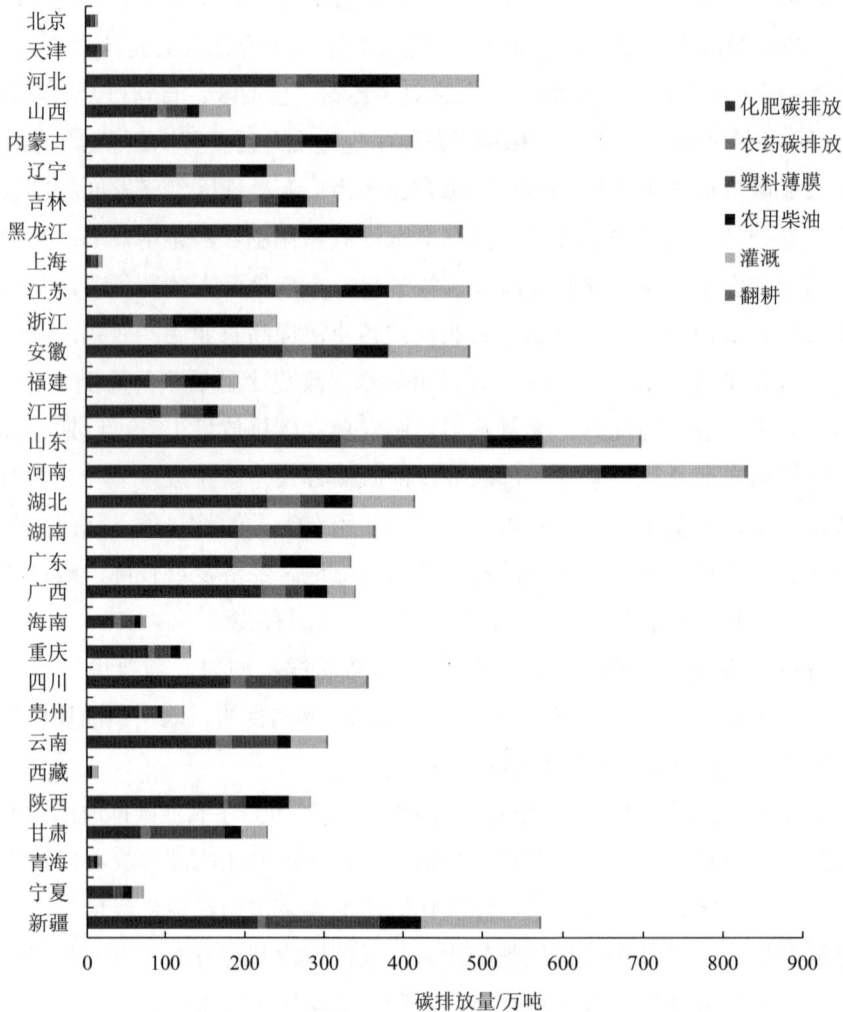

图 8-6　2022 年全国 31 个省（自治区、直辖市）碳源碳排放分布

8.2.2　低碳农业发展模式

低碳农业就是要做到"三低"（低能耗、低污染、低排放）农业。低碳农业发展模式对于农业供给侧改革具有重大现实意义，代表着创新农业发展模式的战略高地，

是新时代背景下转变农业发展路径，是推动农业实现可持续发展的必由之路。而低碳农业的发展模式具体来讲有许多种，总体思路就是减污、降碳、增汇。国内持续大力加强农业面源污染物防治，积极引导支持相关技术、机制和模式创新，在发展低碳农业上取得了明显成效。

（1）合作共赢技术共享的农业发展模式：以中国同东盟国家合作为例

作为农业大国，我国多年来持续加强与周边国家的农业技术合作。以同东盟国家的合作为例，我国与东盟国家农业合作机制逐渐完善，农业贸易快速增长，农业贸易与投资合作初有成效，农业人才交流稳步开展。我国在与老挝合作的农作物优良品种试验站试种了300多个农作物品种，中方专家同当地农业技术员、农民、农业专业高校师生交流低碳种植技术。例如，利用无土栽培技术和水肥一体化系统在大棚蔬菜种植中，提高了生产效率，克服了雨季种植困难及露地栽培中病虫害问题；同时，还建立了水稻绿色高效生产技术示范点，引入了育秧新方法、栽培新技术、水肥一体化管理以及病虫害绿色防控等策略，实现了经济效益的显著提升。我国与东盟国家的相关机构也在低碳农业领域展开了深入合作，在老挝、越南、柬埔寨、印度尼西亚、缅甸分别设立了5个海外农业科研基地，共筛选并试验了超过750种蔬菜、水稻等优良品种，累计示范推广面积超过400万亩。在推动低碳农业技术的普及与发展方面，取得了令人瞩目的成绩。

（2）经济多元化的农业发展模式：以内蒙古为例

内蒙古自治区结合自身优势，采用了经济多元化的农业发展模式，不断促进传统农业的升级与效率提升，优化畜牧业、种植业等核心产业的结构布局。加强旅游业、直播电商等多产业间的深度融合与协同发展。优化生态系统管理，扩大有机农业规模，创新产业融合机制，构建多种经营模式，为内蒙古自治区农业经济发展探索出一条新的路径。

同时，乡村振兴战略的深入实施为内蒙古自治区推动低碳农业经济的多元化发展带来了诸多契机。然而，传统农业结构体系的局限性，尤其是产业资源分布的不均衡问题，成为制约低碳农业高质量发展的主要障碍。为了克服这一挑战，内蒙古自治区将深入分析碳排放增长的具体成因，并借助农业结构数据模型，对现有的产业结构体系进行优化调整，旨在补齐农业产业链中的短板，从而实现区域低碳农业经济的多元化发展目标，打造具有鲜明地域特色的低碳产业集群。以内蒙古自治区的畜牧业为例，该产业在巴彦淖尔市、赤峰市、乌兰察布市、呼和浩特市、乌海市、包头市、兴安盟、通辽市、阿拉善盟、锡林郭勒盟等地区分布广泛，并已形成了相对成熟的"繁育—养殖—屠宰—运输"产业链条。然而，相较之下，种植业的发展却明显滞后，导致低碳农业经济的发展出现了严重失衡。针对这一现状，内蒙古自治区应积极构建更为广泛的区域农业资源共享机制，通过二次优化农业结构体系，重塑具备强大核心竞争力的低碳产业集群。此举旨在最大限度地减少农业结构体系不完善而导致的碳排放问题，推动内蒙古自治区的低碳农业经济实现更加均衡、多元和可持续的发展。

（3）生态循环的农业发展模式：以山东为例

山东作为农业大省，近年来持续强化农业资源集约节约利用，大力加强农业面源污染防治，积极引导支持相关技术、机制和模式创新，全省生态循环农业发展取得明显成效。

山东在循环农业上采用了以下 10 种模式：小麦玉米秸秆全量精细化还田生态循环发展模式、秸秆肥料化利用生态循环发展模式、秸秆基料化利用生态循环发展模式、秸秆高值化利用生态循环发展模式、化肥农药减量生态循环发展模式、畜禽粪污资源化利用生态循环发展模式、种养加一体化生态循环发展模式、池塘养殖尾水利用生态循环发展模式、多营养层级近海综合养殖生态循环发展模式、园区化休闲农业生态循环发展模式。

8.3 我国区域农业绿色低碳发展的影响因素和作用机理

8.3.1 我国区域农业绿色低碳发展的主要因素

我国农业绿色低碳发展的因素主要包括环境经济政策、城镇化水平、农业碳强度、人均农业生产总值、农民心理因素等。

（1）环境经济政策

环境经济政策是一种通过经济手段来达成环境保护目标的重要措施，主要是依托市场机制来实现这一目标。具体来说，这种政策是运用如税收、产权、定价、信贷、收费等经济手段，以此促进环境保护工作。通过这些经济手段的运用，可以对经济主体的成本和收益进行有效调节，进而在一定程度上影响经济主体的决策行为。具体来说，通过税收政策的调整，可以对那些污染环境的企业或个人施加额外的经济负担，从而促使其改变行为，减少污染排放。通过产权的明确，可以对环境资源进行有效保护，防止过度开发和滥用。通过科学合理的定价机制，可以引导消费者和企业更加重视环境保护，从而改变其生产和消费模式。通过信贷政策的引导，可以鼓励更多的资金投向环保领域，支持环保产业的发展。通过收费政策的实施，可以对那些使用环境资源的企业或个人进行合理收费，从而促使其更加珍惜和合理利用环境资源。环境经济政策具有筹集资金、调节行为和提供服务三种功能。环境规制可以通过农业电力设施和农田水利设施间接促进农业绿色发展。

（2）城镇化水平

在城镇化初期，城市的建设往往伴随能源消耗的增加，这必然会导致碳排放量上升。但是，随着城镇化的深入发展，大量的农民将会进入城市，从事制造业、服务业等非农产业。在这种情况下，为了提高农业产出，农民会采用更加先进的农业技术和管理方法，如机械化、自动化等，这将进一步推动农业集约化的发展。这种转变不仅能提高农业生产效率，降低生产成本，还能有效减少化肥、农药等化学品的使用，从而降低农业对环境的污染，间接减少碳排放强度。此外，随着城市化水平的提高，人们的环保意识也在不断增强，这将促使政府和企业采取更多的环保措施，如发展清洁能源、推广节能减排技术等，以进一步降低碳排放。

（3）农业碳强度

碳排放强度，即单位 GDP 增长所对应的二氧化碳排放量。农业碳强度与农业碳排放呈负相关关系。

（4）人均农业生产总值

农户会为了获取更高的利润，施用更多的化肥，造成农业碳排放量的增加。其经济收入的增长可以用人均农业生产总值表示。所以，人均农业生产总值对农业碳排放有间接促进作用。

（5）农民心理因素

农民心理特征包括预期收益感知、风险感知等。预期收益感知越低，低碳生产意愿就越弱。风险感知越弱，低碳生产意愿越强（田云等，2024）。

8.3.2　我国区域农业低碳发展的差异化

近年来，随着全球气候变暖的趋势越发显现和极端天气的频繁发生，我国农业的生产和发展受到越来越多的影响。随着我国推动低碳发展的措施逐步开展，低碳农业受到人们的广泛关注。我国国土面积广阔，可分为东、中、西三大农业区，不同农业区的发展不同，为了确保我国低碳农业的发展，对我国区域农业低碳发展进行差异化研究是必经之路。本节将对我国东、中、西区域农业低碳发展的影响因素进行分析和实证研究。

（1）全国农业碳排放总量空间自相关性分析

依据前文数据，通过 GeoDa 软件测算出 2012—2022 年各省（自治区、直辖市）农业碳排放量的莫兰指数，探究我国三大农业区农业碳排放的空间特征，同时绘制其2012—2022 年的莫兰指数折线图（图 8-7）。

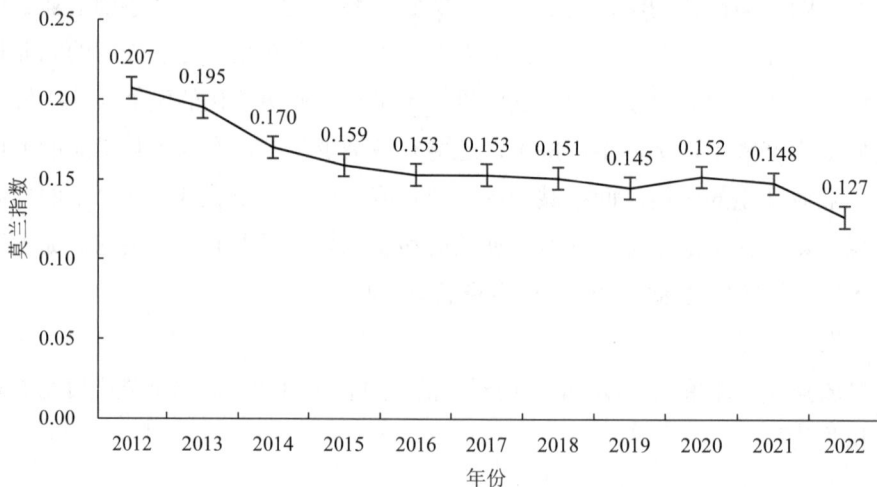

图 8-7　2012—2022 年莫兰指数折线图

如图 8-7 所示，2012—2022 年全国 31 个省（自治区、直辖市）的农业碳排放量莫兰指数呈波动下降趋势，这表明 2012—2022 年，全国 31 个省（自治区、直辖市）绿色低碳农业发展程度的相似度在逐渐降低，发展差异逐步扩大，地理集聚现象逐渐减弱。

虽然 2012—2022 年绿色低碳农业的发展差异逐步扩大，地理集聚现象减弱，但并未产生空间自相关和地理集聚发生显著变化的现象。首先，高-高区域主要集中于山东、河南和安徽，呈现正的空间自相关性，表明这些省份及其邻接省份的农业碳排放量较高，是绿色低碳农业的重点关注区域。其次，低-高区域主要集中于山西，呈现负的空间自相关性，有离散趋势，表明山西的农业碳排放较低，但相邻的省份农业碳排放较高。最后，高-低区域主要集中于四川和新疆，呈现负的空间自相关性，有离散趋势，表明这两个省（自治区、直辖市）农业碳排放量较低，但相邻省（自治区、直辖市）农业碳排放量较高。其余省份与其邻接省（自治区、直辖市）空间自相关性不显著，没有表现出明显的地理空间特征。

（2）农业碳排放碳源空间相关性分析

为进一步探究农业碳排放空间相关性的内在因素，依据前文数据，利用莫兰指数对农业碳排放的碳源进行空间自相关分析，即对农用化肥施用量、农药施用量、农用塑料薄膜使用量、农用柴油使用量、农作物翻耕播种面积、农作物灌溉面积六类碳源进行空间自相关分析，得到图 8-8。

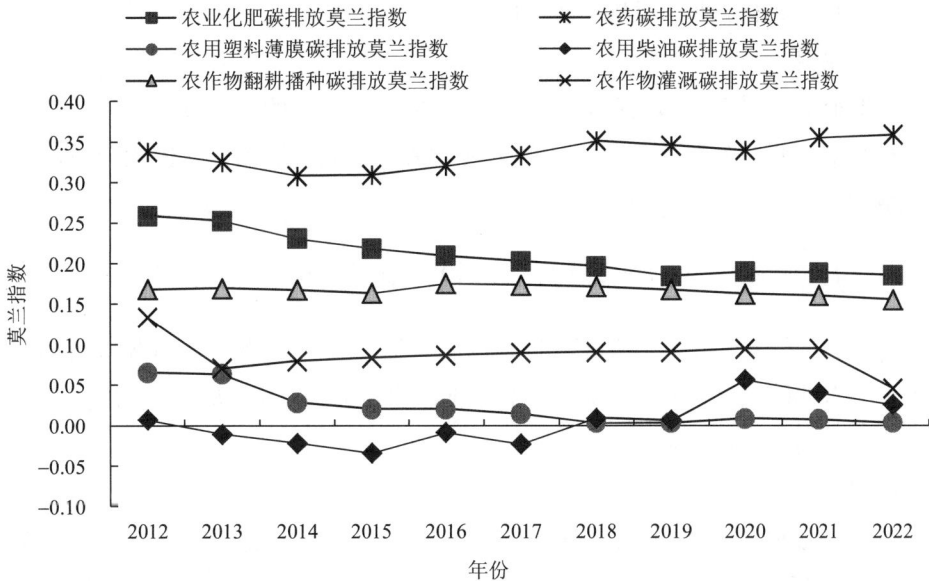

图 8-8　农业碳排放量碳源莫兰指数

从图 8-8 中可以看出，在所有的农业碳排放的碳源中，农药碳排放在现有的年份中都展现出较高的莫兰指数，说明各省（自治区、直辖市）在农药碳排放上具有较高的相似性，这与农业工作者想保证农作物产量，提高农业效率，增加农业收入有关。农用化肥碳排放的莫兰指数在整个观察期间内波动相对平稳，整体呈现出一种逐年下降的趋势，显示出各省（自治区、直辖市）的化肥碳排放的相似度正在小幅度减少。农用塑料薄膜碳排放的莫兰指数在整个时间段内呈现明显的下降趋势，并逐渐趋近于 0，表现出各省（自治区、直辖市）的农用塑料薄膜碳排放的相似度在减少并趋近于随机不相关。农用柴油碳排放的莫兰指数从 2013 年到 2017 年出现负值，说明在这些年份中，各省（自治区、直辖市）在农用柴油碳排放方面存在较大的差异，这与每个省（自治区、直辖市）的经济状况、机械化程度有关。农作物翻耕播种碳排放和农作物灌溉碳排放整体上呈现波动的下降趋势，显示出各省（自治区、直辖市）的两者碳排放的相似度在逐渐减少。其中，农用塑料薄膜碳排放、农作物翻耕播种碳排放和农作物灌溉碳排放的莫兰指数的值都趋近于 0，说明这三者的碳源的碳排放在各省（自治区、直辖市）之间具有一定的随机性，没有明显的地理集聚现象。

（3）影响区域农业低碳发展的实证研究

①模型设定

我国低碳农业具有区域差异，为了探究造成区域差异的内生变量，本节将运用多元回归模型对变量进行回归分析。依据前文对我国农业发展的影响因素分析，设定的基准模型如下：

$$Y = \beta_0 + \beta_1 X_1 + \beta_2 X_2 + \beta_3 X_3 + \beta_4 X_4 + \xi \tag{8-2}$$

式中，Y 表示农业碳排放量非随机因变量；X_1、X_2、X_3、X_4 分别表示环境经济政策、城镇化水平、农业碳强度、人均农业生产总值非随机自变量；β_0、β_1、β_2、β_3、β_4 表示回归系数；ξ 表示随机误差项。

②数据获取

本节研究数据来源于 2012—2021 年全国 31 个省（自治区、直辖市）的统计年鉴，选取并计算了财政节能环保支出、农业碳强度、人均农业生产总值、城镇化水平四个数据作为自变量。其中，通过农业绿色低碳发展的影响因素分析已知，环境经济政策可能对农业绿色低碳发展的区域差异有影响作用。但由于环境经济政策所涉及的范围较广，所依托的手段较为复杂，本节选取财政节能环保支出，一方面，财政节能环保支出与环境经济政策息息相关，可以反映政策的实施力度和进程；另一方面，节能环保支出数据记录时间较久，记录方式较为完善，便于获取有效数据。

为确保研究数据的可靠性，避免因数据问题而造成的回归结果系数出现异值，对所有研究数据进行 Z-score 标准化处理，使各指标值都处于同一个数量级别上，以便可以进行综合测评分析以及增加数据结果的普遍性和可靠性。

③回归分析

基准回归结果见表 8-2。

表 8-2　基准回归结果

Variables	β
ECO （节能环保支出）	0.289 9[***] 5.05
Carbon Intensity （农业碳强度）	0.283 7[***] 4.04
PCAP （人均农业生产总值）	0.192 5[***] 3.34
Urbanization （城镇化率）	−0.275 4[***] −4.40

注：[***]、[**]和[*]分别表示 1%、5%和 10%的显著性水平。

回归结果表明，节能环保支出对农业碳排放具有显著影响，两者呈正相关影响。节能环保支出与环境经济政策息息相关，节能环保支出一方面可以提供资金支持绿色低碳发展，促进农业及相关企业绿色创新和绿色低碳；另一方面，节能环保支出也可以给农业工作者提供支持，缓解农业工作者的快速流失问题。但对于现阶段的绿色低碳发展来说，仍存在产业绿色优化不完善、企业绿色创新不完全、农业绿色低碳效率低等问题。原因有三：一是节能环保支出加大，农业过多投入农业机械化发展，机械用量递增进而增加碳排放；二是节能环保支出增加，从而增加了化肥施用量或耕地面积，前者增加了碳排放，后者减少了碳汇；三是节能环保支出尚未支撑起我国农业绿色低碳发展的人才需求，农业工作者缺少专业性的指导，可能存在农作物分布不合理、化肥施用不合理等问题。

其次，农业碳强度对农业碳排放也具有显著影响，两者呈正相关。原因是随着总产值的增加，农业工作者可能会扩大高收益农作物的耕种面积，增加化肥施用量，当耕种达到一定面积时，农业机械使用率也会上升，进而碳排放增加。

然后，人均农业生产总值同样对农业碳排放具有显著正向影响。人均农业生产总值增加即代表农业工作者的收入增加，就现阶段在农业绿色低碳发展尚不成熟的情况下，大部分农业工作者会为了保持和扩大收益而选择增加化肥施用量，扩大高收益农作物种植面积和使用农业机械以提高效率，亦或部分农业工作者选择农渔、农牧等结合农业，增加碳排放。

最后，城镇化率对农业碳排放具有显著负向影响。城镇化率的提升一方面使农村劳动力流失，大量耕地抛荒，土地碳汇增加，农业耕作排碳减少；另一方面，城镇化率的提升代表城镇化建设需求的扩大，这不可避免地会出现侵占耕地的现象，耕地减少，农作物播种面积随之减少，农业碳排放随之减少。并且随着时间的延长，大量抛荒耕地规模化、集约化发展，耕作方式机械化发展，农业人才增多，农业方式绿色化发展，农业碳排放减少。

8.4 我国区域农业绿色低碳发展的对策建议

8.4.1 国内外农业绿色发展路径

（1）绿色清洁能源的农业发展模式

丹麦作为全球风能技术领先的国家，其风能产业在低碳农业领域发挥了重要作用，农民在农场中安装风力发电机，利用风力发电为农业提供清洁电力。法国在农业领域大量使用光伏发电，在葡萄园等农地上采用半透明太阳能电池板，不仅不影响农作物生长，还实现了高效发电。在美国，畜牧业通过甲醛废气发电的方式利用饲料以及捕获粪便储存过程中产生的甲烷，以减少温室气体的排放。此外，美国还建设并增加了对可再生能源基础设施的投资，如农用太阳能电池板和风力涡轮机。

（2）碳税补贴双行的农业发展模式

丹麦对农业经营主体征收农药税，设定了差别税率及专款专用，将农药税专用于创新无公害、低公害农药，补贴有机农业，监测农业状况等。为了调动农民的积极性，法国设立了生态农业未来发展基金，对促进绿色生态农业实施的生态农业进行专项补贴、额外补贴和收入损失补偿。美国设立了碳税和碳市场，为绿色低碳农业提供保障，对于超过碳含量设定基准线的农产品，就需要缴纳相应的碳税，在农业碳市场建立了完善的交易体制和平台，由农场局与碳市场相互管理碳交易，并分配收益给农民，农民也可以通过出售碳信用额等方式获得经济效益。同时，美国设立了一系列保护耕地的制度，如休耕、轮耕、免耕等，政府对于轮作休耕的农民会给予一定的财政补贴，保障农民在非农业生产时期的基本利益。

（3）数字科技的绿色农业发展模式

美国机械化、规模化、自动化程度高，利用遥感、地理信息系统和大数据分析，了解农田生长情况、病虫害发生等信息，进行精准施肥、灌溉和用药，减少资源浪费。无人驾驶的拖拉机、收割机和喷药机等设备也大幅提高了农田作业的效率和质量。在我国黑龙江，当地持续发展智能化、自动化生产管理等新模式，如某公司利用"空-天-地"数字技术对公司全区域内进行北斗导航终端全覆盖，智能培育种子、精准作业、无人机植保等先进技术，推动当地农业智能化生产。

（4）生态循环的绿色农业发展模式

日本爱东町地区致力于油菜种植，其生产过程中产生的油菜籽残渣，经过堆肥化处理或转化为饲料，成为优质的农业资源。在我国，德青源地区采用了全球领先的农业废弃物沼气发电技术，成功将每年产生的 10 万吨鸡粪转化为 1 400 万千瓦时的绿色电力和 16 万吨有机肥料。这些转化后的资源不仅为周边农户提供了电力和热力等生物质能源，还实现了每年 8.4 万吨的二氧化碳减排量，有效推动了可持续发展。美国在畜禽粪便方面，以循环利用为中心，通过堆肥、厌氧发酵等技术手段，把农业废弃物转化为有机肥料和生物能源，增强其循环利用及可持续发展能力。

（5）政策相辅的绿色农业发展

丹麦政府强制农民注册肥料账户，便于政府了解农民粪肥使用情况，并对肥料生产、销售、使用全过程进行监管，通过精细化肥料用量和采用高效肥料来减少肥料领域的碳排放。法国在绿色生态方面有明确的生态农业规划，颁布了《生态农业发展规划》，加快从以前的"三高"农业到绿色生态农业的转变。我国黑龙江耕地主要集中在三江平原和松嫩平原，有利于耕地规模化、机械化生产，当地政府积极引进国外先进农机设备，并大力实行免耕技术、保护性耕作以保护黑土质量，增加土壤碳汇，大幅提高了农业生产效率。

8.4.2　差异化的农业绿色低碳发展路径

（1）东部地区

东部地区在农业绿色低碳发展道路上比中部、西部两区域领先，其充分利用各方面优势，走出一条东部地区农业绿色低碳发展的道路。一是加强东部地区绿色低碳技术的研究和应用，掌控农业绿色低碳发展的重点技术，将大数据技术应用在绿色低碳农业生产领域，推动农业绿色低碳发展生产向数字化和智能化转型升级。二是大力打造农业产业区域集群，产业园区配套齐全，形成生态循环园区，提高品牌效应，增加绿色低碳农产品附加值。三是紧扣农业碳排放量大的肥料、水稻、畜禽养殖等重点领域，加强稻田甲烷减排、畜禽低碳减排、农田碳汇提升等农业绿色低碳的技术研发和应用，如采用高产量低排放量品种、控制水量栽培、加大生物化肥使用等。四是通过加强对绿色低碳农业科技的推广应用，进一步提高农民的科技素养和应用能力，推动农业走绿色低碳发展道路。

（2）中部地区

中部地区作为传统的农业地区，其粮食产量大于其他两个地区，需进一步提高农业绿色低碳发展水平，促使农业高质量发展，保障我国粮食安全。一是优化农业绿色低碳发展的社会条件。中部地区大力发展农业科技咨询、提供农业信息服务等公共服务体系，提高农业绿色低碳发展相关的法治建设。二是合理规划产业布局，扩大龙头企业的核心影响力。中部地区应因地制宜，有针对性地根据中部各地区农业基础、环境承载力、区位条件和国家政策等方面对农业产业布局进行调整和优化，壮大绿色低碳的园区产业汇聚，采取优惠政策、奖励补贴、减税降费等手段，引进资金、先进技术、人才等生产要素，打造园区绿色循环经济，为龙头企业建设配套设施，发挥龙头企业处于产业核心地位的优势。三是发展环境友好型农业。推广种养殖业复合系统，如桑基鱼塘、菜基鱼塘、稻鸭共生模式等，降低化肥使用强度，推进绿色防控和农药减量技术，积极建立沼气池，充分利用光伏、水能发电等可再生清洁能源。

（3）西部地区

西部地区地广人稀，是我国生态环境脆弱区，不合理的农业活动必然会恶化当地的生态环境，而发展绿色低碳农业能够兼顾生态效益和经济效益，促进西部地区经济发展和保护当地生态环境。一是分区域进行生态重构工作，差异化发展。对于黄土高原区域以恢复植被为主；对于西北干旱区域以节约用水为主；青藏高原寒冷区域以合理利用草场资源和保护原始森林为主；西南喀斯特山地区以减少耕地、增加森林树木为主。二是提高防范灾害能力，完善农业基础设施。各地政府加大对预防灾害设施的建设，如建立森林防火带、加强病虫害监测、设立灌溉排水系统等。三是政府推动自然灾害知识的普及教育，以提高农户对自然灾害的认知程度并增强其应变能力。四是发展西部地区独有的农业农产品，如新疆棉花、广西果业、云南花卉等，农产品采摘、加工、销售同时可以带动绿色产业园区建设、生态旅游的发展，促进当地的绿色生态经济发展。

8.4.3　我国区域农业绿色低碳发展的对策建议

一是因地制宜制定发展规划，政策与市场有效结合。各区域政府间根据自身状况制定相应的发展规划，利用区域优势条件发展特色农业，将发展绿色低碳农业规划精准落实到位。政府强化对绿色低碳农业的支持力度，如在优惠政策、税收补贴、普惠金融等方面采取一定措施，还可通过生态补偿、污染付费、排放交易等措施对农业绿色低碳发展给予有力的激励或约束，吸引更多农户及企业积极加入农业绿色低碳发展的道路。我国应扩大农业低碳市场参与度，完善农业领域温室气体减排交易体系机制，政府建立碳交易主管和服务部门，对农业碳交易进行指导和监督，将农业生产和碳交易市场紧密连接，鼓励农业经营主体参与植树造林、生物质施肥、减排固碳等方面的行动。

二是深化绿色低碳农业结构调整，积极培育和发展绿色低碳产业。一方面协调农业内部结构，各区域在保障粮食供应和价格稳定的基础上，扩大林业、果业等经济作物的种植范围，减少高排放种植作物的种植面积，从而实现地区减排增汇，促进当地经济发展。另一方面加大农业农村第二、第三产业占比，生产绿色有机农产品、地区特色农产品，满足城市多元消费需求，关注产品生命周期的每一个环节，致力于构建全产业链条的绿色低碳体系。通过开发地域特色农业文化、发挥农业生态价值，发展如采摘、旅游、农家乐等休闲农业，使经济效益、社会效益、生态效益有机统一。

三是了解农业绿色低碳生产技术需求，加大技术的开发投入和推广应用。各区域明晰其农业绿色低碳发展的科技需求，加大国家对绿色低碳农业发展的技术投入，补足科技欠缺和短板，发展智慧农业、数字农业。采用绿色低碳发展模式，发展秸秆还田、沼气发电等绿色低碳技术，发展循环、立体农业，促进种养殖业一体化发展。各区域组建绿色低碳农业农村专家指导委员会，通过专家授课指导、实地观看学习、网络视频教学等方式加强技术指导、技术培训和技术服务，推动新技术、新方法的应用。

四是深入推广农业绿色低碳的生产方式，培养公众形成低碳环保的生活态度。鉴于农业经营主体的绿色低碳意识普遍较为薄弱，提高他们对这一领域的了解与认识，生成全体民众共同推动农业绿色低碳发展的良好氛围是一种必要措施。政府可以利用新媒体开展农业绿色低碳发展传播的工作，各区域开设农业绿色低碳发展各类新媒体账号进行科普教育，鼓励农户或企业将绿色低碳农业成熟的做法和典型模式分享至网络平台，汇聚各方力量，努力搭建好农业绿色低碳发展平台。设立优秀绿色低碳农业农村建设示范区，选取一些有代表性的区域和实施主体，打造农业绿色低碳发展模式样板。

第 9 章

——

我国区域绿色低碳示范区的

发展与实践研究

建设绿色低碳发展示范区是践行绿色发展理念、推动绿色低碳发展的必然选择。本章总结我国区域绿色低碳示范区建设实践现状，剖析存在的问题，分析相关示范区建设经验，并提出相应对策建议。

9.1　我国区域绿色低碳相关示范区建设经验

我国在区域绿色低碳相关示范区建设方面积累了较为丰富的经验，本节从国家生态文明示范区、国家低碳城市试点、国家绿色发展示范、国家生态工业园和国家可持续发展议程创新示范区等五个方面阐述相关示范区建设的历程和内容，以期为我国区域绿色低碳示范区建设提供经验借鉴。

9.1.1　国家生态文明示范区

2017—2023 年，国家生态环境部门陆续公布了七批共计 572 个国家生态文明建设示范区域。从整体趋势来看，各批次入选的示范区域数量呈现稳步增长的态势（图 9-1），从空间布局的角度观察，示范区展现出一种"大集群、小散布"的特征，其数量与密度的分布状况与"胡焕庸线"所揭示的地域差异相吻合。具体而言，浙江、福建、四川、江苏、湖北、山东这 6 个省的示范区数量位居前列（图 9-2）。从地域分布的角度来看，2017—2023 年，尽管东部地区的示范区占比略有下降，但其数量与占比依然保持在全国的 40%以上，占据领先地位；与此同时，西部地区的示范区占比呈现出上升的趋势；相较之下，中部地区的示范区数量和占比则呈现出波动变化，且处于相对较低的水平（表 9-1）。

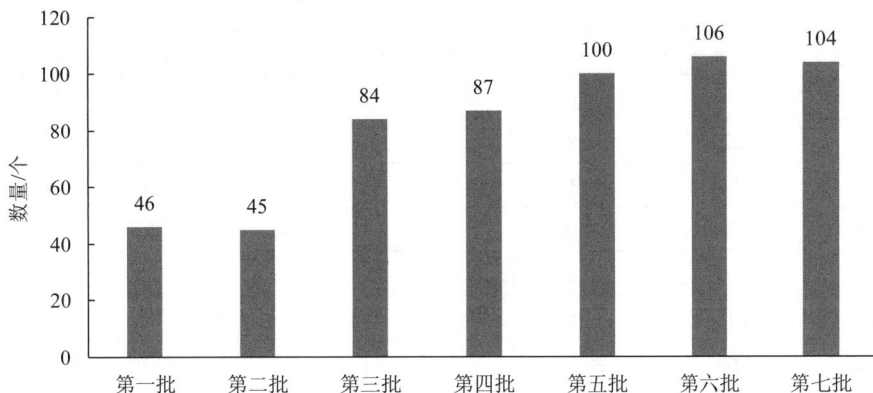

图 9-1　2017—2023 年七批国家生态文明建设示范区数量

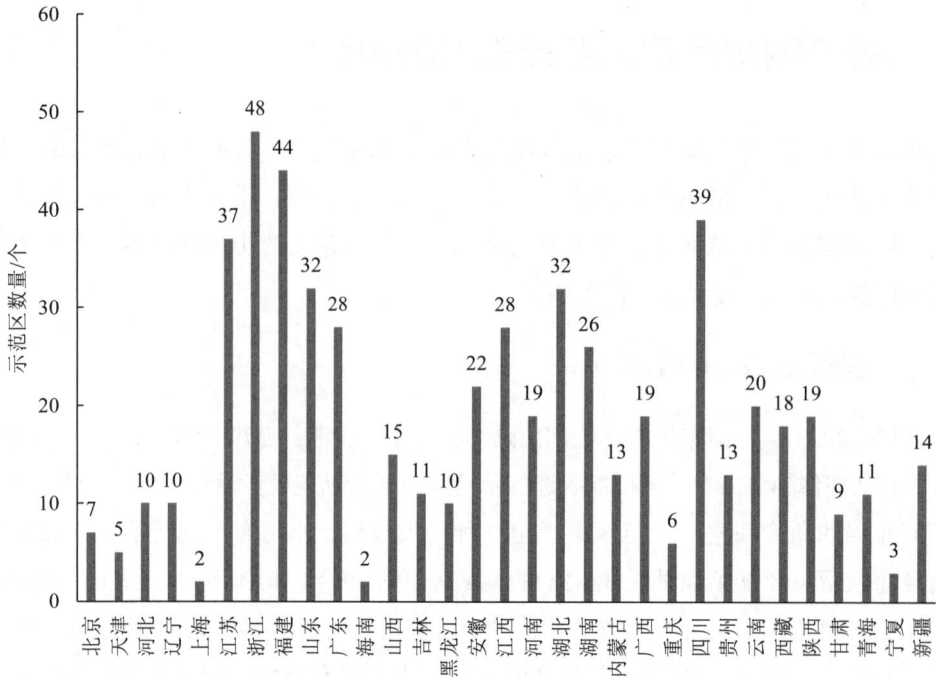

图 9-2　各省（自治区、直辖市）国家生态文明建设示范区空间分布情况

表 9-1　2017—2023 年三大地区示范区占比情况

年份	东部地区		中部地区		西部地区	
	数量/个	占比/%	数量/个	占比/%	数量/个	占比/%
2017	22	47.8	12	26.1	12	26.1
2018	42	46.1	23	25.3	26	28.6
2019	74	42.9	49	28.0	52	29.7
2020	105	40.1	73	27.8	84	32.1
2021	147	40.6	103	28.5	112	30.9
2022	204	43.6	118	25.2	146	31.2
2023	242	42.3	146	25.5	184	32.2

2024 年 2 月 2 日，生态环境部更新了生态文明建设示范区建设指标体系。在最新的指标体系中，国家对各地区目标责任落实情况、环境质量改善情况、生态质量提升情况、生态环境风险防范情况、节能减排降碳增效情况、资源节约集约利用情况、全民共建共享情况以及体制机制保障情况八个方面细化了要求。

9.1.2　国家低碳城市试点

2010 年以来，我国分三批开展了 81 个国家低碳城市试点工作和一次试点工作进展评估会。具体情况如下：

2010 年 7 月，为加快生态文明建设步伐，推进绿色低碳转型，保障温室气体排放控制目标达成，国家发展改革委启动了低碳省区和城市试点项目，发布了《关于开展低碳省区和低碳城市试点工作的通知》（发改气候〔2010〕1587 号），选定了广东、湖北、辽宁、陕西、云南五省及天津、重庆、深圳等八市作为首批试点，致力于发展低碳产业，构建低碳城市及推广低碳生活方式。首批试点地区被要求将气候变化应对策略全面融入"十二五"规划，制定低碳发展规划，明确减排目标、重点任务及具体措施，通过产业结构调整、能源优化、节能增效及碳汇增加等手段降低碳排放强度，探索低碳发展模式。同时，鼓励试点地区在气候变化应对、节能环保、新能源及生态建设等领域发挥协同效应，创新体制机制，实施排放目标责任制，探索政府引导与经济激励政策，利用市场机制促进减排。

2012 年 11 月，国家发展改革委发布了《关于开展第二批低碳省区和低碳城市试点工作的通知》（发改气候〔2012〕3760 号），涵盖了北京市、上海市、海南省及 28 个城市，要求这些地区编制低碳规划、出台支持政策、构建低碳产业体系、建立排放数据统计管理体系，并倡导低碳生活方式。

2017 年 1 月，为扩大试点范围，国家发展改革委确定了第三批 45 个城市（区、县）为低碳城市试点，并要求编制低碳规划、建立排放目标考核制度、探索创新经验、提升管理能力。所有试点均以生态文明建设、绿色发展及应对气候变化为核心，聚焦碳排放峰值管理、总量控制、模式探索及路径实践，着重于制度建设、能源优化、产业体系打造、城乡低碳化、技术研发应用及绿色低碳生活方式的形成。

2023 年 3 月，生态环境部首次对三批次共 81 个试点城市进行了全面评估，评估内容涵盖低碳发展进展、体制机制建设、任务落实成效、基础能力及创新举措五个方面，标志着国家低碳城市试点工作进入了一个新的评估与总结阶段。

从评估结果来看，一方面，低碳试点城市在低碳发展基础能力建设方面开展了扎实工作并取得积极进展，且基本能够在实现预期经济增长目标的同时，实现碳排放总量的有效控制，并较好完成了碳排放强度下降的目标任务；另一方面，多数试点城市的低碳发展创新力度不够，并普遍在低碳发展体制机制建设方面存在提升空间。

9.1.3　国家绿色发展示范区

2014 年 5 月，工业和信息化部甄选镇江等 11 个城市作为工业绿色转型的先行试点；10 月，国务院办公厅正式批准设立中国—新加坡天津生态城，作为国家级绿色发展的示范区。2016 年 9 月，中共中央、国务院印发《长江经济带发展规划纲要》，对三峡地区生态环境保护修复工作作出总体部署，有关部门陆续出台相关专项规划和政策举措，对三峡地区绿色低碳发展进行重点规划；同年，环境保护部与广东省人民政府签署共建"珠江三角洲国家绿色发展示范区"合作协议。王毅钊等（2019）以 2015 年为基准年，对珠三角地区的 9 个城市在建设国家绿色发展示范区方面展开了全面的成效评估，评估结果显示，广州以 0.82 的综合评分位居首位，位列第二的是得分 0.8 的深圳，珠海、中山、惠州、佛山、东莞、肇庆、江门等城市分别排在第三至第九名。根据综合得分情况，我们可以将珠三角地区的 9 个城市分为三个梯队来评价其在国家绿色发展示范区建设上的表现。第一梯队是遥遥领先的广州、深圳；第二梯队是中等水平的珠海、中山、惠州、佛山；第三梯队是得分较低的东莞、肇庆和江门。

2018 年，国家发展改革委正式拉开了长江经济带绿色发展示范区创建的序幕，上海崇明岛、湖北武汉、江西九江等地区首批入选。2019 年以来，推动长江经济带发展领导小组办公室（以下简称领导小组办公室）组织湖北省、重庆市分别编制三峡地区绿色发展实施方案，明确生态环境保护、基础设施建设、公共服务提升等方面的具体举措。领导小组办公室深入组织推进城镇污水垃圾处理、化工污染治理、农业面源污染治理、船舶污染治理和尾矿库污染治理等"4+1"工程，持续安排中央预算内投资支持三峡地区绿色发展领域相关项目建设。湖北省支持以三峡集团、南水北调集团为代表的中央企业与地方政府共建开放共享平台，推动三峡集团与宜昌共同拟定《携手共建长江大保护典范城市实施方案》，推动企地"生态共保、产业共育、园区共建、品牌共创、互利共赢"。重庆市建立了渝东北三峡库区城镇群联席会议制度，由两名市委常委担任召集人，定期研究该区域绿色低碳发展有关工作；制定出台《加快渝东北三峡库区城镇群生态优先绿色发展若干措施》等政策措施，指导有关区县制定实施本区域内的绿色发展实施方案，加强渝东北三峡库区城镇群生态保护、生态城镇建设、生态产业体系建设，推动形成生态优美、特色浓郁、布局科学、集约高效的绿色发展新格局。

2018 年 12 月，党中央与国务院正式批准了《北京城市副中心控制性详细规划（街区层面）（2016—2035 年）》，强调北京城市副中心需秉持绿色低碳发展理念，追求更高质量、效率、公平与可持续性的发展路径，旨在为"城市病"的有效治理树立典范。2021 年 11 月，国务院出台专项意见，全力支持北京城市副中心的高质量发展。2024 年 3 月，国家发展改革委与北京市人民政府联合发布了《北京城市副中心建设国家绿色发展示范区实施方案》（发改环资〔2024〕241 号），清晰界定了北京城市副中心作为国家绿色发展示范区的建设蓝图。该方案倡导将绿色发展理念深度融入副中心的经济社会发展各领域，致力于将北京城市副中心打造成为习近平生态文明思想的重要实践基地、绿色发展制度改革的试验田、绿色技术示范应用的创新高地以及人与自然和谐共生的引领区域。

9.1.4　国家生态工业园区

2009 年，环境保护部办公厅发布《关于在国家生态工业示范园区中加强发展低碳经济的通知》，强调在国家生态工业示范园区的构建与发展进程中，需将低碳经济作为园区建设的核心内容。2016 年，国务院发布《"十三五"控制温室气体排放工作方案》，提出将国家低碳工业园区试点扩充到 80 个。2021 年 9 月，推动长江经济带发展领导小组办公室印发《"十四五"长江经济带发展实施方案》，明确提出"鼓励开展国家生态工业园区建设、园区环境污染第三方治理"。2021 年 10 月，国家发展和改革委员会印发《"十四五"全国清洁生产推行方案》，鼓励有条件的地区将园区、产业集群作为整体开展审核试点，长江流域重点实施造纸、印染、化学原料药、农副食品加工等行业清洁生产改造，减少氨、氮和磷污染物排放。2021 年 12 月，国务院印发《"十四五"节能减排综合工作方案的通知》，引导工业企业向园区集聚，推动工业园区能源系统整体优化和污染综合整治，鼓励工业企业、园区优先利用可再生能源，并将 2025 年建成一批节能环保示范园区作为十大节能减排重点工程之一。

赛迪顾问发布的《2023 园区高质量发展百强研究报告》显示，在 2023 年的园区高质量发展百强榜单中，有 54 个园区的生产总值突破了 1 000 亿元大关，67 个园区内高新技术企业的数量超过了 300 家，进出口额超过 500 亿元的园区达到了 49 个。

2023 年的百强园区中，共有 52 家高新区、48 家经开区。头部 1~30 名中，高新区占 17 家，经开区占 13 家，高新区优势明显；尾部 71~100 名中，经开区占 18 家，高新区占 12 家，经开区占比较大。从地域分布的角度来看，2023 年，东部、中部、西部以及东北地区的入围园区数量分别为 57 家、21 家、15 家和 7 家。与 2022 年相比，东部地区的园区数量减少了 2 家，而中部和西部地区则各自增加了 1 家，但西部地区的园区数量仍然相对较少。就具体省份而言，江苏以 19 家园区高居榜首，紧随其后的是广东、浙江、湖北和山东，它们的入围园区数量分别为 9 家、8 家、8 家和 7 家。

9.1.5 国家可持续发展议程创新示范区

2018 年 2 月，国务院批准太原市、桂林市和深圳市 3 个城市为首批创新示范区。其中，太原以"资源型城市转型升级"为主题，探索针对水污染与大气污染等关键问题的系统解决方案。桂林以"景观资源可持续利用"为主题，寻求喀斯特石漠化地区生态修复和环境保护等问题的突破路径。深圳以"创新引领超大型城市可持续发展"为主题，力图解决资源环境承载力和社会治理支撑力相对不足等问题。

2019 年 5 月，国务院批准郴州市、临沧市、承德市为第二批创新示范区。其中，郴州以"水资源可持续利用与绿色发展"为主题，重点围绕重金属污染防治、水资源高效利用不足等问题探索系统解决方案。临沧以"边疆多民族欠发达地区创新驱动发展"为主题，针对特色资源转化能力不足等关键制约因素探索全面而系统的解决方案。承德以"城市群水源涵养功能区可持续发展"为主题，重点围绕水源涵养功能不稳固、精准稳定脱贫难度大两大"瓶颈"问题探索系统解决方案。

2022 年 7 月，国务院批准鄂尔多斯市、徐州市、湖州市、枣庄市、海南藏族自治州为第三批创新示范区。其中，鄂尔多斯市以"荒漠化防治与绿色发展"为主题，重点针对生态建设产业化程度低、资源型产业链条短等问题探索系统解决方案。徐州以"创新引领资源型地区中心城市高质量发展"为主题，重点针对传统工矿废弃地可持续利用难度大、要素供给结构性矛盾制约新老产业接续等问题探索系统解决方案。湖州市以"绿色创新引领生态资源富集型地区可持续发展"为主题，重点针对生态资源为支撑的绿色转型步伐不够快、支持高水平均衡发展的治理能力有待提升等问题探索系统解决方案。枣庄市以"创新引领乡村可持续发展"为主题，重点针对农业资源价值实现不充分、乡村发展要素集聚能力不足等问题探索系统解决方案。海南藏族自治州以"江河源区生态保护与高质量发展"为主题，针对生态基础脆弱与生态保护战略需求之间的突出矛盾，以及产业基础薄弱与民众生活质量持续提升需求之间的突出矛盾，着力探索并实施综合性的解决方案。

为量化评估示范区建设工作，《国家可持续发展议程创新示范区年度报告 2023》研究制定了示范区活跃度评价指标体系和可持续发展指数评估指标体系，以科学的、客观的方式分析评价示范区建设进展。

从评估结果来看，在活跃度方面，2022 年度，承德市、海南藏族自治州和湖州分别位居前三，示范区建设积极性非常高，尤其是承德市在工作推进和媒体宣传等方面开展了大量工作，使其活跃度评价得分一枝独秀；郴州市、临沧市也开展了大量的示范区建设活动，总体上较为活跃。

在落实可持续发展目标进展方面，2017—2022 年，所有示范区指数总体上均呈现增长态势。其中，深圳市、郴州市、徐州市和临沧市的指数得分呈现一定的波动性，其他示范区总体呈稳步提升态势。横向比较看，湖州市和深圳市的指数得分显著高于其他示范区，处于第一层次；太原市、桂林市、徐州市、郴州市、枣庄市、承德市、鄂尔多斯市和临沧市得分处于第二层次；海南藏族自治州指数得分明显低于其他 10 个示范区，处于第三层次。纵向比较看，2017—2022 年各示范区指数得分提升幅度差异较大。其中，徐州市、郴州市、太原市等示范区提升幅度较大；临沧市、鄂尔多斯市和海南藏族自治州提升幅度相对较小。

9.2 我国区域绿色低碳示范区建设现状与成就

目前，国家层面尚未明确提出绿色低碳示范区的概念，但有部分地区明确提出要建设绿色低碳示范区。2022 年 11 月，江苏省委、省政府出台《关于支持盐城建设绿色低碳发展示范区的意见》，提出将盐城市建设成为绿色低碳发展示范区。2023 年 3 月，全国政协委员、湖北省政协主席孙伟作为第一提案人，张柏青等委员共同联名，向全国政协十四届一次会议提交提案《关于将三峡地区确立为国家绿色低碳发展示范区的建议》，提出将三峡地区确定为国家绿色低碳发展示范区；2024 年 1 月，国家发展改革委、商务部、市场监督管理总局发布《关于支持广州南沙放宽市场准入与加强监管体制改革的意见》，提出推进绿色低碳高质量发展，创建广州南沙粤港融合绿色低碳示范区。因此，本节分别总结江苏省盐城市、三峡库区和广州南沙粤港融合绿色低碳示范区的建设经验。

9.2.1 盐城绿色低碳示范区建设

江苏省盐城市拥有得天独厚的自然资源禀赋、良好的发展基础、独特的区位优势和多重国家战略叠加机遇，经济社会发展呈现出良好的势头。盐城将建设绿色低碳发展示范区作为"勇当沿海地区高质量发展排头兵"目标定位的"破题之钥"，大力推进绿色制造、绿色能源、绿色技术、绿色生态方面的"绿色低碳盐城"建设。

（1）以绿色产业为主导，不断凝聚新优势

盐城市积极推动皮鞋、纺织、建材等传统产业的转型升级，同时促进高端装备、新能源及电子信息这三大主导产业及其六条重点产业链上的新兴产业集群蓬勃发展。该市还重点孵化机器人、低空经济等未来产业，并落实对高新技术企业、专精特新企业及上市企业的培育计划，力求打造国家新型工业化产业示范基地。盐城的机械、纺织、化工、建材及食品等传统产业，是其长期以来的经济支柱。为了赋予这些产业新的生命力，盐城正摒弃粗放的发展模式，淘汰低端落后产能，加速产业链的上下游延伸与价值链的高端转化。盐城不断推进企业聚集成链、链条聚集成群、产业集群成势，以获取产业体系综合竞争力的提升。该市深入实施高质量发展三年行动计划，旨在形成一批创新要素集聚、协同合作高效、生态体系健全、位于价值链中高端的千亿元级高新制造业集群，以形成"优势产业链+特色产业集群"的发展格局。

（2）以绿电资源为源泉，不断发展新能力

为了充分发挥盐城绿电资源优势，结合沿海产业园区绿电资源、电网架构、产业结构、交通建筑、碳汇潜力等特点，盐城市选择射阳港经济开发区、大丰港经济开发区、滨海港工业园区等开展零碳产业园区建设试点，实施园区配电网、变电站扩容改造和智能化升级，增强电网内绿电就近就低就简平衡消纳能力。其中，射阳港经济开发区正在着力打造以"清洁能源供应、新型电力系统、绿色产业集群、绿电溯源认证"为四大创新支柱的"零碳"产业园区。节能降碳的前提，是获取真实、准确、及时的碳排放数据。射阳港经济开发区"能碳"双控管理平台可对企业能耗、碳排放进行在线监测、分析和预警，实现"碳排查、碳跟踪、碳闭环"全链条共同发展。

（3）以前沿技术为引擎，不断释放新活力

盐城市亭湖区实施全局性资源优化配置策略，凭借环保科技城、机器人产业园区等特色项目，全面部署并推动高端创新平台、新型研发机构、技术转移服务平台及创新支撑服务体系的深度整合，旨在强化主导产业的根基，最终形成开放共享、协同创新的生态系统。作为亭湖区经济与科技创新的领跑者，盐城环保科技城已斩获多项国家级荣誉和省级表彰。该区域配备27万平方米的研发试验基地与50万平方米的创新孵化空间，拥有超过500台（套）的尖端研发检测设备，能够提供涵盖水资源、空气质量、土壤治理等多个环保领域的近千项专业检测服务，为新生产力的快速发展注入了强劲动力。盐城市连续数年推进科技创新的"跨越发展年"、"深化推进年"与"品质提升年"系列行动，成功晋级为国家创新型城市与知识产权强市建设示范城市。2023年，该市高新技术产业的产值增速跃居全省榜首，国家级专精特新"小巨人"企业数量实现翻倍增长，高新技术企业总数攀升至2 338家，更有3家企业荣获省级"独角兽企业"称号，这一系列成就标志着盐城市科技创新实力的显著提升与跨越式发展。

（4）以营商环境为支撑，不断涵养新生态

盐城积极响应新时代的发展趋势与要求，出台了包括促进经济运行整体好转的56条措施和支持民营经济发展的20条政策，构建了一个涵盖产业、科技、金融、人才等多维度的全方位、多层次政策框架。通过一体推进政策、市场、法治、人文等多方位环境建设，盐城正努力打造以政策最优、办事最快、成本最低、服务最好为目标的"四最"营商环境。通过举办民营经济发展大会、设立"盐城企业家日"以及实施"企业大走访"等活动，盐城致力于打造一个覆盖企业全生命周期、全要素支持的成长与服务体系。盐城深入实施人才强市战略和黄海明珠人才计划，沿海发展人才峰会已成功举办多届，吸引了83名两院院士、208名国家重大人才工程入选者以及6 000余名名校优生，并与200多所高校及研究机构建立了紧密的合作关系。这一系列举措极大地提升了"潮奔黄海、才到盐城"这一人才品牌的知名度和影响力。

9.2.2　三峡库区绿色低碳示范区建设

三峡地区位于长江流域腹心地带，既是生态环境保护修复的主控节点、长江上游重要生态屏障，也是全国重要的淡水资源战略储备库，协同推进三峡地区生态保护和绿色发展对于实施好长江经济带发展战略具有重要意义。湖北省、重庆市高度重视三峡地区绿色低碳发展工作。湖北省将《关于推进三峡地区绿色低碳发展的意见》列入2023 年湖北省委党内法规和重要政策性文件制订计划，从强化规划统筹、政策支持、要素保障、组织实施等方面制定相关支持政策；与重庆市深化鄂渝三峡地区协作，推动建立协商合作机制，共同研究三峡库区扶持政策、重大生产力布局、重大产业示范等落实落地。三峡库区作为长江流域的重要组成部分，大力推进绿色低碳产业、文化旅游产业、三峡水运新通道方面的"绿色低碳三峡库区"建设。

（1）以前沿优势助力，推进落实绿色低碳产业

2019 年，国家发展和改革委员会印发《绿色产业指导目录（2019 年版）》，将清洁能源产业列为六大绿色产业之一，明确其边界和范围，引导资金、政策等支持清洁能源产业发展。湖北省持续发挥三峡电站发电效益，保障电力系统安全稳定运行。2023 年，三峡电站已成为世界装机容量最大的水电站，总装机容量达 2 250 万千瓦，累计发电量超过 1.6 万亿千瓦时。推动宜昌重点布局抽水蓄能装备产业，建设水电高端制造产业园。推动宜昌、恩施加快页岩气商业开发，实施宜昌东区块、夷陵区、当阳市、远安县页岩气勘探开发项目，构建页岩气装备制造、管网建设、运输储备、油气服务、高端化工等完整产业链。

2019 年，国家发展和改革委员会印发《关于发布资源综合利用基地名单的通知》。宜昌被列为全国唯一以磷石膏单一资源为处置目标的国家工业资源综合利用基地。宜昌磷石膏综合利用率从 2018 年的 20.4%逐年提升至 2022 年的 83.5%，起到了良好的示范引领作用。2020 年，全国磷石膏综合利用现场交流会在宜昌举办，宣传推广其典型做法和先进经验。

2022 年，国家发展和改革委员会同有关部门联合印发通知，同意在京津冀等 8 地启动建设国家算力枢纽节点，规划了 10 个国家数据中心集群，全面启动"东数西算"工程，构建全国算力"一张网"。湖北省推动宜昌与三峡集团合作，编制完成了《全国一体化算力网络国家枢纽节点（湖北）建设方案》，引进一批数据应用领域头部企业、算力中心，建成标准机架 1.3 万个，5G 基站 12 573 个（全口径），每万人拥有 5G 基站数 21.51 个，商用规模位居湖北省前列。

（2）以历史底蕴滋养，培育发展文化旅游产业

为推动长江三峡文化旅游产业发展，国家发展和改革委员会同有关部门和省份研究编制《"十四五"长江经济带发展规划实施方案》，其中设置了"保护传承弘扬长江文化"篇章，提出加强长江文物和文化遗产保护、传承弘扬长江文化和伟大精神、推动长江文化与城乡风貌相融合、建设长江文化产业带等重点任务。"十三五"以来，通过组织实施文化旅游提升工程和文化保护传承利用工程，统筹安排中央预算内资金，为长江三峡流域开展文化旅游、促进流域内各地区经济社会发展提供资金支持。文化和旅游部牵头制定长江国家文化公园建设保护相关实施方案和规划，对保护传承三峡区域重要文物和文化遗产，加强湖北三峡大坝、重庆长江水文水利展示等方面整体谋划，统筹布局。会同有关部门和地方印发《三峡文物保护利用专项规划》《巴蜀文化旅游走廊建设规划》，支持三峡地区建成一批国家 5A 级旅游景区、国家全域旅游示范区，指导湖北、重庆办好中国长江三峡国际旅游节等活动。

（3）以先天地势加持，优化建设三峡水运通道

近十年来，水运已成为三峡库区的主要运输方式，其占比从原来的 30%大幅跃升至 70%，在库区货物运输周转量中占据核心地位。值得一提的是，2021 年三峡船闸的货运量突破 1.462 亿吨大关，充分发挥了长江黄金水道的潜力，释放出了巨大的经济效

益，为区域发展注入了新的活力。此外，三峡库区船舶的拖带能力也实现了显著提升，单位千瓦拖带量从三峡工程建成前的 1.5 吨提高到了当前的 4～7 吨，同时，每千吨公里的平均油耗也从蓄水前的 7.6 千克大幅下降至 2.0 千克。通航条件改善后，航道水深提升，水流条件变好，船舶实载能力提高，水运运量增大，成本降低，适合煤炭、钢铁、工业产品等大宗货物运输。据统计，水运的成本是铁路运输成本的 1/5、公路运输成本的 1/15，长江干线干散货运输价格下降近一半。

目前，国家发展和改革委员会会同水利、交通等部门和有关省（自治区、直辖市），围绕解决三峡通航瓶颈问题，在加快推进运输制约疏解工作的同时，深入开展三峡水运新通道建设前期研究工作和深化项目专题论证工作，已经形成初步成果。同时，湖北省采取措施支持宜昌加快打造以"两路、两港、两铁、一管"为核心的南北两岸、坝上坝下、一体协作的铁水公空管多式联运体系。其中，"两路"（江南、江北翻坝高速）、"两港"（坝上茅坪港、坝下白羊港）、"两铁"（茅坪港、白羊港疏港铁路）均已建成运营。

9.2.3 广州南沙粤港融合绿色低碳示范区建设

广东省广州市南沙区作为广州高水平对外开放门户，是"一带一路"重要战略节点、海上丝绸之路重要沟通纽带，也是粤港澳大湾区的地理几何中心，作为国家级新区、自贸试验区、粤港澳全面合作示范区和国家生态工业园区，南沙区委、区政府对生态文明建设给予了高度重视，致力于推动绿色低碳示范区的建设进程，不断深化南沙绿色发展试验区的各项工作。同时，该区还积极支持明珠湾起步区打造成为绿色生态城区，以助力粤港澳大湾区在气候变化应对和"美丽海湾"建设方面发挥先行示范作用。近年来，南沙区在制度体系、环境质量、空间格局、经济发展、生活品质、文化宣传方面建设成效显著，力将走出一条生态环保与高质量发展共进的发展路径，将南沙区建成绿色低碳的美丽中国"南沙样本"。

（1）深入改革攻坚，制度体系不断健全

建立健全生态环境保护协同治理长效机制体系，打造基层生态环境工作责任体系，制定相关意见。稳步推进"三线一单"编制工作，划分了南沙区分类环境管控单元，编制生态环境准入清单，初步构建以"三线一单"为核心的生态环境分区管控体系。高效推进环境信用评价管理，解决生态环保督察案件和信访投诉，"十三五"期间共受理 1.1 万多宗信访件，按时办结率达 100%。创新南沙气候投融资服务，"探索成立'气候支行'与政府深入共融共赢"案例入选 2020 年度广东绿色金融创新优秀案例名单，多维度、多角度展示南沙绿色金融改革创新成果。

（2）深入污染治理，环境质量显著提升

集中式生活饮用水水源地水质达标率 100%，官坦、虎门大桥、蕉门、洪奇沥国考断面均稳定达到国家考核要求；河湖长制连续三年考核优秀；地表水考核断面优良比例持续保持 100%，黑臭水体消除比例 100%。2021 年环境空气优良天数比例为 85.2%，$PM_{2.5}$、PM_{10} 浓度等各项指标考核位居广州市前列，环境空气质量基本保持稳定。积极开展区级土壤污染防治行动，开展重点行业企业用地土壤污染状况详查，强化土壤环境重点监管企业和受污染地块管控，全区污染地块安全利用率达 100%。

积极推进重金属污染防治工作，依法推进涉重金属企业清洁生产审核和清洁化改造工作；深入排查各类固体废物，强化危险废物的监督管理，工业危险废物处置利用率和医疗废物集中处置率均达到 100%；严格监督检查放射源和射线装置是否依法备案、依法使用和规范化管理，废旧放射源的收贮率达 100%。

（3）强化空间管控，空间格局持续优化

南沙区依据新理念、新思想和新战略，精心制定了区级国土空间规划，并围绕"一城四区"的空间布局，细心描绘了国土空间开发与保护的"一张蓝图"。该规划科学且有序地安排了生态、农业、城镇及海洋空间的布局，并已完成了两轮"三区三线"的试划工作，旨在提升国土空间利用的效率和效益，推动全区生态、生产和生活空间的和谐融合。在生态保护方面，南沙区已划定了总面积为 20.21 平方公里的陆域生态保护红线，占全区国土陆域面积的 2.91%。此外，该区还积极推进自然保护地的规划与保护工作，新建了大山乸森林公园、南大山森林公园以及大虎山地质自然公园，以进一步加强自然生态资源的保护与管理。高品质推进重点片区规划编制，完成万顷沙南部地区规划研究工作，综合城区生态空间功能优化提升，城区品质不断提升。

（4）推动产业转型，经济发展高质高效

产业转型升级已成为南沙区推动经济高质量发展、构建现代产业体系、夯实区域发展"引力"的重要抓手。回看"十三五"，全区产业结构持续优化，三次产业比重调整为 3.45∶41.11∶55.44，先进制造业增加值在规模以上工业增加值中的占比高达73.6%，高新技术产品产值则占据了 57.5%的比重。与此同时，现代服务业增加值在第三产业增加值中的比例也达到了 73.4%。南沙区已成为粤港澳大湾区飞机与船舶租赁业务的最大集聚地，其融资租赁行业的发展更是在全省范围内处于领先地位。南沙经济技术开发区入选为广东省首批汽车特色产业园，形成了以广汽丰田为龙头的千亿元级汽车产业集群。位于"水上经济走廊"的广州港港口吞吐量居世界第一。加强节能消费总量、强度"双控"管理，开展污染物总量减排，主要污染物排放量持续下降，完成广州市下达的减排考核任务。

（5）狠抓城区环境，生活品质绿色优质

全面推进生活垃圾分类，深耕"社区+农村"，有序开展垃圾分类深耕"社区+农村"系列宣传活动。2021 年，南沙区不断提升生活垃圾减量化、资源化、无害化水平，均达到市考核目标要求。农村生活污水治理探索"EPC-O"治理模式，荣获联合国"全球人居环境改善"单项银奖，入选住房和城乡建设部推荐的全国 20 个农村生活污水治理示范区之一。

开展畜禽粪污治理，2021 年畜禽养殖资源化利用达 96%，农作物秸秆综合利用率达93%以上，农膜废弃物回收率达98%以上，化肥、农药均实现减量增效。

扩大生态空间和生态容量，2021 年新建口袋公园 6 个，新建绿道 20.7 公里，建成区绿化覆盖率 38.7%，人均公园绿地面积 25.9 平方米；创新滨海河口地区海绵城市建设思路，以明珠湾起步区模式，打造新型城镇化"大小海绵"互存的海绵城市建设典范，2021 年建成海绵城市达标区 35 平方公里。

（6）厚植生态根脉，文化宣传不断深入

南沙区积极探索现代生态文化创新和历史文化保护之间的平衡模式，创新生态文化宣教形式，深入挖掘文化内涵，结合辖区文化资源、生态资源创新打造岭南书画艺术节等精品活动。非物质文化遗产丰富，合沙村香云纱文化创意园获得"广州市级农业公园"称号。南沙区图书馆新馆、青少年宫、网球运动中心建成使用，恒大文化旅游城开工建设。将新农村建设与湿地公园、红树林、候鸟栖息地，以及南沙当地咸水歌等传统文化相结合，打造"渔歌唱晚"生态旅游休闲示范带，推广南沙湿地生态文化与传统文化。通过开展低碳日、世界环境日、节能宣传周、爱粮节粮宣传周、垃圾分类启动仪式等活动，引导全社会学习了解节能环保、绿色低碳知识，提升生态文明意识，激发全民参与生态环境保护的热情。截至 2022 年年底，城镇绿色建筑占新建建筑比例达 100%，且星级标准均比市住房和城乡建设部的要求高出 10 个百分点。

9.3　我国区域绿色低碳示范区建设存在的问题

9.3.1　区域差异化的短板需补齐

经济社会发展需要追求经济增长，提高国民收入、就业率、财政收入等指标。然而，经济增长往往伴随环境成本的增加，即为了获取更多的经济利益，必须付出更多的环境代价。当前，我国绿色低碳示范区多依托自然环境保障，在绿色产业规模、技术创新等方面存在短板，缺乏具有自主知识产权的核心技术。

例如，三峡库区各县市经济社会发展长期滞后，成为长江"黄金水道"的堵点、长江上游成渝地区双城经济圈与中游城市群发展的断点、国内国际双循环的薄弱环节。三峡库区处于重庆、武汉两大都市圈 750 公里长江辐射范围的空白地带，存在发展空间小、人口密度大、产业空心化的问题，生态环境承载力与经济发展矛盾突出，脱贫攻坚成果有待进一步巩固。

同样，广州市南沙区作为粤港澳大湾区的核心区域之一，绿色产业规模相对较小，在绿色技术创新方面存在不足，缺乏具有自主知识产权的核心技术，没有形成足够的产业影响力，难以与当地生态环境保护相协调。绿色产业发展的滞后，也使南沙区在实现可持续发展、构建生态文明体系的过程中遭遇"瓶颈"。

9.3.2　绿色低碳支撑体制需健全

在推进生态文明建设的过程中，低碳支撑体制的建设显得尤为重要。然而，当前部分区域绿色支撑体系仍需健全，主要体现在以下几个方面：

一是绿色金融服务体系不完善。绿色金融作为推动低碳经济发展的重要力量，其服务体系在许多区域尚不完善。例如，南沙区的绿色金融体系仍处于起步阶段，缺乏多样化的绿色金融产品和服务，难以满足市场对绿色低碳项目的资金需求，这在一定程度上制约了低碳经济的发展。

二是高标准落实生态文明建设决策部署存在不足。部分地区新发展理念贯彻不够坚决，整体用能仍处于上升趋势，部分园区未及时开展规划环评，生态环境保护责任落实不到位，生态空间管控区域信息共享机制尚未建立等。这些问题构成了低碳支撑体制的短板，需要通过综合措施加以解决。

三是绿色低碳理念未普及完全。在全社会范围内，绿色低碳理念的普及程度仍有待提高。部分企业和居民对绿色消费理念的认识不够深入，绿色生活方式和消费习惯尚未形成。这不仅影响了绿色产品的市场需求，也给生态环境保护带来了额外的压力。随着城市化进程的加快和人口的增加，这一问题越发凸显。

9.3.3　生态保护和治理需加强

生态保护和治理是维护生态系统平衡、保障人类生存环境的重要举措，我们需要生态环境的持续改善和生态系统的稳定健康。然而，现实中生态保护和治理往往面临着严峻挑战，即在推动经济增长的同时，部分区域对生态保护的重要性认识不足，导致生态治理效果不佳。当前，我国在生态保护和治理领域，尤其是在一些重点区域，存在的问题尤为突出。

部分地区大气污染防治存在薄弱环节，对清洁原料替代企业清单审核不严、验收把关不到位。固体废物处置能力亟待提升，生活垃圾焚烧处置能力存在较大缺口，建筑垃圾处置监管不力。工业集中区疏于管理，空间布局分散，违法违规问题多发。环境安全隐患仍然存在，部分地区落实突发环境事件应急预案管理要求不到位，土壤污染历史遗留问题整改缓慢。

9.4　我国区域绿色低碳示范区建设对策建议

基于前文提出的差异化短板、绿色低碳支撑体系和生态保护与治理等方面存在的问题，本节结合江苏盐城、三峡库区、广州南沙等区域案例的特点，提出相应的对策建议。

9.4.1　抓好发展方向，进行政策扶持

建设绿色低碳发展示范区，以三峡坝区为示范区建设的核心地区，以三峡库区为示范区建设的重点地区，以三峡影响区为示范区建设的关联地区，努力建设国家新安全格局的重要保障区、长江经济带高质量发展的绿色引擎区、"四化同步"推进共同富裕的改革试验区、强国建设美丽中国的集中展示区，着力打造"山清水美、产业兴旺、百姓富裕、区域协调"的世界级绿色低碳发展示范区。需要国家部委将建设三峡库区绿色低碳发展示范区上升为国家战略，出台推动三峡库区绿色低碳发展的指导意见，根据当前鄂渝两地安全与发展任务权重变化情况，延续三峡库区系列扶持政策，支持三峡库区布局一批重大生产力和重大项目。

9.4.2　完善法治营商，构建绿色金融

（1）优化法治环境，提升法治服务水平

助力绿色低碳发展示范区，需要各地区持续推进绿色制造、绿色能源、绿色生态、绿色宜居之城建设，确保各项具体举措落地生根，形成具有地方特色的绿色发展模式。强化法治保障，构建完善的营商法治保障指标体系，为打造一流法治化营商环境提供有力支撑。

在生态环境执法方面，严格落实执法监管，严厉打击破坏生态环境的违法行为。同时，加大生态修复和治理工程投入，提升生态环境质量，为绿色发展创造良好条件。还需要注重构建营商法治保障指标体系。要构建"企业投资环境感受度+法治保障供给力"式营商法治保障指标体系，为打造一流法治化营商环境提供重要抓手，更好护航绿色低碳发展示范区建设。

（2）构建绿色金融体系，推动绿色经济发展

为绿色产业发展提供有力金融支持，各地区需完善构建绿色金融标准体系，推进环境信息披露，制定绿色金融激励约束政策。加强绿色金融产品和服务创新。同时，各地方政府持续加大绿色低碳生活方式宣传教育力度，倡导居民养成绿色生活习惯，提高民众绿色生活的自觉性、积极性。

9.4.3　开展地区摸排，加强示范效应

构建绿色低碳生态经济示范区，积极探索全区域农业碳减排、碳交易示范区，发掘塑造碳市场服务的宏观场景；支持地区布局一批重大生产力和重大项目；推动绿色建筑发展，完善绿色建筑激励政策，提升建筑领域绿色发展水平；成立绿色低碳发展基金。同时，各地方政府需加大绿色技术研发和推广力度，为绿色产业发展提供技术支撑，优化科技资源配置，鼓励企业自主创新，推动产学研深度融合，形成一批具有核心竞争力的绿色技术成果。

第 10 章

我国区域生态产品价值实现研究

区域生态产品价值实现的研究，将深化生态环境保护与经济可持续发展的融合，并助力构建科学合理的生态补偿与激励机制。本章将研究促进生态资源的有效转化，提高经济发展的绿色质量，为各地区提供坚实的科学依据与丰富的实践经验，为生态文明建设和可持续发展注入强劲动力。本章基于我国区域生态产品价值实现的政策导向与现实需求，构建区域生态产品价值实现的理论机制与框架，分析区域生态产品价值实现的事实特征与重要因素，并提出相关思考。

10.1　我国区域生态产品价值实现的政策导向与现实需求

10.1.1　我国区域生态产品价值实现的政策导向

生态产品价值实现在推动绿色经济转型、提升社会福祉、促进区域协调发展以及增强国际竞争力方面发挥着至关重要的作用。通过建立有效的机制，将生态价值转化为经济价值，不仅有助于保护和修复生态环境，将环境保护的成本内部化，促进资源的可持续利用（高晓龙等，2020），还有助于促进共同富裕（于法稳等，2024）。近年来，从国家、相关部委到地方层面，我国均展开了积极的探索与实践，出台了一系列政策，旨在通过一系列创新策略和机制设计，以推动我国区域生态产品价值的实现。

在国家层面，自"十三五"规划实施以来，尤其是进入"十四五"时期，国家层面持续出台相关政策文件，强调了生态产品价值实现的重要性，明确了生态产品价值实现的方向与路径。这些政策不仅强调了生态保护与经济社会发展的深度融合，还进行了确立生态产品价值实现的制度框架、核算体系与政府考核评估机制的顶层设计。2017年，中共中央、国务院印发《关于完善主体功能区战略和制度的若干意见》，是我国对于经济发展和生态保护作出的重大部署，主张保护优先，基于承载能力推动差异化协同发展战略，并将生态视为核心生产力等重要导向。2021年9月，中共中央、国务院印发的《关于完整准确全面贯彻新发展理念做好碳达峰碳中和工作的意见》中提到，"提升生态系统碳汇能力"是五个方面重要目标之一。同年，《关于建立健全生态产品价值实现机制的意见》的发布，为生态产品价值实现指明了新的方向。2023年12月，《中共中央　国务院关于全面推进美丽中国建设的意见》提出了健全生态产品价值实现机制等目标任务，强调了全领域转型和全方位提升，以推动经济社会发展绿色化、低碳化；2024年4月，国务院发布的《生态保护补偿条例》规定了生态保护补偿的对象、标准和方式，提供生态补偿资金支持，确保生态产品的可持续供给。

在相关部委层面，各部委出台了一系列配套政策文件将国家层面的政策进行细化和具体化，协同推动生态产品价值实现。涵盖生态补偿制度、生态产品培育和保护、生态产品认证评价与可持续经营开发、生态保护补偿与评估考核等多个方面。2021年，生态环境部发布了《关于加强自由贸易试验区生态环境保护推动高质量发展的指导意见》，强调"鼓励培育发展排污权交易市场，积极探索建立跨区域排污权交易机制。鼓励开展环境综合治理托管服务。探索绿色债券、绿色股权投融资业务"。2022年，生态环境部印发了《黄河生态保护治理攻坚战行动方案》，提出加快推进碳排放权、排污权等市场化交易，逐步完善生态产品价值实现体系。2020年，自然资源部印发了《红树林保护修复专项行动计划（2020—2025年）》，注重红树林生态保护和修复，旨在整体提升红树林生态系统质量和功能。2021年财政部印发了《关于全面推动长江经济带发展财税支持政策的方案》的通知，强调加大对生态修复和补偿财政投入力度，"积极利用世界银行、亚洲开发银行等国际金融组织和外国政府贷款，支持开展绿色发展示范、生态产品价值实现工程等项目。"

在地方层面，各地方政府积极贯彻国家和部委层面的政策指导，结合本地实际情况，制定并实施了一系列政策措施。这些政策侧重于探索生态产品价值实现的路径、创新模式、生态补偿机制和利益分配机制，并促进乡村振兴和区域协调发展。同时，地方政府通过试点先行的方式，积累具有普遍适用性和可推广性的实践经验，指导更广泛的地区实施有效实践。2020年9月，浙江省率先发布了省级《生态系统生产总值（GEP）核算技术规范——陆域生态系统》，为评估陆域GEP确立了统一流程、方法及估价体系。2021年，吉林省发布了《关于建立健全生态产品价值实现机制的实施意见》，强调全面实施"一主六双"高质量发展战略，立足吉林优良的生态环境优势，强调以体制机制改革创新为重点，推进生态产业化和产业生态化，探索生态产品价值实现的新路径。2022年，福建省发展和改革委员会印发了《关于建立健全生态产品价值实现机制的实施方案》，通过建立"林票"制度和"森林生态银行"，探索并建立适合地方特色的生态补偿机制和利益分配机制。2022年，北京市印发了《北京市建立健全生态产品价值实现机制的实施方案》，强调优化生态产品保护补偿机制和生态产品价值实现推进机制，为推进全市经济高质量发展提供支撑，并深化了首都的生态产品价值转化道路。这些举措推动了"绿水青山"向"金山银山"的转化，并为其他地区开展生态产品价值核算提供了经验。

国家层面的政策为整个领域提供了基本的制度框架，从宏观角度进行整体规划，具有明显的前瞻性。部委层面的政策更专注于行业内的事务，根据其职责对生态产品相关的行为进行规范和调整。这些政策通常在行业快速发展和全面推进阶段发布，相较于国家层面的宏观政策，部委层面的政策更注重操作性和实施性。地方层面的政策更注重进行实践探索，通过试点项目和创新政策，建立一套较为完善的探索机制。地方政府的探索和创新为国家层面的政策提供了实践基础和案例支持，也为其他地区提供了可借鉴的经验（李小雨等，2024）。

通过政策导向的梳理，可明确我国生态产品价值实现总体目标和区域目标。总体目标致力于构建科学合理的生态产品价值实现制度框架，建立保护生态环境的利益导向机制，全面建立科学完善的生态产品价值核算体系和实现机制，为实现"双碳"目标、建设美丽中国提供有力支撑。区域目标旨在结合各地实际，认真贯彻上一层部署，依法推进多元化价值实现方式，并成功打造示范试点，提供可借鉴经验。这些目标的设定，不仅体现出我国把生态环境保护放在重要战略地位，也为各地区因地制宜地推动生态产品价值实现提供了明确的方向。

10.1.2　我国区域生态产品价值实现的现实需求

推进区域生态产品的价值实现，不仅关乎生态文明建设与可持续发展，更与人民群众生活质量的提升紧密相关。这一进程基于多方面的现实需求，既为生态产品的价值实现提供了坚实的基础，又带来了新的挑战和机遇。

一是生态环境需求升级。长期以来，经济增长过度依赖资源消耗与环境损害，已引发显著的生态退化与环境危机，使生态环境修复的成本持续攀升。例如，湖南省常德市穿紫河近年来面临严重的生态问题，由于工业废水和生活污水的长期排放，穿紫河部分河段水质长期处于劣Ⅴ类水平，水体发黑发臭，市民的生活品质和城市形象都受到严重影响。与此同时，公众对于清洁、健康的生态环境的渴望越发强烈。面对稀缺的生态环境资源、高昂的修复成本以及不断增长的社会需求，迫切需要将优美生态环境"产品化"。

二是"双碳"目标呼吁经济可持续发展。一些地区经济结构单一，严重依赖于资源型产业，以山西为例，煤炭产业在经济中的贡献占比高达 30%，缺乏多元化产业结构，2023 年，山西煤炭产量增产 5 743 万吨，达到 13.78 亿吨。随着煤炭资源枯竭和市场的需求变化，这些地区面临经济衰退的压力。我国正处于经济转型升级的关键时期，从传统的资源消耗型经济模式向绿色、低碳、循环经济模式转变是大势所趋。实现经济的可持续发展，既需要发展新兴产业，也需要通过生态产品的价值实现，推动绿色经济的发展。

三是适应区域协调发展需求。具有生态优势的地区往往经济发展水平相对落后，通过加快完善生态产品价值实现机制，可以促进这些地区的发展，实现区域协调发展。我国西部地区森林、土地、湖泊、草地、湿地、沙漠等广泛分布，生态资源丰富，但西部地区经济发展水平与东部地区存在较大差距。迫切需要推动区域间供需精准对接、要素有序流动，将生态优势转化为发展优势、竞争优势，将生态财富转化为社会财富、文化财富、经济财富，塑造区域协调发展新格局。

我国促进生态产品价值实现，是应对生态环境问题、实现经济可持续发展和促进区域协调发展的战略选择。未来，通过进一步完善政策措施，推动技术创新，加强市场建设和国际合作，以推动我国的生态产品价值实现取得更加显著的成效，为生态文明建设和可持续发展提供强有力的支撑。

10.2 我国区域生态产品价值实现的理论机制与框架

在我国生态文明建设成为国家发展战略的政策背景下，探索我国区域生态产品价值实现的理论机制与框架，不仅是推动绿色发展、促进人与自然和谐共生的关键路径，也是满足人民日益增长的美好生活需要的必然要求。在此基础上，本节将通过对理论机制的构建与实践框架的设计，以期为我国各区域在生态文明建设的新征程中，提供一套可复制、可推广的生态产品价值实现模式，助力美丽中国建设目标的实现。

10.2.1 我国区域生态产品价值实现的理论机制

（1）建立生态产品价值监测机制

一是明确产权归属。明确自然资源的产权主体，构建自然资源资产所有权委托代理机制，使政府代理行使所有权。同时，鼓励社会资本参与生态保护修复和市场化经营，形成"谁修复，谁受益"的良性循环，为生态产品价值实现提供有效的产权激励。二是制定生态产品信息普查工作方案。为了掌握生态产品的供给情况，必须开展全面、系统的生态产品信息普查和动态监测工作。一方面，通过普查，构建详尽的生态产品目录清单，为政府决策提供准确的数据支持。另一方面，建立健全动态调查监测体系，利用大数据、云计算等现代信息技术手段，深入挖掘生态产品信息之间的潜在关联，实时跟踪各类自然资源的动态变化情况，为生态产品的价值实现提供实时、准确的信息支持。图 10-1 展示了健全生态产品价值实现监测机制的流程。三是建立开放共享的生态产品信息平台。围绕生态产品的特点，建立融合确权登记、调查监测、空间规划、开发利用、生态保护和修复等多模块的信息平台。实时追踪生态产品的数量、质量、功能、权益等信息，并将地方监测成果整合，形成统一的历史数据库。同时，加快建设 GEP 核算应用场景，绘制生态产品价值图。

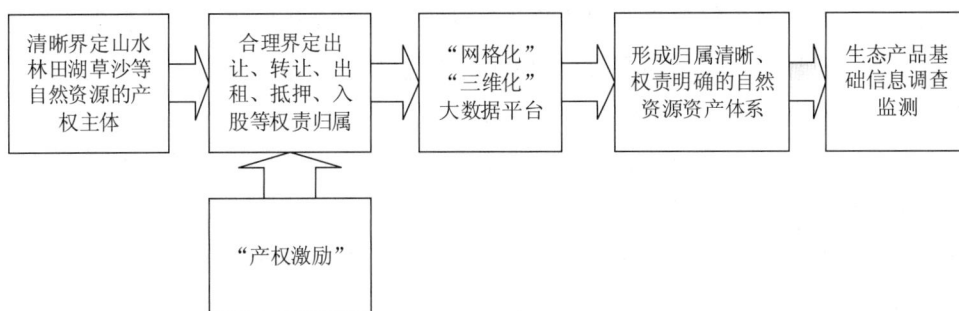

图 10-1　健全生态产品价值监测机制的做法

（2）完善生态产品价值评价机制

一是建立生态产品价格形成机制。①明确生态产品供求主体，摸清生态产品的供需规模，形成定价机制。特别是围绕森林、草地、湖泊等初级生态产品，探索水源涵养、大气净化、气候调节等调节服务基本类产品市场形成价格机制。②探索建立物质供给生态产品的价格指数，围绕地区特色生态产品的生产、流通环节监测统计相关的价格信息。③合理运用生态产品价格信号，积极培育生态产品市场需求。二是制定生态产品价值核算规范。①厘清家产，确定评估范围并划分生态系统类型，明晰核算程序，构建区域特色的核算体系。②探索不同类型的生态产品价值核算，通过实物量的核算清楚直观地摸清生态产品的优良状况。③完善生态产品价值核算规范，细化服务类别、核算科目、功能和价格量指标。三是建立生态产品价值核算发布制度。①应建立核算发布制度，确保数据真实、可靠，并注重其时效性，为决策者提供及时、准确的反馈。②应推进核算结果在政府决策和绩效考核中的应用，纳入绿色发展考核指标，实现 GDP 与 GEP 双重指标考核，促进生态与经济协同发展。③建立定期发布制度，公开环境质量监测与评价结果，强化市场与政府协同作用。

（3）健全生态产品经营开发机制

一是实现生态产品供需对接。既要提高公众对生态产品的消费理念，激发消费者消费意愿，也要创新生态产品的供给方式，如推广"政府+企业"模式、"企业+农户"合作供给模式和 PPP 模式。最后，明确生态产品边界，确保供需主体间相互配合，推动供需有效对接。二是打通生态产品"溢价"增值通道。首先要挖掘并整合文化资源，通过发展特色绿色产业和体验式活动提升项目文化内涵，并结合生态治理实现生态溢价。同时，探索生态品牌运作模式，构建"1+N"全产业链一体化的"母子品牌"体系，通过标准化、金融化和电商化服务提升产品品质和市场影响力，打造具有特色的生态 IP。此外，聚焦生态产品深度开发，通过完善激励机制、吸引社会投资、加强科研合作以及发展循环产业链等方式，实现生态"溢价"。三是拓宽生态产品多样化开发经营模式。首先，强化社企合作，推动跨产业、跨地区经营，发挥合作社与企业的互补优势。其次，政府应扶持企业实践数字化经营，通过数字化技术提升生产效率和市场响应能力。最后，推进复合经营模式，加快生态产品产业融合，如农林复合经营、林下经济等，并建设生态产品复合经营示范基地。

（4）健全生态产品市场交易机制

一是推动生态产品交易平台建立。政府应主导搭建"省—市—区"三级生态产品交易体系，运用区块链、大数据等技术推动线上交易和推介，并整合各方资源，促进供需双方高效对接。二是充分发挥市场对生态产品的配置作用。明确生态产品的供需关系，确保生态资源所有者与受益者权益得到保障。构建政府、企业、社会组织和公众共同参与的生态产品市场交易体系，并考虑生态空间结构失衡问题，实现生态产品价值的有效实现。三是探索生态资源权益交易路径。既要创新生态资源权益交易机制，将生态资源的使用价值转化为市场价值，优化资源配置，也要加快形成生态资源权益交易体系和网络，推动市场成熟发展，探索建立生态资源预算管理机制，以促进资源权益的合规交易。四是培育生态服务产品的经营主体，强化生态产品产业链供应链。充分发掘利用资源禀赋和基础优势，打造特色绿色系列生态产品，培育新型经营主体。推进生态产品的商品化，构建生态产品交易市场，为经营主体提供丰富、多元、完善的配套服务，推进"生态要素交易"向"生态要素交易+供应链"转变（图 10-2）。

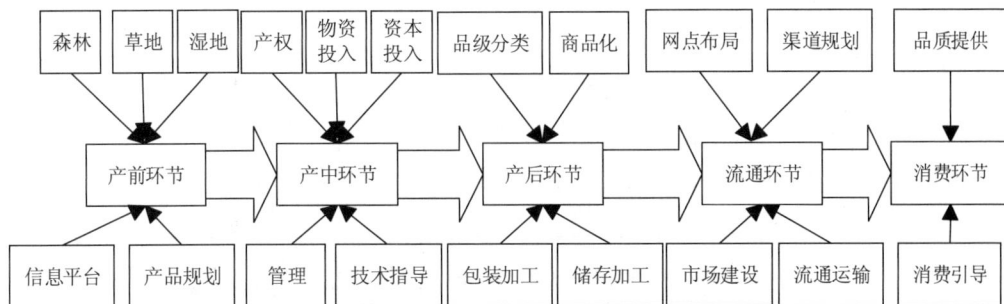

| 森林 | 草地 | 湿地 | 产权 | 物资投入 | 资本投入 | 品级分类 | 商品化 | 网点布局 | 渠道规划 | 品质提供 |

产前环节 → 产中环节 → 产后环节 → 流通环节 → 消费环节

| 信息平台 | 产品规划 | 管理 | 技术指导 | 包装加工 | 储存加工 | 市场建设 | 流通运输 | 消费引导 |

图 10-2　构建生态产品价值实现的全产业链经营开发模式

（5）健全生态产品保护补偿机制

一是完善生态保护补偿制度。纵向上，加大财政奖补力度，实施差异化补偿，同时，拓宽补偿资金来源，加强资金使用的监管与激励约束。横向上，鼓励生态产品供需双方自愿协商补偿，完善流域上下游补偿机制，并探索跨地区生态经济合作模式，推动生态产品价值的实现。二是确立生态产品价值损失评价机制。通过收集数据、分析因果，明确生态产品价值损失事实。通过统计、空间分析和专家咨询等方法，量化损失的实物范围与程度。最后依据生态产品特性，计算恢复费用，实现价值损失的量化核算。三是提高生态补偿效率。制定生态补偿标准，有效减少生态补偿交易成本。同时，灵活使用生态补偿方式，引入市场化补偿模式，实现生态补偿的自给自足（图 10-3）。四是加强生态产品使用约束。建立完善的监管组织体系，针对不同生态产品制定科学的保护措施，确保生物多样性得到妥善维护。同时，利用损失评价机制和补偿机制及时评估损失并追责赔偿，并辅以法律手段，实现生态产品价值的可持续利用与保护。

```
                    ┌─────────────────────┐
                    │  确定生态产品权属划分机制,  │
                    │   推进自然资源确权登记   │
                    └─────────────────────┘
              ┌───────────────┴───────────────┐
    ┌─────────────────┐              ┌─────────────────┐
    │  森林、矿山、耕地等  │              │  水源涵养区、流域等  │
    │  产权明晰的自然资源  │              │ 不易确权的自然资源  │
    └─────────────────┘              └─────────────────┘
   开发潜力小的    开发潜力大的                   │
  ┌──────────┐  ┌──────────┐          ┌──────────────┐
  │以维持环境稳定为目标│ │设立生态银行统一管理│       │ 挖掘生态产品,成立 │
  │ 开展生态保护补偿 │  │   自然资源    │        │  公司统筹管理  │
  └──────────┘  └──────────┘          └──────────────┘
                     │                         │
             ┌──────────────┐        ┌──────────────────┐
             │集中储备、规定整治自然资源,形成│  │将生态产品及排污权、碳排放、│
             │资产包,产业化运营实现收益  │   │水权、林权等生态权益转化和│
             └──────────────┘        │运作,通过市场化产生收益│
                                      └──────────────────┘
```

| 中央及省政府拨付资金 | → | 生态保护补偿基金 | ← | 非政府组织、私人企业等受益者出资 |

生态补偿资金

明确补偿的双方	制定补偿的标准	灵活使用补偿方式
生态环境的受益者	放弃经济发展所体现的机会成本	直接资金补偿
生态环境的使用者	自然资源的商品价值	政府扶持特色产业
生态环境的破坏者	支付者的意愿	人才引进、以工代餐
修复保护提高生态产品价值的参与者	生态保护和环境治理工程的投入成本	重点生态工程

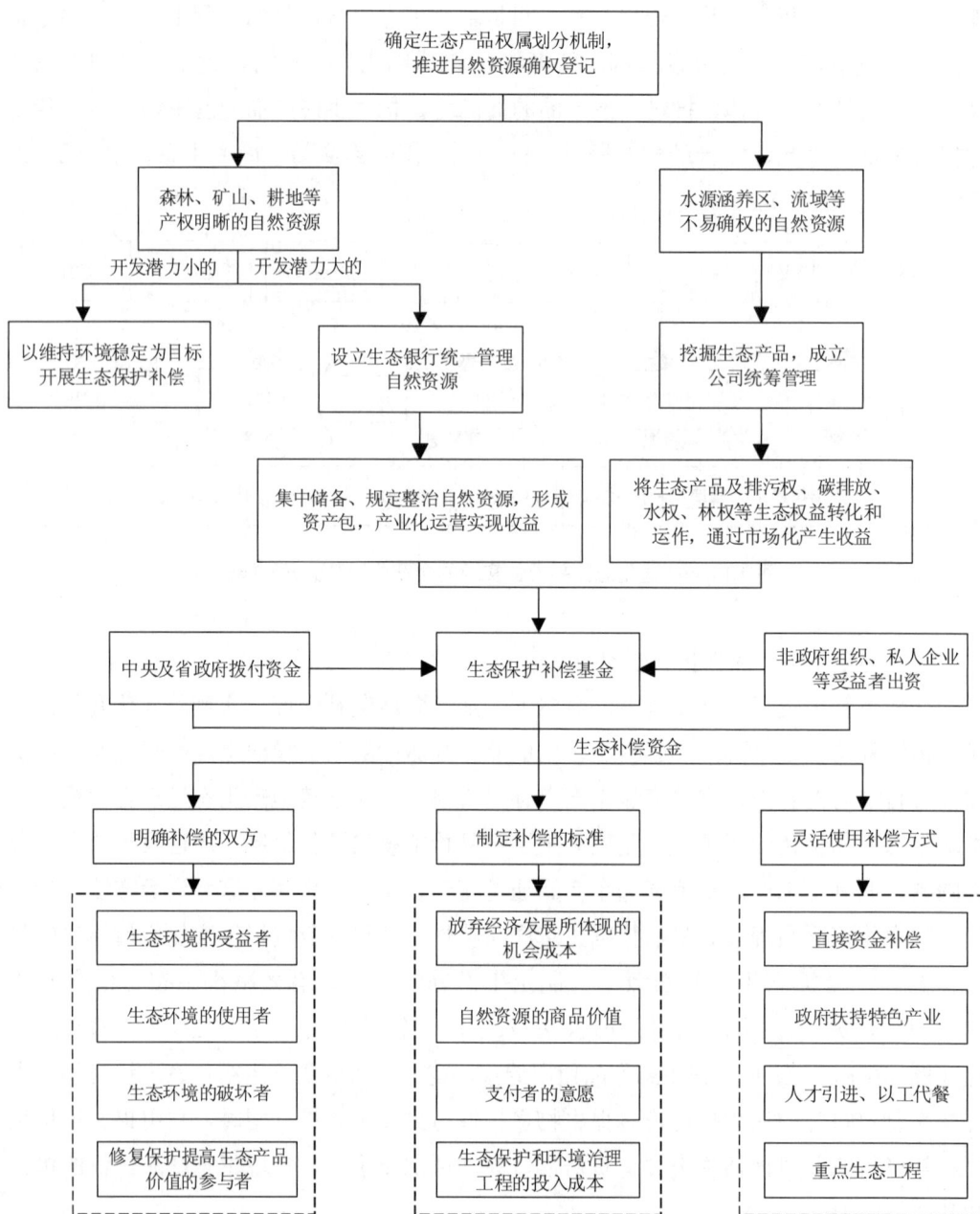

图 10-3　生态产品保护补偿路径

（6）健全生态产品价值实现制度保障机制

一是落实考核机制。加强对有关部门和单位的考核，明确考核目标，提升核算的科学性、真实性和公信力，并构建生态产品价值考核与领导干部自然资源离任审计联动体系，明确责任单位与人员，强化问责机制，确保生态文明建设取得实效。二是完善参与机制。开展生态产品价值转化示范试点，构建特色鲜明的生态价值转化示范基地。同时，积极争取国家层面的政策、资金和技术支持，以推进排污权、碳排放、水权、林权等生态权益的市场化实践，为生态资源的资本化探索提供有力支撑。三是健全金融机制。加大绿色金融和资金支持力度，通过完善绿色信贷体系、构建网络绿色金融服务新业态，满足市场主体融资需求。此外，创新绿色金融政策，培育生态绿色产业，鼓励社会资本参与，形成政府与市场合力推动生态产品价值实现的良好格局。

10.2.2 我国区域生态产品价值实现的理论框架

本节构建了我国区域生态产品价值实现的理论框架，该框架遵循"摸清家底、重构分类—明确产权、厘定价值—借鉴经验、扩大试点—完善体系、监督执行"的四步战略，旨在推动生态产品价值的有效转化和提升（图 10-4）。

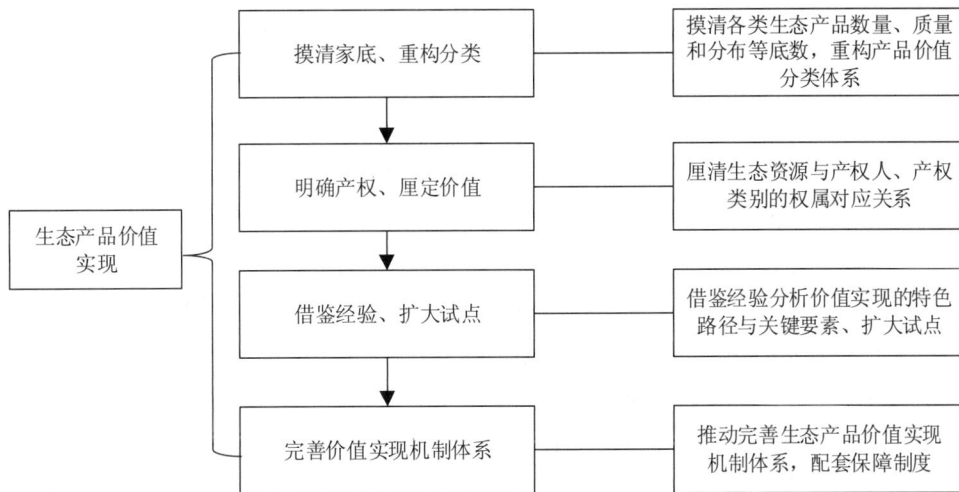

图 10-4 生态产品价值实现框架

（1）摸清生态产品家底，重构产品价值分类体系

推动生态产品价值实现，首先应明确生态产品的资源状况，重构产品价值分类体系，这是价值实现的重要基础。通过编制全面的生态产品清单，可以为后续的价值评估提供数据支撑。在此基础上，需重新构建生态产品的价值分类体系，确保不同类型的生态产品能够得到合理的价值评估和分类。同时，要摸清生态农业、绿色工业、生态文化旅游等生态价值产业，以及生态农业、旅游休闲、乡村民宿、文化创意等特色产业对生态产品产业供给的价值与影响。

（2）明确生态资源权利主体，厘定核算生态产品价值

精准对接生态资源与产权人，清晰划分产权类别，全面推进自然资源的确权登记与发证工作，以清晰界定产权主体。通过明确产权归属，可以保障生态资源得到合理开发和保护，为生态产品价值的实现提供有力保障。而依托统一的确权登记制度，能明确生态产品的权责界限，厘定生态产品价值的受益对象和责任人。这有助于形成权责明确、利益共享的生态产品价值实现机制，促进生态资源的合理利用和生态产品的有效供给。同时，需要构建生态产品价值核算标准以准确衡量不同类别生态资源的价值，确保各类生态资源价值可比，为生态产品价值的实现提供更为准确和可靠的支撑。

（3）借鉴典型案例模式，推动生态产品价值实现试点建设

在推动生态产品价值实现的进程中，需借鉴国内外三批生态产品价值实现的典型案例，深入剖析这些案例中的基本路径与关键条件。基于这些经验，从而分析生态产品价值实现的特色路径与关键要素，这包括政策环境、市场机制、社会参与等多个方面（张平，2024）。同时，需要加大生态产品价值实现试点的支持投入，鼓励各市县积极申请生态价值转化试点。通过试点建设积累经验，有助于探索价值实现的新模式、新路径。而在试点过程中，各市县首要任务就是全面摸清区域内生态产品价值的家底，包括数量、质量、分布等详细信息。同时，还应推动区域间生态价值补偿机制的完善，确保生态资源得到有效保护，生态产品价值得到充分实现。

（4）完善生态产品价值实现机制体系，推动配套保障制度建设

完善生态产品价值实现机制体系、推动配套保障制度的建设是推动其价值实现的关键环节。首先，要通过完善生态产品价值实现机制体系的设计，畅通"绿水青山就是金山银山"理念转化路径。其次，需加强配套保障制度的建设，逐步完善相关立

法、行政、金融、科教及社会保障体系。如立法上加快相关立法工作，为生态修复、生态产权交易等提供法律支撑，确保生态产品价值实现的各个环节都有法可依。行政上则需深化跨部门协作机制，优化生态产品准入审批流程。最后，创新生态资源资产化管理，科学平衡生态产品开发与生态保护之间的关系，促进生态产品价值实现。

10.3　我国区域生态产品价值实现的事实特征与重要因素

本节将对生态产品价值实现的实践进行探讨，首先，会揭示我国区域生态产品价值实现的主要事实特征，其次，将聚焦影响这一进程的重要因素。通过这一探讨，以期为深入理解我国区域生态产品价值实现的现状与未来趋势提供更为全面和深入的视角，助力于生态产品价值实现。

10.3.1　我国区域生态产品价值实现的事实特征

（1）价值量区域差异明显，呈现"西高东低"的特征

从 GEP 百强县的空间分布来看，我国生态产品价值量呈现出区域差异明显、"西高东低"的特征。我国 GEP 百强县主要分布在行政区域面积大、生态功能突出的西部地区，这一区域地理环境多样性、生态系统的原始性和自然景观的独特性，为实现高 GEP 值提供了得天独厚的条件。尤其是西藏自治区有 25 个区县的 GEP 值位于全国前 100，其拥有丰富的森林资源、广袤的草原、众多的河流湖泊以及独特的高原生态系统，这些自然资本为当地带来了巨大的生态系统服务价值，如碳汇、水源涵养、生物多样性保护等。青海省、新疆维吾尔自治区也分别有 15 个和 13 个区县位于百强县之中，这两个省级行政区拥有高山峡谷、湿地、森林和草地等多样的生态系统类型，具有调节气候、保持水土、净化空气等生态服务功能，蕴含着巨大的生态价值。而对于中部地区和东部地区而言，则仅有少数区县的 GEP 位于百强县之中，虽然东部地区经济活跃，但长期的工业化进程和城市扩张导致自然生态空间受到压缩，进而影响了其生态服务功能和产品价值量。而 GEP 百强县在西部地区的集中分布，不仅体现出这些地区自然生态的优越性，也体现出这些地区对于生态环境保护、推动生态文明建设的努力，有效促进了生态环境保护与经济社会发展的和谐共生。

（2）生态产品价值转化难

在我国各地区积极探索生态产品价值实现的背景下，生态系统生产总值作为衡量"绿水青山"转化为经济效益的重要指标，其重要性日益凸显。然而，当剖析我国 2021 年 GEP 百强县的数据时，却发现尽管百强县域生态系统提供了丰富的生态服务价值，但这些价值在 GDP 中往往得不到充分体现。具体而言，2021 年我国生态产品百强县的 GEP 的最小值为 1 080.2 亿元，最大值为 17 968.7 亿元，均值达到 3 178.294 亿元，这显示出我国百强县所蕴含的巨大生态价值。超过 2/3 的百强县，即 73 个县的 GEP 分布在 1 000 亿～3 000 亿元，且位于 1 000 亿～2 000 亿元的县高达 50 个，这也显示出我国百强县生态产品价值普遍位于这一区间。此外，有 6 个县的 GEP 达到了 1 万亿元以上，这反映出这 6 个县的生态系统服务价值非常高。然而，就 GEP 百强县的 GDP 而言，却发现这些地区的 GDP 却相对较低。具体而言，百强县的 GDP 均值约为 91.98 亿元，其中最大值为 1 519.17 亿元，最小值仅约为 3.62 亿元。且从频数分布图（图 10-5）来看，可知这些具有丰富生态产品价值的区县的 GDP 大多数集中在 0～100 亿元以内，频次达到 69。这意味着超过 2/3 的百强县在经济发展方面仍处于相对较低的水平。因此，通过对比百强县间 GEP 与 GDP 的频数分布（图 10-6），可知两者间主要分布区间存在显著的差距，甚至高达 10 倍以上。这不仅是对我国生态产品价值实现现状的直观反映，也深刻揭示了我国生态产品价值实现的重要特征，即生态价值难以通过现有的市场机制和政策体系有效地转化为经济价值。

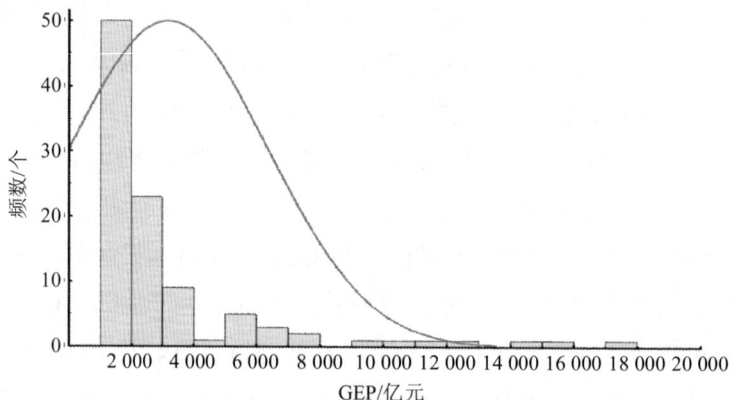

图 10-5　我国 GEP 百强县的 GEP 频数分布图

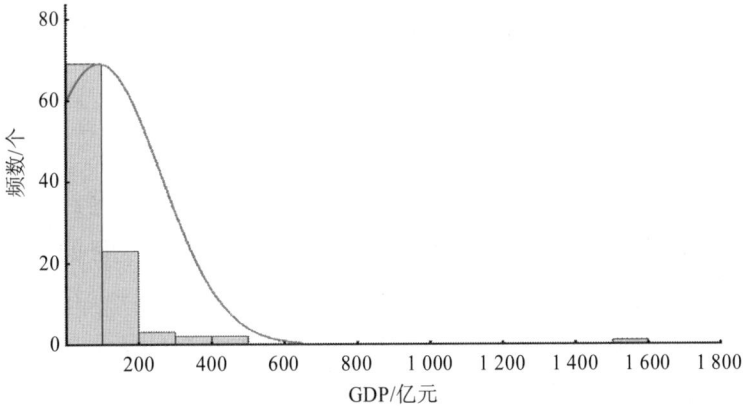

图 10-6　我国 GEP 百强县的 GDP 频数分布图

（3）价值实现的机制建设不足

我国区域生态产品价值实现的一个重要特征为相关机制建设不足，尤其是市场化机制建设不足。主要体现在以下几方面：首先，生态产品价值度量难，目前生态产品的价值评估缺乏统一标准和科学方法，导致难以准确量化其价值。如森林的碳汇功能、水源涵养能力、生物多样性保护等生态服务，目前尚没有一个被广泛接受的、标准化的评估体系，这使市场参与者难以进行定价。其次，生态产品价值实现面临着难以作为传统意义上的资产进行抵押的难题，金融机构对其风险评估和信贷支持存在障碍。同时，由于产权不明晰、价值评估困难，很难将生态产品作为抵押品获得贷款，限制了生态项目的融资。再次，生态产品市场不成熟、交易平台缺失或功能不全，使供需双方难以有效对接。虽然一些地方尝试建立了碳交易市场、水权交易市场等，但市场流动性不足、交易量小、价格形成机制不稳定。最后，制度设计不足，缺乏有效的政策和法律框架支撑生态产品价值实现。尽管国家层面提出了生态补偿、绿色金融等政策导向，但在地方执行层面，由于缺乏具体的操作指南和激励机制，其在推动生态产品价值实现上的作用是有限的。

10.3.2　我国生态产品价值实现影响因素分析

（1）影响因素选取

①经济发展水平

地区的经济发展水平可以有效地反映出地区的生活状况，地区经济水平的提高，人们的收入就会增加。而随着收入的增加，人们会更愿意追求更好的生活品质，从而对高品质的生态产品需求会提升，从而有利于生态产品价值实现（崔惠玉，2022）。且经济发展水平较高的地区，能够为生态产品实现提供更多的资金支持，企业有更多的资源投入到生态产品的研发中，推动产品创新和技术升级。本研究选取各县的人均GDP 来代表地区经济发展水平。

②人口因素

人口因素对生态产品价值实现具有重要影响。一方面，在人口密度和人口规模大的地区，可能会有更多的潜在消费群体，这为生态产品价值实现提供了市场空间。另一方面，人口密度越大，越可能造成过多的资源消耗和环境污染，从而影响生态环境（周一虹等，2020）。且可能会使资源分配和利用不够合理和高效，导致资源浪费和效率低下，从而影响生态产品价值实现。选取人口规模和人口密度来代表人口因素，其中人口规模为地区总人口取对数，人口密度为地区总人口除以地区面积。

③产业结构

产业结构可反映地区经济发展水平和特点，对生态产品价值实现具有重要影响。地区工业化水平的高低会影响其资源消耗状况、环境污染程度，给地区生态环境带来较大的压力，不利于生态产品的开发与经营。而当地区产业结构逐渐升级时，能够减少对生态环境的负面影响，有助于生态系统的保护，为生态产品的生产过程提供了良好的环境基础。并且随着产业结构转变的过程，能够更有效地配置资源，有助于生态产品的研发、生产、销售等各个环节更加科学和规范，提高生态产品的品质，从而有利于其价值实现。同时，随着产业结构的升级，绿色产业成为新的增长点，能更好地带动更多的上下游产业链的转型，从而供给更多的生态产品，推动其价值实现。选取工业化水平和产业结构升级来代表产业结构因素，其中工业化水平以第二产业增加值占 GDP 比重衡量，产业结构升级以第三产业增加值占第二产业增加值衡量。

④基础设施水平

交通基础设施水平的提升能显著增强生态资源的可及性和利用率，推动生态产品价值的转化。一方面，较高的基础设施水平能吸引投资者、消费者来生态资源丰富的地区投资和消费；另一方面，能降低物流成本，使生态农产品、文化服务产品等能更便捷地进入消费市场，提高了其市场竞争力和经济价值。因此选取人均道路面积来衡量基础设施水平。

⑤金融化水平

金融化水平可能会影响生态产品价值实现。在金融化水平高的地区，其能为生态产品的经营开发提供更多的资金支持，同时有助于市场机制的完善。此外，通过创新金融产品，既能吸引社会资本的流入，又能引导企业和个人提升生态环境保护意识，从而推动生态产品价值转化（臧敦刚等，2024）。采用年末金融机构贷款总额与地区GDP 之比来衡量金融化水平。

⑥政府财政支出水平

政府财政支出水平即地方财政一般预算支出占 GDP 的比重。在较高的政府财政支出水平的地区，政府可能将更多的公共资源投入环境保护和生态建设，有利于改善生态环境质量。同时政府财政支出水平能引导产业发展导向，推动市场机制的建设，激励更多的社会资本参与生态产品的开发经营，从而加速生态产品价值实现的进程。

（2）模型构建

本节主要采用随机森林模型进行分析，该模型由 Leo Breiman（2001）首次提出，通过构建多个决策树并将其预测结果进行平均或投票，能有效回避变量的共线问题和模型的过拟合问题（Fang et al.，2011）。同时还能提供特征重要性这一重要信息，对变量的重要性进行评估。因此，本节运用 R 软件的随机森林算法进行分析，通过在训练过程中随机选择特征集进行决策树的构建，以此提升模型的预测精度，该方法广泛应用于回归、分类和特征重要性分析。

①重要度计算

随机森林重要性评估的一项重要指标为基于袋外（Out-of-Bag，OOB）数据置换的均方误差增加量（IncMSE），相较基尼不纯度而言，其不存在偏向问题，因此本研究选择其度量重要性。在构建随机森林时，将始终没有被抽取出来的样本称为袋外数据，其可以用于评估这棵树的性能，因为它们没有参与这棵树的构建。其基本原理为：对于随机森林中的每一棵树，首先使用其对应的 OOB 数据集计算初始的预测误差（MSE）。其次，随机置换 OOB 数据集中某一特征的值，再次使用这棵树预测 OOB 数据并计算预测误差。最后利用特征被置换前后均方误差差值来度量重要性，差值越大说明对于模型预测能力的影响越大，该特征的重要性越高。具体的公式如下：

$$\text{Imp}（x_i）= \frac{\sum_{j=1}^{n}(\text{errOBB}_{2ij} - \text{errOBB}_{1ij})}{n} \tag{10-1}$$

式中，Imp（x_i）表示特征变量 i 的重要性程度；n 为特征变量在随机森林中作为分裂节点的频次；errOOB$_{1ij}$ 为特征 i 未被扰动时，第 j 棵树的袋外数据集上的均方误差；errOOB$_{2ij}$ 为加入扰动后的均方误差。如果加入误差后准确率降幅较大，说明了该特征值较为重要。

②偏依赖量计算

偏依赖分析可以显示随机森林模型中某个特征对先前拟合模型预测结果的边际效应（夏晓圣等，2020）。其基本原理为基于随机森林模型，将某个特征变量在取值范围内取不同的值，固定其他特征值，最后计算该模型所有特征值的平均值，从而得到偏依赖图。其可以直观地反映特征变量对模型输出的影响程度，其公式如下：

$$f_a(x_a) = \frac{\sum_{i=1}^{n} f(x_a, x_b)}{n} \tag{10-2}$$

式中，f 为随机森林模型；x_a 为偏依赖图绘制的变量；x_b 为剩余影响因子集合；n 为样本总数。

③模型参数调整

接着对模型参数进行调整，首先是决策树数目（Ntree），其为随机森林中树的数量。在模型的训练过程中，误差会随着树数量的增加逐渐收敛。将决策树数目设为500，并采用模型的默认参数，分析了误差的趋势（图10-7），可见当决策树数目达到200后，误差基本不再变化。参数决策树节点分支（Mtry）则是在每个决策树拆分节点时可供选择的自变量数量，依照平均误差最小的原则进行选取，最终将其设置为5，其余参数设置按照默认值。

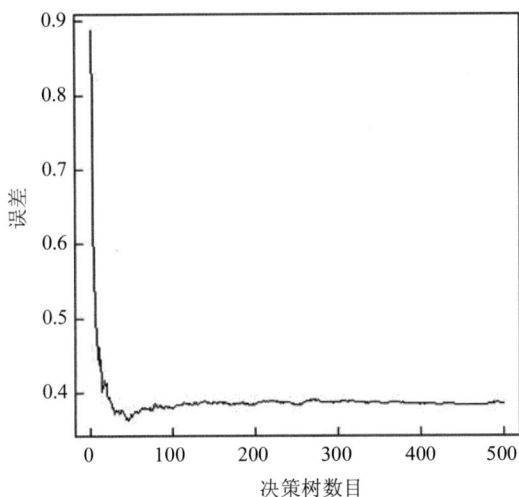

图 10-7 误差趋势曲线图

（3）数据来源与处理

本节以 2021 年 GEP 百强县的数据为样本，其中，生态产品总值数据来源于生态环境规划院的公开发布，经济发展水平、人口规模、人口密度、工业化水平、产业结构升级、金融化水平及政府财政支出水平程度的数据来源于中国区县域统计年鉴，基础设施水平的数据来源于中国县城建设统计年鉴，其中年鉴中缺失的数据从各省级统计公报和县区级的城市建设状况公报中获取。其中，对生态产品总值、人均 GDP、人口规模及人均道路面积进行了对数处理，并对数据集进行划分，其中 90%为训练集、10%为测试集。

（4）关键影响因素识别与分析

本节首先利用模型对生态产品价值实现的影响因素进行了重要性排序，结果如图 10-8 所示，IncMSE 为模型的精度平均减少值，值越大说明特征值越重要。从图 10-8 中可知，排名靠前的影响因子分别为人口密度、地区经济发展水平、工业化水平、人口规模和政府财政支出水平。其中，人口密度对生态产品价值的影响最大，说明各县生态产品价值实现会受地区人口密度的影响。且人口密度的影响大于人口规模，说明人口密度对资源使用、生态环境和生态产品需求等的影响更显著；工业化水平的影响大于产业结构升级的影响，这反映出地区工业化水平带来的环境污染影响会大于其产业结构升级对生态产品价值实现的作用。地区基础设施水平对生态产品价值实现也具有影响，这说明即使地区具有丰富的生态资源，但要推动其价值实现，也要充分考虑其基础设施情况。

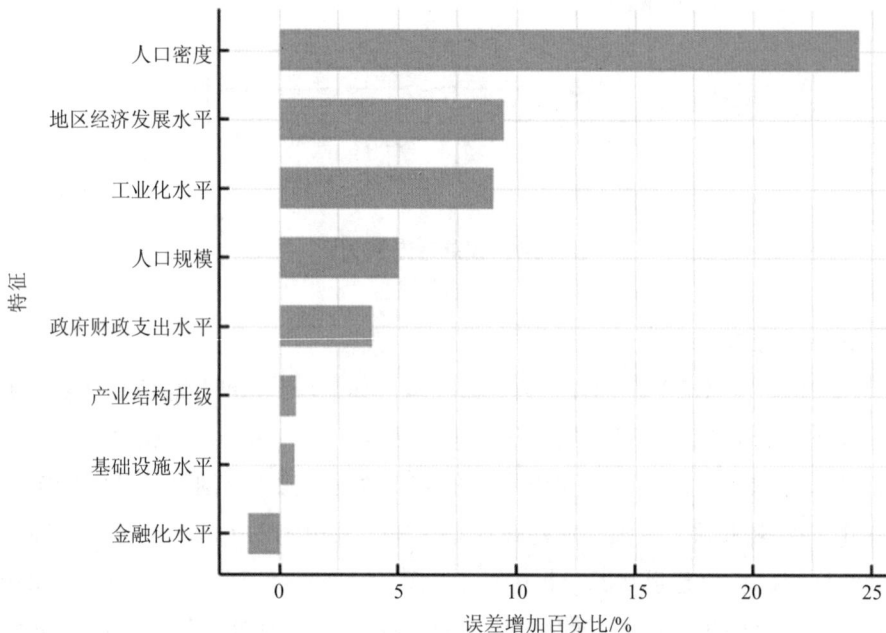

图 10-8　特征重要性排序

其次，虽然影响因子重要性排序能识别出影响生态产品价值实现的主导因素，但不能量化分析影响因子的影响，因此本节进一步进行了偏依赖分析来研究生态产品价值实现与其主要影响因子间的非线性关系和阈值效应（图10-9）。

①人口密度。随着人口密度的上升，生态产品价值表现出先降后平稳最后上升的趋势［图10-9（a）］，当人口密度处于0～100人/千米²时，生态产品价值急剧下降；当人口密度处于100～400人/千米²后，其对生态产品价值的影响达到最小，并保持稳定；当人口密度达到400人/千米²之后，其便对生态产品价值产生了正向效应，即在人口密度小的县域，不利于生态产品价值实现，当人口密度超过一定的拐点，便有利于生态产品价值实现，说明人口的聚集效应有利于生态产品价值实现。而这主要是低人口密度地区可能有较少的经济活动，基础设施建设薄弱，且为生态产品付费的意愿较低，从而不利于其县域的生态产品价值实现。而在人口密度较高的地区，可能经济活动更加集中，资源利用效率提高。同时，在人口密度较大的县域对生态产品的需求可能更大，并愿意为优质的生态产品支付更高的价格，有利于县域生态产品价值实现。

②地区经济发展水平。地区经济发展水平对生态产品价值实现呈现出"U"形关系［图10-9（b）］，当地区经济发展水平在 5 万元/人以下时，其不利于生态产品价值实现，而当经济发展水平超过 5 万人/人后生态产品价值开始上升。这意味着在经济欠发达的县域，不利于生态产品价值实现。这是因为在经济欠发达的县域，其资源有限且经济增长压力较大，可能将精力集中在经济活动上，而较少推动生态产品价值实现的机制建设。且经济欠发达地区的居民收入水平相对较低，对生态产品的需求也较低，因此对生态产品价值实现具有负向效应。而当地区经济发展到一定水平时，人们对生态产品的需求也会逐渐增加，而政府也会基于人民日益增长的需求投入更多资金到生态保护和生态产品价值实现机制建设中，以不断提升地区综合竞争力和居民生活质量。

③工业化水平。工业化水平与生态产品价值实现呈现出明显的负向关系［图10-9（c）］，在工业化水平处于 40%及以下时，生态产品价值呈现出明显的下降趋势，在此之后逐渐趋向平稳。这主要是因为工业化初期会导致资源的大量消耗，导致自然生态系统遭受严重破坏，严重降低了生态产品的供给能力和质量。并且工业化活动也会

带来大量的污染排放，进一步对环境造成破坏。同样，在工业化不断上升的阶段，县域经济往往以经济增长为首要目标，可能在一定程度上忽视了生态产品价值实现的重要性，导致相关机制建设滞后，未能有效促进生态产品的价值转化。同时，居民的环保意识尚处于较低阶段，对生态产品的认知不足，需求相对匮乏，这也不利于生态产品价值的实现。

④人口规模。随着人口规模上升的过程，生态产品价值呈现先波动下降，再上升并趋于平稳的趋势［图 10-9（d）］，当人口规模达到 50 万人时，生态产品价值表现出稳定的趋势。这意味着当县域人口规模较低时，其对生态产品价值实现是复杂的，而当县域人口规模达到一定程度时，其能促进生态产品价值实现，但这种正向影响也存在一定的限度。这是因为在人口规模增长的初期，生态产品价值波动下降可能源于资源环境的承载压力增大，经济活动增加导致对自然资源的过度开发和环境破坏，进而削弱了生态服务功能。然而，随着人口规模超过某一临界点，人们对生态产品的需求日益增长，环保意识逐渐增强，促使政府和企业投入更多资源到生态产品价值实现的机制建设和开发经营中，将有利于生态产品的价值实现。

⑤政府财政支出水平。政府财政支出水平对生态产品价值的影响呈现出先降再升，最后趋于平稳的趋势［图 10-9（e）］。这说明在政府财政支出水平较低的县域，其不利于生态产品价值实现，且当政府财政支出达到一定水平，其对生态产品价值实现的作用也会有限。这主要是因为生态产品价值实现需要政府力量的推动，进行机制建设和环境保护等，较低的政府支出水平难以推动生态产品价值实现。当政府支出水平提升到一定水平时，政府有能力并愿意投入更多资源到生态保护和环境治理中，包括建设和完善相关机制、推动绿色产业发展等，为其市场化交易创造了更好的条件，有利于促进生态产品价值的实现。但是政府主要是进行引导和政策支持，而非直接参与市场交易，而生态产品价值的实现还需要更多依赖于市场化交易。因此，当政府支出水平提升到一定程度后，其对生态产品价值实现的促进作用将逐渐趋于平稳。

⑥产业结构升级。产业结构升级对生态产品价值的影响表现出先下降再上升的趋势［图 10-9（f）］，当产业结构升级即第三产业增加值占第二产业增加值的比值达到 4 及以上，生态产品价值呈现出明显的上升趋势。其原因在于产业结构升级初期，第二

产业比重偏高，对生态环境造成破坏，不利于生态产品价值实现。然而，随着产业升级步伐加快，新兴绿色产业逐渐崛起，成为经济增长的新引擎。这些产业一定程度上促进了技术创新和环保意识的提升，从而有益于生态产品价值实现。

⑦基础设施水平。基础设施水平对生态产品价值实现的影响呈现先下降再上升的趋势［图10-9（g）］。当经过拐点20米²/人之后，生态产品的价值迅速上升，这意味着在基础设施水平较高的县域，更利于实现生态产品价值。其原因在于较高的基础设施水平能吸引投资者、消费者来生态资源丰富的地区投资和消费，同时还能降低物流成本，使生态产品能更便捷地进入消费市场，促进生态价值的有效转化。

⑧金融化水平。金融化水平对生态产品价值实现的影响表现出较为波动的特征，但当金融化水平即年末金融机构存款余额占地区 GDP 的比值超过 2.5 之后，生态产品价值保持不变［图 10-9（h）］。这意味着金融化水平对生态产品价值的影响较为复杂，且影响有限。其原因在于较高的金融化水平能使更多的金融资本可以投入生态产品的开发、保护和经营中，这有助于推动生态产品价值实现，当金融化水平达到一定水平时，可能其他非金融因素开始成为制约生态产品价值进一步提升的主要因素。

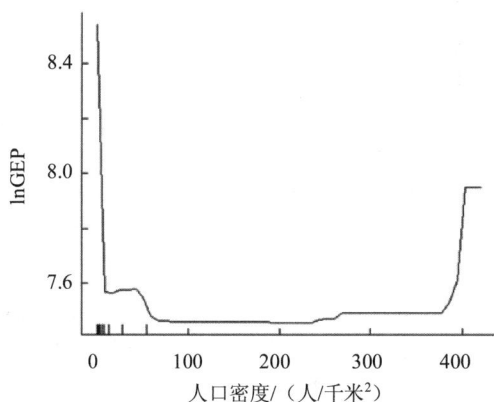

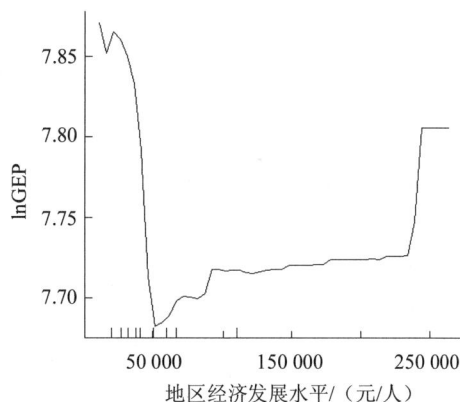

（a）人口密度　　　　　　　　　　（b）经济发展水平

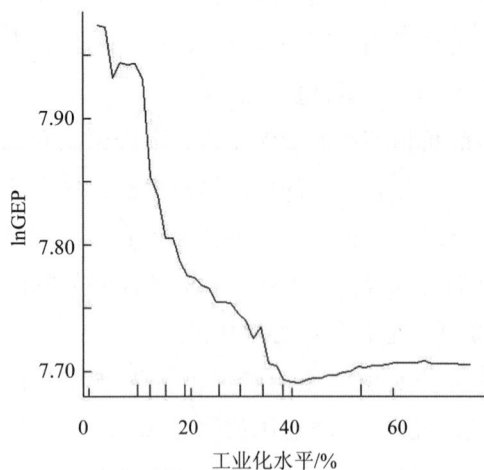

（c）工业化水平

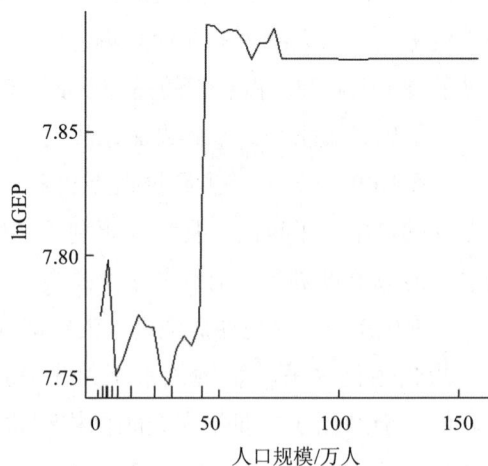

（d）人口规模

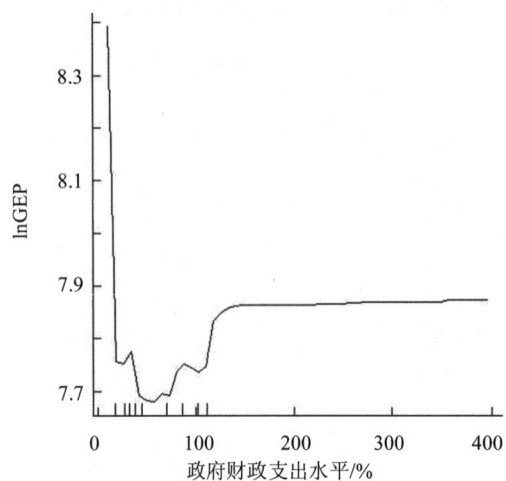

（e）政府支出水平

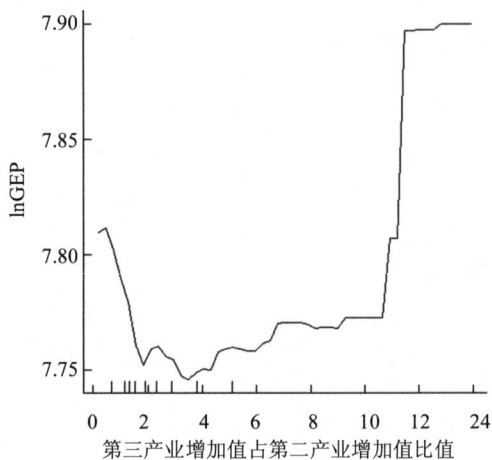

（f）产业结构升级

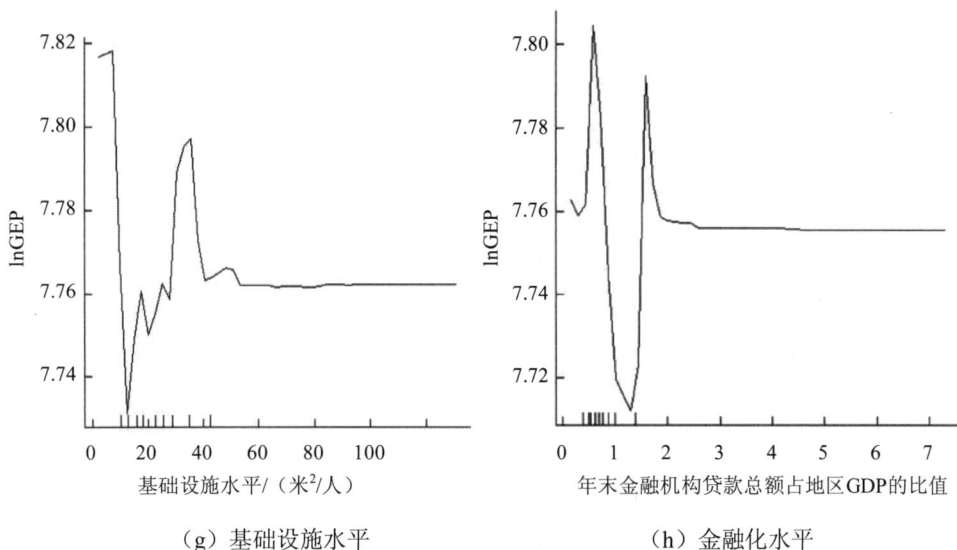

（g）基础设施水平　　　　　　　（h）金融化水平

图 10-9　各影响因素对生态产品价值实现的偏依赖图

10.4　我国典型区域生态产品价值实现的实践与思考

10.4.1　我国典型区域生态产品价值实现的实践

我国在典型区域生态产品价值实现方面的实践，体现了从理论到行动的多维度探索，为全国范围内生态产品价值实现提供了宝贵经验。

在实践中，自然资源部多次印发《关于生态产品价值实现典型案例的通知》，如表 10-1 所示，这些案例覆盖了不同地域、生态产品类型和实践模式，不仅从案例背景、具体操作和成果成效等方面进行了详尽说明，而且为全国各地提供了宝贵的实践经验和启示。从我国现有的实践来看，生态产品价值实现的主要模式包括生态补偿模式、生态资源指标及产权交易、生态治理及价值提升、生态产业化经营四种模式，如图 10-10 所示。

表 10-1　生态产品价值实现典型案例

地区	生态产品价值实现方式	生态产品价值实现模式	实现路径
重庆市	利用森林覆盖率指标构建生态补偿机制，明确各方权责和相应的管控措施，同时通过地票制度优化土地使用，增加了生态空间	生态资源指标及产权交易	政府与市场混合型路径
福建省三明市	探索开展"林票"制度改革，破解了林权碎片化问题，提高了生态产品供给能力和整体价值，并探索开展林业碳汇产品交易		
福建省南平市	创新性地创建了"森林生态银行"，借鉴商业银行模式整合自然资源，有效促进了资源资产化、资本化进程，推动生态价值转换为经济优势		
广东省广州市	花都区通过梯面林场的碳普惠项目，实现了森林碳汇价值的市场化转换，形成了政府与市场协同推动的生态价值实现机制		
北京市	房山区采用生态修复与旅游产业融合策略，通过科学治理矿区并发展民宿经济，展现了生态修复项目带动的经济与生态双重效益		
广东省汕头市南澳县	坚持生态立岛，实施海岛农村人居环境整治，提升了海洋生态产品生产能力	生态修复及价值提升	
江苏省徐州市	贾汪区潘安湖地区借助"矿地融合"的发展思路，致力于采煤导致的地面塌陷区域的生态恢复工作，创建了国家级湿地公园，凸显了生态产品的价值		
江苏省江阴市	推行"三进三退"策略，建设城市"生态 T 台"及生态产品供给区，改善环境并提升价值		
福建省厦门市	五缘湾通过环境整治和生态修复，利用土地储备增值，提升了生态与经济价值		
山东省威海市	整合生态修复与产业发展，将废弃矿坑转变为 5A 级华夏城景区，实现综合效益	生态修复及价值提升和生态产业化	
江苏省徐州市	贾汪区潘安湖将采煤塌陷区改造成国家湿地公园，带动产业升级与乡村振兴		

资料来源：自然资源部办公厅发布的《生态产品价值实现典型案例》。

```
                    ┌─────────────────────────┐
                    │ 生态产品价值实现路径和模式 │
                    └─────────────────────────┘
           ┌─────────────┼──────────────────────┐
    ┌──────────┐  ┌──────────────┐       ┌──────────┐
    │ 政府路径  │  │ 政府与市场混合路径 │     │ 市场路径  │
    └──────────┘  └──────────────┘       └──────────┘
         │        ┌───────┴───────┐            │
   ┌──────────┐ ┌──────────────┐ ┌──────────┐ ┌──────────┐
   │ 生态补偿  │ │ 生态资源指标   │ │ 生态修复及价值│ │ 生态产业化 │
   │          │ │ 及产权交易    │ │ 提升      │ │ 经营      │
   └──────────┘ └──────────────┘ └──────────┘ └──────────┘
```

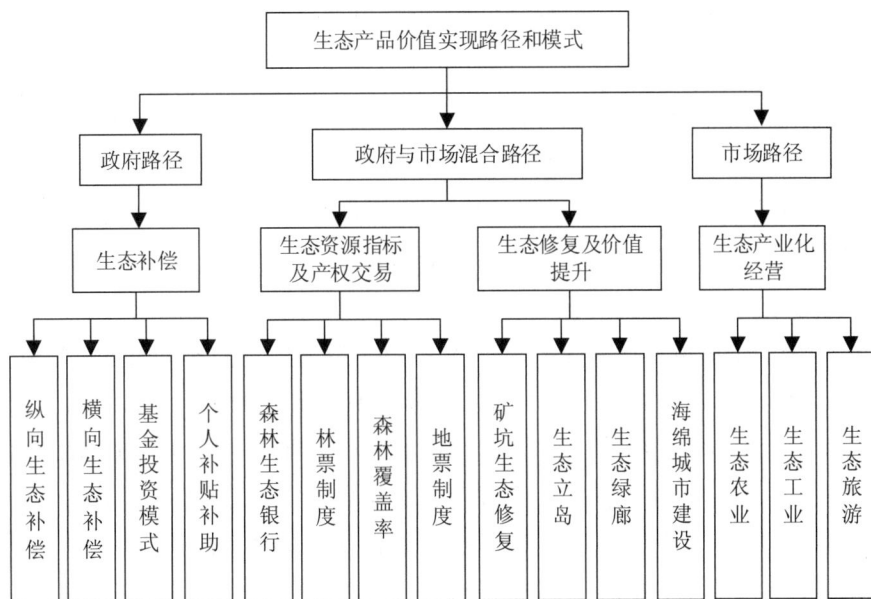

图 10-10　生态产品价值实现路径与模式

（1）生态补偿方面

一是横纵向生态补偿机制，按照"谁受益、谁补偿，谁保护、谁受偿"的原则，构成了以政府为主导的价值实现路径。如湖北鄂州市、浙江杭州市余杭区青山村等，由各级政府或生态受益地区以资金补偿、园区共建、产业扶持等方式向生态保护地区购买生态产品。二是将生态产品资源进行确权并集中管理，以便综合管理和确定交易双方。三是找到其价值实现的关键所在，在政府或者在政策支持的大背景下形成市场以及交易双方，形成有核心运营主体的管理与交易。

（2）生态资源指标及产权交易方面

从南平市、三明市、重庆市、广州市、北京房山区等案例发现，这些地区主要通过对生态产品进行了确权登记，对生态领域的关键指标实施限定。政府通过监管或设定标准来激发生态产品交易的需求，并建立相应的交易平台，推动生态友好型产业的发展。此外，通过市场主导的资源产权交易，实现政府与市场力量的协同作用。

（3）生态治理及价值提升方面

从厦门市、徐州市、常德市、江阴市、邹城市、唐山市、儋州市等案例可以看出，进行产业结构转型发展，责令污染企业关停整改，鼓励发展生态型产业，发展绿色经济，重视服务业，根据本地优势和特色因地制宜，挖掘新的经济增长点，对促进生态价值实现尤为重要。同时，这些地区采取土地储备、优化国土空间布局等措施，在政府的支持和土地管理部门的规划下，治理好污染地区后重新合理分配土地格局，使土地资源得到了充分利用。在进行生态治理后，又建设了城市绿地、公园或其他景区，一方面增加了城市绿化覆盖率，维持了生物多样性；另一方面也可以利用景区发展旅游业，促进经济发展。此外，部分地区由于经济发展过快，水资源曾遭到过破坏，所以非常重视水土污染的控制治理和保持，积极进行水岸线修复、清淤疏浚、疏通水系等工程，减少了泥沙淤积。充分发掘本地文化资源，发展文化产业，生产制作特色文化产品，促进了旅游业的发展。进行煤矿或石灰矿等矿坑修复，对塌陷地面进行修复治理，恢复生态环境。

（4）生态产业化经营方面

一是进行土地的综合整治。例如，梁弄镇和淅川县发展比较落后，通过实施全域土地综合整治，加大对自然生态系统的恢复和保护力度，为发展绿色生态产业打下基础。赣州市寻乌县由于稀土开采导致生态破坏，进行土地整治是为了生态治理和恢复，贺兰县耕地资源丰富，加强土地整治主要是为了保护耕地，更好地进行农业种植，生产特色农产品。二是实施国土空间规划。例如，寻乌县、玉溪市和金庭镇因为治理土地污染进行了土地规划治理，都通过合理分配土地资源来发展绿色生态产业。三是积极发掘本地文化资源开展文化旅游，大力发展生态旅游，利用本地治理后的优美环境发展旅游业，建设成景点吸引游客，将生态价值转化为经济价值。例如，梁弄镇有特色的红色文化资源，阿者科村位于哈尼梯田世界文化景观核心区，具有独特的民族文化。四是进行产业转型，对开发规模不够、生态产品的潜力没有得到充分发挥的地区，转变传统产业发展方式，更加全面合理开发自然资源，发展绿色产业。五是重视发展农业，生产特色农产品，打造自己的生态品牌。

10.4.2 推动我国典型区域生态产品价值实现的建议

在我国生态产品价值实现的进程中，面临着价值量巨大的生态价值难以有效转化为经济价值、价值量呈现出区域差异明显，"西高东低"以及相关机制建设不足的特征。为有效应对这些难题，我国需从多维度出发，综合施策，以推动生态产品价值实现。

（1）加强政策法规支持

首先，政府应出台一系列支持生态产品价值实现的政策，尤其要加强对中西部的政策扶持，进一步完善跨区域间生态补偿法律法规，提供相关建设的系统性纲领，包括针对各种生态产品、市场交易管理、金融与创新等多方面的方案指导，为生态产品的市场交易创造一处更加健全和透明的法律环境，进而推动生态产品价值的最大化和可持续发展。其次，做好纵向财政转移支付（张百婷等，2024），大力支持生态保护补偿工作。最后，深化社会公众对生态产品价值实现的认知，提升公众对相关活动的参与度并刺激其消费意愿，进而加快实现生态产品的价值转化。

（2）强化区域合作与帮扶机制

推动东部、中部、西部及东北地区之间建立更紧密的合作关系，形成多层次（省级、市级、县级）的生态产品价值实现协作网络（杜雪莲等，2023）。利用东部地区成熟的政策体系、价值评估技术规范等优势资源，联合金融、环保及经济管理等领域的专业人才，实施精准帮扶，解决生态产品确权难、评估难、融资难、流通难及资产化难等难题，从而将自然生态的比较优势切实转化为经济发展的新引擎。

（3）构建核算统一方法和标准

一是完善核算规范，统一核算指标体系、方法、数据来源和统计口径等，打破地区差异造成的核算难问题。二是需要统一生态价值核算方法。在选择生态产品价值核算方法时，应根据产权是否清晰、空间是否连续以及数据的可获得性选择科学的方法（孙博文等，2019）。

（4）加大生态金融支持

一是建立由政府、企业、社会组织多主体共同参与的金融服务体系，发挥政府绿色债券、生态保护基金、绿色信贷等作用，拓宽融资渠道，加大绿色金融和资金支持力度，通过构建网络绿色金融服务新业态，满足市场主体融资需求。二是加强对绿色金融风险的监管，深入分析并应对技术风险、操作风险、市场风险以及信用风险等各方面风险，从而制定出更为精细和具体的监管措施。同时，金融机构要完善自身治理，加强对金融风险的预测与管理，通过深化彼此合作，为生态产品价值实现提供信贷支持（雷舰，2024）。三是创新绿色金融政策，突出金融在生态产品价值实现中的作用，培育生态绿色产业，鼓励社会资本参与，形成政府与市场合力推动生态产品价值实现的良好格局。

（5）完善生态产品交易平台

一是制定清晰的交易规则，确保交易的公平性和透明度，对交易流程进行严格监管，确保交易的有序进行，防止违规行为的发生（秦国伟等，2022）。二是构建多级生态产品价值和交易平台，包括省、市、县、乡、村各级，促进跨区交易，拓展销售路径，实现供需精准匹配，同时夯实线上线下销售渠道，提高生态产品交易市场的可达性。

第 11 章

强化我国区域绿色低碳创新体系研究

绿色低碳创新体系是一种综合性的概念，旨在推动经济社会全面绿色转型，实现碳达峰、碳中和目标。其涵盖了能源、建筑、工业、交通等多个领域，其核心在于通过研发和应用绿色低碳技术，实现资源的高效利用和环境保护。这一体系不仅关注技术的创新，还注重政策、市场、文化等多方面的协同作用，以形成推动绿色低碳发展的强大合力。本章从强化区域绿色低碳创新体系的总体要求与目标入手，阐述了健全绿色低碳循环发展的生产体系、完善绿色低碳循环发展的流通体系、构建绿色低碳循环发展的消费体系和加强区域协作与政策支持等多方面内容。

11.1 强化我国区域绿色低碳创新体系的总体要求与目标

"绿水青山就是金山银山"理念体现了经济发展与生态保护相辅相成、相互促进的辩证思维，鼓励通过发展绿色、循环、低碳经济，推动产业结构向更高层次迈进，从而在转变经济发展模式、促进经济稳健增长的同时，显著提升民众的生活质量。

此外，2021 年国务院发布的《关于加速构建绿色低碳循环发展经济体系的指导意见》明确指出，到 2025 年绿色产业将占据更关键的地位，基础设施的绿色化改造取得显著进展，碳排放强度将大幅下降，市场导向的绿色技术创新体系趋于完善，相关法律法规及政策框架更为有效，一套涵盖生产、流通、消费环节的绿色低碳循环发展体系将初步成型。

11.2 健全我国绿色低碳循环发展的生产体系

绿色低碳循环发展的经济体系包括生产体系、流通体系和消费体系，其中生产体系作为当前我国经济绿色转型的核心，具有引领作用。因此，各地应结合区域特点、资源配置、产业结构、能源利用和运输方式等因素，完善绿色低碳循环发展的生产体系。

11.2.1 推动工业绿色升级

推进工业绿色升级至关重要。工业是经济发展的支柱和基础，是地方经济快速增长的主要动力，也是推动经济高质量发展的核心力量。优化工业结构，实施从项目源头控制碳排放、生产过程降低碳排放以及生态系统碳固定等关键措施，是实现绿色低碳循环发展生产体系的重要步骤。这些措施不仅有助于减少碳排放和环境污染，还能促进经济的高质量发展，实现可持续发展的目标。因此，需要在以下几个方面进行推进。

首先，优化工业结构是推进低碳发展的基础。应加快淘汰落后产能，关闭高耗能、高排放的企业和生产线，严格控制新增产能。大力发展绿色产业，如可再生能源、节能环保设备、新材料等，通过政策支持、财政激励和技术创新，推动传统产业的绿色转型和升级。鼓励企业进行技术改造，提升生产效率和资源利用率，减少能源消耗和污染排放。其次，推进项目源头控碳是关键。源头控碳是指在项目立项和规划阶段，就充分考虑碳排放因素，从源头上减少碳排放。对新建项目，要严格执行环境影响评估和碳排放评估，优先采用低碳技术和工艺。对现有项目，要进行全面的碳排放审计，找出碳排放的主要来源和环节，制定针对性的减排措施。推行绿色设计理念，鼓励企业在产品设计和生产过程中，采用轻量化、可再生、可循环的材料，减少资源消耗和碳排放。生产过程降碳是实现低碳发展的核心。要大力推广清洁生产技术和低碳工艺，通过技术改造和工艺优化，降低生产过程中的碳排放。发展智能制造，利用物联网、大数据和人工智能等先进技术，对生产过程进行实时监控和优化，提高生产效率和资源利用率，减少能源消耗和碳排放。加快推进能源结构调整，增加可再生能源的比重。大力发展风能、太阳能、水能等清洁能源，逐步减少对煤炭、石油等化石能源的依赖。推广分布式能源系统和智能电网，提升能源利用效率和供应安全性。推动能源生产和消费的低碳化，加强对重点行业和重点领域的能源消耗监管，鼓励公众和企业采用节能减排技术和产品。

生态系统固碳是实现碳中和的重要途径，通过植树造林、恢复湿地、保护草原等生态修复措施，增加碳汇能力，吸收和固定大气中的二氧化碳。加强生态系统的保护和管理，防止人为破坏和自然灾害对生态系统的影响，确保其固碳功能的持续发挥。推动企业参与生态补偿和碳汇交易，鼓励其通过投资生态项目，抵消自身的碳排放，实现碳中和目标。

加快发展绿色低碳产业，坚决遏制高耗能、高排放项目盲目发展。培育一批绿色工厂、绿色园区。重点扶持新兴产业，如可再生能源、节能环保设备和新材料等，促进工业生产的绿色转型。推进智能制造与绿色制造的深度融合，通过数字化手段提升资源利用效率，降低能源消耗和污染排放。同时，推动企业开展绿色供应链管理，从原材料采购到产品销售全过程中减少对环境的影响。

11.2.2　加快农业绿色发展

推动农业高质量发展，要坚持绿色发展理念，加强农村生态保护，推进绿色农业科技创新，让绿色成为农业高质量发展的鲜明底色。

首先，加强农业科技创新，推广绿色农业技术，提高农产品质量和安全水平。农业科技创新是提升农业生产效率和产品质量的关键。需要加大对农业科技研发的投入，支持基础研究和前沿技术探索。政府、高等院校、科研机构及企业应加强合作，共同开展农业科技创新项目，推动科技成果转化为生产力。例如可以利用基因编辑技术改良作物品种，在提高其抗病虫害能力和适应性的同时，保持其原有的营养价值和味道。生物技术在种子改良、育种技术和疾病防治等方面的应用，能够有效提高农产品的产量和质量，减少对化学农药和化肥的过度依赖，从根本上解决农业生产中的环境污染问题。其次，通过数字技术实现农田的精准管理和智能化决策。传感器技术可用于监测土壤水分、养分含量和作物生长状态，实时调整灌溉和施肥方案，最大限度地提高资源利用效率，减少浪费和环境负荷。再次，推广先进的农业机械装备和自动化技术，降低人力成本，提高生产效率和作业质量。例如，无人驾驶拖拉机和智能化收割机的应用，能够精确执行作业任务，减少机械损耗和能耗，同时降低碳排放。最后，推动农业废弃物资源化利用，减少农业面源污染。推广节水灌溉技术、绿色防控技术和土壤改良技术，减少农药和化肥的施用量，保护土壤健康和生态环境。发展生态农业和有机农业，支持农民采用可持续的耕作方式，提高农业生产的环境友好性和经济效益。

通过加强农业科技创新，推广绿色农业技术，提高农产品质量和安全水平，以及推动农业废弃物资源化利用，农业生产能够实现从传统的高耗能、高污染向低碳、环保和高效的转变。这不仅有助于保护生态环境，提升农产品的市场竞争力，还能促进农民增收和农业可持续发展。

11.3　完善我国绿色低碳循环发展的流通体系

11.3.1　提升交通基础设施绿色发展水平

在城市和乡村交通规划中，优化交通结构是绿色交通的首要任务之一。针对城市拥堵和环境污染问题，应大力发展公共交通系统，包括地铁、轻轨、电车等低碳出行方式。通过扩大公共交通网络覆盖范围，提高运输效率，减少私人汽车使用频率，从而降低尾气排放。同时，还应推广绿色出行方式来减少碳排放，政府可以通过建设更多的步行和自行车道、设置租赁站点等措施，为市民提供便利和安全的绿色出行选择。在交通基础设施建设和运营中，应贯彻绿色发展理念，减少资源消耗和环境影响。具体措施包括：一是生态环保贯穿规划和建设过程。在交通基础设施规划阶段，应充分考虑生态环保因素，选择环保友好型材料和技术，减少土地占用和生态破坏。二是集约利用土地和资源。通过合理布局和设计，最大限度地利用现有土地资源，避免对重要生态功能区的侵蚀和破坏，实现土地资源的集约利用和生态保护的双赢。三是绿色交通设施建设。致力于构筑涵盖绿色公路、绿色铁路、绿色航道、绿色港口及绿色空港在内的综合绿色交通网络体系。此过程中，应积极引入并应用前沿技术，如温拌沥青技术以降低施工能耗与排放、智能通风系统以优化空间环境管理，以及使用高效节能灯具以减少照明领域的能源消耗，从而全方位地减少交通基础设施建设和运营过程中的能源消耗及环境污染，促进交通行业的绿色转型与可持续发展。

新能源汽车是实现绿色交通的重要途径之一。为了推广普及新能源汽车，需要加大政策支持力度，包括购车补贴、免费停车政策、减免购置税等激励措施，降低新能源汽车的使用成本。同时，建设充电基础设施网络是关键，应在城市主干道、商业区、居民社区等区域布局充电桩，确保用户便捷地进行充电和换电操作。为了支持新能源汽车的普及和使用，需要建设完善的充电、换电和加氢站点网络。这些配套设施的建设应覆盖城市和乡村各个关键点，确保新能源汽车的便捷性和安全性。

在交通基础设施建设和运营过程中，应广泛应用节能环保技术和产品，如节能灯具、隔声屏障等。这些技术和产品能有效降低能耗和环境噪声，改善附近居民的生活质量，同时符合可持续发展的要求。为了减少资源浪费和环境污染，应在工程建设中加大废弃资源的综合利用力度。例如，废弃路面、沥青、疏浚土等材料以及建筑垃圾的再利用，通过技术手段实现资源化利用，降低对基础资源的依赖，推动循环经济的发展。

综上所述，实现绿色交通的发展需要政府、企业和社会各界共同努力。通过优化交通结构、推广新能源汽车、建设充电基础设施网络、提升交通基础设施绿色发展水平和加大废弃资源综合利用力度等措施，可以有效减少交通对环境的影响，推动城市和乡村交通系统的绿色转型，为可持续发展贡献力量。

11.3.2　打造绿色物流

近年来，受电商市场扩张对产品流通服务需求加剧的内推影响，物流业快速发展，为经济社会持续发展奠定了坚实基础，我国也逐步成为全球最大物流市场。2023 年全国社会物流总额为 352.4 万亿元，同比增长 5.2%。物流行业作为连接生产与消费的关键环节，其重要性日益凸显。然而，传统物流在推动经济增长的同时，也带来了能源过度消耗、环境污染等一系列严重问题。因此，发展绿色物流，即通过实施绿色仓储、绿色包装、绿色运输等环保措施，成为缓解环境压力、实现可持续发展的重要途径。

绿色物流是指在物流活动全过程中，通过采用环保技术、优化资源配置、提高能效等措施，实现物流作业的低碳化、循环化、智能化，以减少对环境的负面影响，促进经济、社会、环境的协调发展。

绿色仓储是绿色物流的基石，其核心在于通过技术创新和管理优化，实现仓储环节的节能减排和资源高效利用。应合理规划仓库布局，采用先进的仓储管理系统（WMS）和自动化立体仓库技术，减少货物搬运距离和人工操作，提高仓储作业效率和空间利用率。同时，利用物联网、大数据等现代信息技术，实现库存信息的实时监控和精准管理，避免过度库存造成的资源浪费。此外，绿色仓储还强调使用环保材料和节能设备。例如，采用太阳能光伏板为仓库提供清洁能源，安装 LED 节能灯具减少电力消耗，以及使用环保型建筑材料降低建筑过程中的碳排放。在仓储作业中，推广使用电动叉车、自动化导引车（AGV）等低碳排放的物流设备，同时减少燃油叉车的使用，进一步降低仓储环节的碳排放。

绿色包装是绿色物流的重要组成部分，对于减少塑料污染、推动资源循环利用具有重要意义。在电子商务迅猛发展的背景下，推广绿色包装显得尤为重要。首先，应鼓励企业采用可降解材料、生物基材料等环保材料替代传统的一次性塑料制品，如使用纸质包装、布袋、可降解塑料等。同时，通过优化设计减少包装材料的使用量，如采用轻量化设计、优化包装结构等方式，实现包装材料的减量化。其次，建立包装物回收体系也是推广绿色包装的重要环节。企业可以与物流公司、回收企业合作，建立包装物回收网络和逆向物流系统，对可回收的包装物进行统一回收、分类处理、再利用。同时，通过政策激励和市场机制引导消费者参与包装物回收，如设置回收点、提供回收奖励等措施，提高包装物的回收率和循环利用率。

绿色运输是绿色物流的核心环节，对于减少交通运输领域的碳排放具有决定性作用。首先，应积极调整运输结构，推进铁水、公铁、公水等多式联运的发展。多式联运能够充分发挥各种运输方式的优势，实现运输资源的优化配置和节能减排。例如，通过铁路、水路等低碳排放的运输方式替代公路运输中的长途运输部分，可以显著降低运输过程中的碳排放。同时，加快铁路专用线建设也是推动绿色运输的重要举措。铁路专用线能够直接连接企业和港口、货场等物流节点，减少货物中转次数和运输距离，提高运输效率并降低碳排放。其次，加强物流运输组织管理也是实现绿色运输的关键。通过优化运输路线、提高车辆装载率、推广甩挂运输和共同配送等方式，可以进一步降低运输过程中的能耗和排放。最后，为了支撑绿色物流的发展，还需要加快相关基础设施建设和技术创新。一方面，应加速推进港口岸电基础设施的建设进程，并鼓励机场实施飞机辅助动力装置的替代设备研发与推广应用。这些设施能够减少船舶和飞机在停靠期间使用燃油发电的需求，从而降低碳排放和噪声污染。另一方面，应鼓励物流企业构建数字化运营平台，利用云计算、大数据、人工智能等现代信息技术提升物流管理的智能化水平。通过智慧仓储、智慧运输等技术的应用，实现物流作业的自动化、智能化和可视化管理，从而提高物流效率和资源利用率。

绿色物流是交通行业应对环境挑战、实现可持续发展的必然选择。推行绿色物流策略，涵盖绿色仓储、环保包装及低碳运输等领域，能显著削减物流环节的能源消耗与排放，进而提升资源利用效率并强化环境保护成效。未来，政府、企业和社会各界应共同努力，推动绿色物流体系的建立和完善，为实现生态文明和绿色发展作出积极贡献。

11.4 构建我国绿色低碳循环发展的消费体系

11.4.1 健全绿色消费体系

生态文明建设关乎每个人的切身利益，每个人都是践行者与推动者。强化生态文明教育，提升公众环保意识，倡导节约、绿色、健康的生活方式与消费模式，已成为全社会的共识与行动。2020 年 3 月，中共中央办公厅、国务院办公厅印发了《关于构建现代环境治理体系的指导意见》，旨在引导民众主动承担环保责任，积极参与垃圾分类，践行绿色生活与出行，以及推广绿色消费。

绿色消费，作为一种可持续的消费模式，旨在满足人们基本需求的同时，使环境的负面影响最小化，是经济社会发展与生态保护相协调的新型消费方式。近年来，随着经济的快速增长与人民生活水平的提升，消费需求不断攀升，成为拉动经济增长的重要力量。然而，非理性消费，如过度消费与奢侈浪费，以及因消费观念落后或产品非环保导致的资源浪费与环境污染问题日益严重。面对消费总量与强度的持续增长，绿色消费成为缓解资源环境压力、推进生态文明建设的关键途径。因此，积极倡导与推广绿色消费，形成节约、绿色、健康的生活与消费模式，不仅能够有效促进绿色生产，实现绿色发展，更是建设生态文明、推动可持续发展的重要策略。

（1）开展教育宣传活动

目前，绿色消费已成为一种全球性的趋势和重要课题。随着人们对环境保护和可持续发展的重视不断增强，开展绿色消费的教育宣传活动变得尤为重要。通过这些活动，可以提高消费者对绿色消费的认识和意识，引导他们改变消费习惯，从而推动社会朝着更加环保、可持续的方向发展。

为了有效开展绿色消费的教育宣传活动，可以采取多种形式，如举办绿色消费主题的讲座、展览、宣传活动等。在讲座中，可以邀请环保专家、学者或从业者分享绿色消费的理念、方法和案例，让消费者了解到绿色消费的重要意义和实践方式。展览则可以通过展示环保产品、绿色科技等方式，直观地向公众展示绿色消费的好处和效果。同时，通过宣传活动，可以利用各种媒体平台传递绿色消费的信息，引导公众关注和参与到绿色消费中。

绿色消费不仅有利于保护环境、减少资源浪费，更能改善人们的生活质量和健康状况。选择绿色产品和服务，可以减少对环境的污染，降低碳排放，推动企业生产更加环保的产品，促进经济可持续发展。同时，绿色消费也有助于提高消费者的生活品质，选择健康、环保的产品和服务，有利于个人身心健康，提升生活幸福感。

通过开展绿色消费的教育宣传活动，可以不断提升消费者对绿色消费的认知和意识，引导他们改变消费行为，选择更加环保、可持续的生活方式。这不仅有利于保护我们身边的家园，也符合社会发展的长远利益。未来，我们应该继续加大对绿色消费的宣传力度，推动绿色消费理念深入人心，共同建设一个更加美好的环境和社会。

（2）政府是推动绿色发展关键力量

为了实现可持续发展和环境保护的目标，政府应出台相关政策，鼓励和支持企业生产绿色产品，提供绿色服务。同时，通过税收政策、补贴政策等手段，引导消费者选择绿色产品和服务，从而推动整个社会向绿色发展转型。

①政府可以通过制定法律法规和政策文件来规范和引导企业生产绿色产品。例如，设立绿色产业发展基金，为绿色企业提供财政支持和补贴，鼓励企业加大绿色技术研发和生产投入。政府还可以建立绿色产品认证体系，对符合环保标准的产品进行认证，提高消费者对绿色产品的信任度，促进绿色产品的市场化。

②政府可以通过税收政策来激励企业和消费者选择绿色产品和服务。例如，对生产和销售绿色产品的企业给予税收优惠，降低其生产成本，提高其竞争力；同时，对污染企业或者不符合环保标准的企业加大税收力度，增加其生产成本，促使其转型升级。此外，政府还可以对购买绿色产品的消费者给予税收减免或者奖励，激励消费者选择环保产品，形成绿色消费的良好氛围。

③政府还可以通过补贴政策来支持绿色产业的发展。例如，对购买绿色产品的消费者给予补贴或发放消费券，降低其购买成本；对从事绿色产业的企业提供技术支持和培训补贴，提高其生产效率和竞争力。通过这些补贴政策，政府可以有效地促进绿色产业的发展，推动经济转型升级。

政府可以通过多种手段来鼓励和支持企业生产绿色产品，提供绿色服务，同时引导消费者选择绿色产品和服务。这不仅有利于环境保护和资源节约，也有助于推动经济可持续发展和社会绿色转型。政府在推动绿色发展方面的作用至关重要，需要不断完善政策措施，激励各方共同参与，共同推动绿色发展的进程。

④政府还可以通过建立绿色产品认证体系来推动可持续发展，促进绿色生产和消费，保护环境，提高消费者对产品的信任度。绿色产品认证体系是一种通过权威机构对产品进行评估、认证和标识的制度，旨在为消费者提供可靠的绿色产品信息，帮助消费者更加便捷地识别和选择绿色产品。

建立绿色产品认证体系可以促进企业生产绿色产品的积极性。通过认证体系，企业生产的绿色产品可以得到权威机构的认可和证明，提高产品的市场竞争力，激励企业加大对环保技术和绿色生产的投入，推动企业向绿色可持续发展转型。

绿色产品认证体系可以提升消费者对产品的信任度。消费者在购买产品时往往关注产品的环保性能和质量，但很难直接了解产品的生产过程和环保指标。通过绿色产品认证体系，消费者可以通过产品上的绿色认证标识，直观地了解产品是否符合环保标准，从而更加信任产品的环保承诺，提高消费者对产品的满意度。建立绿色产品认证体系还可以推动产业升级和技术创新。企业为了获得绿色产品认证，需要符合一定的环保标准和技术要求，这促使企业不断改进生产工艺，推动技术创新，提高产品的环保性能和质量，推动整个产业向更加环保、可持续的方向发展。

建立绿色产品认证体系对于推动可持续发展、保护环境、提高消费者对产品的信任度具有重要意义。通过认证体系，消费者可以更加便捷地选择绿色产品，企业可以获得市场竞争优势，产业可以实现可持续发展。因此，建立绿色产品认证体系是促进绿色生产和消费的重要举措，有助于构建绿色、可持续的社会和经济发展模式。

（3）通过价格激励机制来促进绿色产品消费

在当今社会，环境保护和可持续发展已成为全球关注的焦点。为了减少对环境的负面影响，人们逐渐意识到选择绿色产品的重要意义。然而，由于绿色产品通常价格较高，消费者在购买时可能会面临经济压力。因此，通过价格激励机制来降低绿色产品的价格，甚至于提高传统产品的价格，从而引导消费者选择绿色产品，是一种可行的解决方案。

首先，通过对购买绿色产品的消费者给予折扣或奖励，可以有效地激励消费者选择绿色产品。例如，政府可以制定相关政策，对购买绿色产品的消费者给予税收优惠或补贴，从而降低他们的购买成本。这种方式不仅可以减轻消费者的经济负担，还可以增加他们对绿色产品的购买意愿。同时，企业也可以通过促销活动或会员积分等方式，奖励购买绿色产品的消费者，进一步提高他们购买绿色产品的积极性。

其次，提高传统产品的价格也是引导消费者选择绿色产品的有效手段。通过对传统产品征收环境税或排放费等方式，使传统产品的价格反映其对环境的实际影响，从而提高其价格。这样一来，消费者在购买传统产品时将面临更高的成本，从而促使他们转向选择价格更为合理的绿色产品。此外，政府还可以通过限制传统产品的生产数量或销售范围等措施，进一步减少传统产品的供给，从而推动市场需求向绿色产品转变。

在实施价格激励机制的过程中，需要政府、企业和消费者共同努力。政府应该加强监管，建立健全法律法规体系，确保价格激励政策有效实施。企业应该积极响应政府政策，加大对绿色产品的研发和生产投入，提高绿色产品的质量和竞争力。消费者则应该增强环保意识，理性消费，选择绿色产品，为环境保护贡献自己的一份力量。

总体来说，通过价格激励机制来降低绿色产品的价格，提高传统产品的价格，从而引导消费者选择绿色产品，是一项利于可持续发展的重要举措。只有政府、企业和消费者共同努力，才能实现绿色生产和消费的良性循环，推动社会朝着更加可持续的方向发展。

为了推广节能、节水、节材等绿色生活方式，我们可以采取多种措施。举办绿色生活方式的培训班：通过举办培训班，向消费者传授绿色生活的知识和技能，帮助他们了解如何在日常生活中节约能源、减少浪费和保护环境；发布绿色生活指南：制定并发布绿色生活指南，为消费者提供具体的建议和指导，包括如何选择环保产品、如何节约能源和水资源、如何减少垃圾产生等；加强宣传教育：通过各种媒体渠道，如电视、报纸、杂志、网络等，广泛宣传绿色生活方式的重要性，提高消费者的环保意识和责任感；提供激励措施：政府和企业可以采取一些激励措施，鼓励消费者选择绿色生活方式，如提供节能产品补贴、税收优惠、绿色消费积分等；建立绿色社区和绿色商圈：在社区和商圈中推广绿色生活方式，建立绿色社区和绿色商圈，鼓励居民和商家共同参与环保行动；加强国际合作：加强国际的绿色生活方式推广合作，分享经验和技术，共同应对全球性的环境问题。

总之，推广节能、节水、节材等绿色生活方式需要政府、企业、社会组织和个人共同努力，通过多种方式加强宣传教育，提高消费者的环保意识和责任感，引导消费者改变消费习惯，减少资源消耗和环境污染。通过以上措施，可以逐步构建起一套促进绿色低碳循环发展的消费体系，实现经济增长与环境保护的良性循环。让消费者在追求生活品质的同时，也能意识到自己的消费行为对环境和社会的影响，从而更加理性地进行消费选择。

11.4.2　建设碳普惠体系

碳普惠体系是指通过建立一套包含碳排放权交易、碳税、碳市场等机制的体系，以激励社会公众和企业减少碳排放、节能减碳，从而推动绿色低碳发展。碳普惠体系的建设目的旨在通过市场机制，为节能减碳行为赋予经济价值，促进全社会的低碳转型。

政府可以设立碳排放权交易市场，通过发放一定数量的碳排放配额，企业可以在市场上进行碳排放权的买卖，从而形成碳排放的价格信号，激励企业减少碳排放。另外可设立碳税，对碳排放量超过一定标准的企业征收税款，以引导企业减少碳排放，提高能源利用效率。通过建立碳市场激励机制，对节能减碳行为进行奖励，如给予碳减排积分、碳减排补贴等，鼓励公众和企业参与绿色低碳发展。

还可以为社会公众和小微企业的节能减碳行为赋予价值，开展碳减排知识普及教育对于提高公众和小微企业对碳排放问题的认识至关重要。只有当人们充分了解碳排放的影响和节能减碳的意义时，他们才更有可能积极参与到相关行动中。政府和相关机构可以通过举办讲座、培训课程、宣传活动等方式，向公众和小微企业普及碳减排的基本知识，包括碳排放的来源、危害以及个人和企业可以采取的减排措施等。此外，利用传统媒体、网络平台等渠道进行广泛宣传，也能够提高公众对碳减排的关注度。通过教育宣传，可以激发公众和小微企业参与节能减碳的积极性。当人们认识到自己的行为对环境产生积极影响时，他们更有可能主动采取措施来减少碳排放。这种积极性的激发不仅有助于推动个人和企业的节能减排行动，还能够形成良好的社会氛围，促进更多人参与到绿色低碳发展中。

设立节能减碳行为奖励机制可以对公众和小微企业起到激励作用。这种奖励可以采取多种形式，如减免税收、发放碳减排补贴等。通过给予实际的经济利益，鼓励更多的人采取节能减碳措施。

此外，政府可以制定相关政策，明确奖励的标准和范围。例如，对使用节能设备、提高能源利用效率的企业给予税收优惠；对个人的碳减排行为给予一定的补贴或奖励。此外，可以建立专门的奖励基金或项目，用于支持和表彰在节能减碳方面表现出色的公众和小微企业。奖励机制的建立将促进公众和小微企业积极采取节能减碳措施。人们会更有动力去寻找和实施有效的减排方法，因为他们能够获得实际的经济回报。

推动绿色技术的研发和应用是实现节能减碳目标的关键。绿色技术能够提高能源利用效率、减少碳排放，同时还能够降低产品的成本，使其更具市场竞争力。政府和企业应加大对绿色技术研发的投入，鼓励科研机构和企业开展相关技术的研究和开发。同时，加强绿色技术的推广和应用，建立绿色技术示范项目和产业园区，促进绿色技术的产业化和市场化。通过推广绿色技术，可以鼓励公众和小微企业选择绿色低碳产品和服务。当绿色技术得到广泛应用和成本降低时，人们更愿意选择使用这些技术和产品，从而推动整个社会向绿色低碳方向转型。这不仅有助于减少碳排放，还能够创造新的经济增长点和就业机会。

由此可知，通过教育宣传提高认识、建立奖励机制激发积极性以及推广绿色技术降低成本，能够为社会公众和小微企业的节能减碳行为赋予价值，鼓励更多人积极参与到绿色低碳发展中，共同应对气候变化挑战，实现可持续发展的目标。

通过激励机制推动公众参与绿色低碳发展，设立碳减排奖励基金，用于奖励公众和企业的节能减碳行为，激发其参与绿色低碳发展。广泛开展节能减碳知识讲座、绿色低碳生活体验活动等，提高公众对绿色低碳发展的认识和参与度。建立监督机制，对参与碳减排行为的公众和企业进行监督和评估，确保激励机制的有效实施。

通过建立碳普惠体系，为社会公众和小微企业的节能减碳行为赋予经济价值，通过激励机制推动公众参与绿色低碳发展，将有助于推动全社会向绿色低碳发展转型，实现可持续发展目标。

11.5 加强我国区域协作与政策支持

11.5.1 加强区域间合作

推动全球温室气体减排目标的实现，通过加强区域间合作，共同推动绿色低碳发展，可以为全球温室气体减排目标的实现作出贡献。加强区域间合作，共同推动绿色低碳发展，是实现全球温室气体减排目标的重要途径。

区域间合作可以促进技术创新和转移。不同地区在绿色低碳技术研发和应用方面具有各自的优势和潜力。通过加强合作，可以实现技术的交流与共享，加速技术创新的步伐，并将先进的技术和经验向其他地区转移和推广。这有助于提高全球范围内的绿色低碳技术水平、降低减排成本、提高减排效率。区域间合作可以整合资源，实现优势互补。不同地区在能源资源、产业基础、市场需求等方面存在差异。通过合作，可以充分发挥各自的优势，实现资源的优化配置和整合。例如，一些地区可以提供丰富的清洁能源资源，而另一些地区可以在能源消费和减排方面进行技术创新和管理优化。这种合作可以提高整体的减排能力，实现资源的高效利用。区域间合作还可以加强政策协调和行动。世界各国的减排政策和措施存在一定差异，加强区域间合作可以促进政策的协调性和一致性。通过共同制定和实施减排目标、政策和行动方案，可以避免各国各自为政导致的减排效果不佳和资源浪费。同时，合作还可以推动国际间的减排合作和对话，加强国际社会在减排问题上的合作与支持。区域间合作可以促进绿色低碳发展的示范和推广。通过在不同地区开展绿色低碳发展的示范项目和实践，可以为其他地区提供借鉴和参考。这些示范项目可以展示绿色低碳技术的应用效果、商业模式的可行性以及政策措施的有效性，激发其他地区的积极性和创造力，推动全球范围内绿色低碳发展的广泛实践。

加强区域间合作，共同推动绿色低碳发展，是实现全球温室气体减排目标的重要举措。通过技术创新、资源整合、政策协调和示范推广等方面的合作，可以充分发挥各国的优势，提高减排效果，为应对全球气候变化作出积极贡献。各国应加强合作，共同努力，推动绿色低碳发展，为子孙后代创造一个更加美好的地球家园。

11.5.2 建立跨区域碳排放权交易市场

跨区域碳排放权交易市场可以促进碳排放权的合理流动，提高资源配置效率，实现资源的优化配置。跨区域碳排放权交易市场是指在不同地区之间进行碳排放权的买卖和交易的市场。通过建立这样的市场，可以实现碳排放权的合理流动，提高资源配置效率。跨区域碳排放权交易市场打破了地域限制，使碳排放权能够在不同地区之间自由流动。这意味着碳排放权可以从资源丰富的地区流向资源稀缺的地区，从而实现资源的优化配置。例如，一个地区拥有丰富的清洁能源资源，如风能、太阳能等，而另一个地区对碳排放权有更高的需求。通过跨区域交易，这些地区可以相互交易碳排放权，实现资源的有效利用。跨区域碳排放权交易市场为碳排放权的定价提供了一个市场化的机制。在这个市场中，碳排放权的价格由供求关系决定，而不是由政府行政手段决定。这样的定价机制能够更准确地反映碳排放权的稀缺程度和环境价值，从而引导资源向更高效的利用方向流动。当碳排放权的价格上涨时，企业会更加积极地采取减排措施，以降低成本；而当碳排放权的价格下降时，企业则会减少减排投入。这种价格机制的作用能够促使企业不断提高能源利用效率，降低碳排放，实现资源的优化配置。跨区域碳排放权交易市场还促进了技术创新和成本降低。为了满足减排要求，企业会不断寻求更经济有效的减排技术和方法。这将推动技术创新和成本降低，进一步提高资源配置效率。同时，跨区域交易也为企业提供了更多的选择机会，使其能够从不同地区获得更具成本优势的碳排放权，从而降低减排成本。跨区域碳排放权交易市场有助于形成全国统一的碳排放权市场。随着市场的不断发展和完善，跨区域交易将逐渐融入全国统一的碳排放权市场中。这将提高市场的规模和流动性，增强市场的影响力和有效性。全国统一的市场有助于形成更合理的价格体系，促进资源的优化配置，推动全国范围内的减排工作。

跨区域碳排放权交易市场的建立和发展对于提高资源配置效率、实现资源的优化配置具有重要意义。它为碳排放权的合理流动提供了平台，促进了技术创新和成本降低，有助于形成全国统一的市场，推动绿色低碳发展。然而，在建立和完善跨区域碳排放权交易市场的过程中，还需要解决一些问题，如建立统一的交易规则和标准、加强监管和执法力度等。只有这样，才能确保市场的公平、透明和有效运行，实现资源的最优配置和环境保护目标。

推动绿色低碳技术的创新和应用也极其重要，碳排放权交易市场可以为绿色低碳技术的创新和应用提供资金支持，促进技术的进步和应用。

碳排放权交易市场是一种通过市场机制来分配和交易碳排放配额的体系。它为企业提供了一种经济激励，促使企业减少碳排放，以实现减排目标。同时，碳排放权交易市场也为绿色低碳技术的创新和应用提供了资金支持，促进了技术的进步和应用。企业在减排过程中需要投入大量的资金来开发和应用新技术，但是由于技术的不确定性和高风险，企业往往缺乏资金支持。碳排放权交易市场的建立为企业提供了一个新的融资渠道，例如，一些企业可以将其获得的碳排放配额出售给其他需要减排的企业，获得资金用于研发新的绿色低碳技术。碳排放权交易市场促进了绿色低碳技术的应用。企业在减排过程中需要选择最经济有效的减排技术，而碳排放权交易市场的建立为企业提供了一个选择的依据。企业可以通过购买碳排放配额来实现减排目标，也可以通过投资绿色低碳技术来减少碳排放，还可以通过出售碳排放配额获得收益。这种市场机制的建立促使企业更加积极地应用绿色低碳技术，提高技术的应用效率和减排效果。碳排放权交易市场还为绿色低碳技术的创新和应用提供了信息和经验交流的平台。在碳排放权交易市场中，企业可以了解到其他企业的减排技术和经验，促进了技术的交流和合作。同时，政府和相关机构也可以通过市场机制来引导企业的减排行为，推动绿色低碳技术的创新和应用。

促进区域经济的协调发展，碳排放权交易市场可以为不同地区提供新的发展机遇，促进区域经济的协调发展。

碳排放权交易市场为不同地区提供了新的发展机遇，通过促进碳排放权的合理流动和有效配置，推动了区域经济的协调发展。碳排放权交易市场为减排成本较低的地区提供了经济效益。这些地区可以通过出售碳排放配额获得收益，将其用于支持当地的经济发展和产业升级。例如，一些地区拥有丰富的清洁能源资源，如风能、太阳能等，或者在工业减排方面具有较高的效率，该地区可以通过减少碳排放来获得碳排放配额，并将其出售给需要减排的地区，从而获得经济回报。这种经济激励促使减排成本较低的地区更加积极地采取减排措施，同时为其他地区提供了借鉴和学习的机会。碳排放权交易市场为需要进行产业升级和转型的地区提供了新的发展机遇。对于一些传统高耗能、高排放的地区，碳排放权交易市场为他们提供了一个机会，通过投资和发展绿色低碳产业来实现经济的转型和升级。这些地区可以利用其在减排方面的优势，吸引绿色低碳项目和投资，推动相关产业的发展，创造新的就业机会和经济增长点。例如，一些地区可以发展清洁能源产业、环保技术产业等，实现经济的绿色转型。碳排放权交易市场还促进了区域间的合作与协同发展。不同地区可以通过交易碳排放配额来实现互利共赢，共同推动区域经济的协调发展。例如，一些地区可以与其他地区合作，共同开展减排项目，实现减排目标的同时，也促进了区域间的经济合作和交流。碳排放权交易市场的建立和发展也需要相关的基础设施和服务产业的支持，这为不同地区提供了扩大内需和促进就业的机会。例如，碳排放权交易市场需要专业的咨询机构、金融机构、技术服务公司等提供支持，这些机构的发展将带动相关产业的就业和经济增长。

碳排放权交易市场为不同地区提供了新的发展机遇，通过促进减排成本较低地区的经济发展、推动产业升级和转型、加强区域间的合作与协同发展，以及带动相关产业的发展，实现区域经济的协调发展。然而，在实施碳排放权交易市场过程中，还需要解决一些问题，如建立公平合理的交易机制、加强监管和执法力度、提高市场的流动性和透明度等，以确保市场的有效运行和可持续发展。

建立跨区域碳排放权交易市场还需要解决几个关键问题，首先要建立统一的交易规则和标准，因为不同地区的碳排放权交易市场可能存在差异，需要建立统一的交易规则和标准，确保交易的公平性和透明度。其次要解决碳排放数据的准确性和可靠性问题，碳排放数据的准确性和可靠性是碳排放权交易的基础，需要建立完善的数据监测和报告体系，确保数据的真实性和可靠性。再次要加强监管和执法力度，碳排放权交易市场需要加强监管和执法力度，打击非法交易和欺诈行为，维护市场的稳定和公平。最后要推动技术创新和应用，碳排放权交易市场需要推动技术创新和应用，提高交易效率和降低交易成本，促进绿色低碳技术的发展和应用。

11.5.3　制定和完善相关政策措施

制定和完善相关政策措施，支持绿色低碳产业发展，加大财政、税收、金融等方面对绿色项目的支持力度。

为了推动绿色低碳产业的发展，政府可以采取一系列政策措施，包括财政、税收和金融等方面。在财政政策方面，政府可以增加对绿色低碳产业的研发投入，设立专项基金或补贴计划，优先购买绿色低碳产品和服务，促进绿色产业的发展。在税收政策方面，政府可以制定优惠的税收政策，鼓励企业增加绿色投资和创新。例如，对清洁能源、节能减排设备制造等领域的企业，可以给予企业所得税优惠；对绿色能源项目的投资，可以给予税收抵免或加速折旧等优惠。在金融政策方面，政府可以建立绿色金融体系，鼓励和支持绿色项目的融资和投资。此外，政府还可以通过设立绿色产业投资基金、引导社会资本投向绿色产业等方式，为绿色低碳产业提供更多的资金支持。

此外，政府还可以加强对绿色低碳产业的监管和引导，规范市场秩序，防止虚假宣传和不正当竞争。同时，政府可以加强与企业和投资者的沟通和合作，提高政策的透明度和可预期性，增强市场信心和投资积极性。

通过制定和完善相关政策措施，加大对绿色项目的支持力度，政府可以为绿色低碳产业的发展创造良好的政策环境，吸引更多的资金和技术投入，推动经济的绿色转型和可持续发展。同时，这也有助于应对全球气候变化，保护生态环境，实现经济、社会和环境的协调发展。

通过以上措施的实施，可以推动区域绿色低碳体系的建设和发展，为实现碳达峰、碳中和目标奠定坚实基础。

第 12 章

创新我国绿色低碳发展的

政策体系研究

随着全球气候变化问题的日益严峻，绿色低碳发展成为国际社会的共同关切。我国作为世界上最大的发展中国家以及主要的碳排放国之一，承担着推动绿色低碳转型的重要使命。从早期的环境保护意识觉醒，到可持续发展战略的确立，再到生态文明的提出与实践，我国的绿色低碳政策体系经历了不断的发展和完善。随着"双碳"目标（2030 年前实现碳达峰，2060 年前实现碳中和）的提出，我国的绿色低碳发展政策体系进入了一个新的阶段。同时，本章将重点讨论当前绿色低碳政策体系的特点和面临的现实挑战，在此基础上，探索创新绿色低碳发展政策体系的路径，如推动能耗双控向碳排放双控的转变、完善碳定价机制、健全统筹协调机制、推进应对气候变化立法、加强数据和人才体系建设、完善社会治理体系，以及优化经济政策工具箱。我国致力于构建一套更加科学、系统、有效的政策体系，进而为实现碳达峰和碳中和目标提供坚实的支撑。这不仅是我国对全球气候治理的贡献，也是实现可持续发展的必由之路。

12.1　我国绿色低碳发展理念与政策演进

我国的绿色低碳发展经历了一个由起步到深化，再到全面推进的演进过程。我国的绿色低碳理念的发展体现了对国内外环境变化的响应，如全球气候变化议题的紧迫性和国内经济转型升级的需求，早期更多关注于污染治理和资源节约，随后转向可持续发展战略，再到提出生态文明建设，最终形成全面绿色低碳发展的战略布局。我国绿色低碳发展理念与政策演进从最初的环境保护意识觉醒，逐步发展成为一套全面、系统的绿色低碳发展政策体系。

12.1.1　环境保护意识的觉醒

20 世纪 70 年代至 80 年代，我国经历了快速的工业化和城市化进程。伴随经济的飞速进步，环境破坏与资源滥用的情况日益凸显。工业污染、水污染、空气污染和土壤污染等问题日益严重，对人民健康和生态环境构成了严重威胁。这一时期，我国政府开始意识到环境保护的关键性，并逐渐将节约资源和保护环境作为基本国策。1972 年，我国参加了联合国首届人类与环境大会，这次会议对我国环境保护意识的觉醒起到了重要的推动作用。1979 年，《中华人民共和国环境保护法（试行）》正式实施，它成为我国第一部关于环境保护的立法，象征着我国的环境保护事业已经步入了法治的轨道。该法律明确了环境保护的基本原则和目标，规定了政府、企业和个人在环境保护中的责任和义务。1989 年，《中华人民共和国环境保护法》正式颁布，进一步完善了环境保护的法律体系。该法对环境保护的各个方面进行了详细的规定，包括污染防治、生态保护、环境监测和环境影响评价等。

在这一时期，我国政府加强了对重点污染源的监管，推行了"三同时"制度（建设项目的环境保护设施必须与主体工程同时设计、同时施工、同时投产）。这一制度的实施，使新建项目的环境保护设施得到了有效的保障，极大地减少了环境污染的风险。工业污染得到了一定程度的控制，部分重点污染源的排放有所减少。然而，由于经济快速发展带来的污染压力，环境保护工作仍然面临许多挑战。

12.1.2 可持续发展战略的确立

20 世纪 90 年代，随着全球化的推进和环境问题的日益凸显，我国开始将可持续发展理念纳入国家发展战略。在这个阶段，我国的经济增长方式开始从单一追求经济增长转变为重视经济、社会和环境的协调发展。我国政府认识到，可持续发展不仅是全球性挑战，也是中国自身发展的必然选择。1994 年，我国正式颁布了《中国 21 世纪议程》，用以执行可持续发展战略。该议程提出了一系列具体的目标和措施，包括加强环境立法、提高能源效率、发展清洁能源、保护生物多样性等。这一议程的发布标志着我国在可持续发展方面的政策开始具体化、系统化。

《中国21世纪议程》的实施推动了环境保护和经济发展的协调，促进了清洁能源和节能技术的应用，提高了公众的环保意识。我国在执行可持续发展策略的过程中，在一些核心领域取得了突出的成就，如森林覆盖面积的扩大以及水质的改善。具体来说，退耕还林和天然林保护项目极大提高了森林覆盖率，改善了生态环境；水污染治理项目提高了水资源的保护和利用效率，保障了人民群众的饮水安全。

12.1.3 科学发展观的提出

进入 21 世纪，我国经济持续快速增长，但伴随而来的是资源环境约束加剧、生态破坏和环境污染问题日益突出。面对这些挑战，我国政府认识到，传统的发展模式已难以为继，必须转变发展方式，实现经济、社会、资源和环境保护的协调发展。2003 年，党的十六届三中全会提出了"坚持以人为本，树立全面协调、可持续的发展观，促进经济社会和人的全面发展"的科学发展观，强调发展要以人为本，全面协调可持续。科学发展观被正式提出，成为指导我国发展的新理念。这一理念的核心是发展要以人为本，并且发展成果应惠及全体人民，同时要实现人与自然和谐共生。科学发展观的提出和实施，推动了我国在环境保护和资源节约方面取得显著进展。在这一理念指引下，我国加强了对高污染、高耗能行业的监管，推广了清洁生产技术，提高了资源利用效率。同时，公众的环保意识也得到了显著提升，绿色生活方式逐渐成为社会新风尚。

12.1.4　生态文明的提出与实践

2007 年在党的十七大上，"构建生态文明"首次被列入全面建设小康社会的新指标，这象征着我国绿色发展战略的一次重大调整。这一理念的提出，将生态保护与经济发展放在同等重要的位置，强调了人与自然和谐共生的重要性。党的十七大报告中首次提出了"建设生态文明"的理念，并强调了生态保护与经济发展的协调统一。"加强能源资源节约和生态环境保护，增强可持续发展能力"这一理念的提出，促进了生态文明建设的全面推进，为我国的环境保护和可持续发展指明了方向。2009 年，我国政府启动了"生态文明建设试点"，在全国范围内选择了若干地区进行生态文明建设的先行先试，积累了宝贵的经验和模式。

生态文明理念的提出和实践推动了我国在生态保护和环境治理方面的重大进展。例如，实施退耕还林、天然林保护等项目，显著提高了森林覆盖率，增强了生态系统的服务功能。公众的环保意识和参与度显著提高，环境保护成为社会发展的重要内容。同时，生态文明建设也促进了经济结构的优化和升级，推动了绿色经济的发展。

12.1.5　生态文明的深化与制度化

2012 年，党的十八大把生态文明建设纳入国家发展的总体布局，提出"五位一体"的发展理念，进一步深化了内涵，推动了生态文明建设的制度化和规范化。党的十八大报告指出："建设生态文明，是关系人民福祉、关乎民族未来的长远大计。"强调了将生态文明建设融入经济、政治、文化和社会各个领域和全过程中。这一战略部署，体现了中国对生态文明建设的高度重视和全面推进的决心。

12.1.6　生态文明体制改革

2013 年，党的十八届三中全会提出了深化生态文明体制改革的重要决策。这一决策标志着我国在生态文明建设方面迈出了更为坚实的步伐，旨在通过系统性的改革，推动生态环境保护与经济社会发展的深度融合。党的十八届三中全会的决定中指出建立系统完整的生态文明制度体系。这一决策的提出，体现了我国对生态文明建设的高度重视和全面推进的决心。党的十八届三中全会同样对深入推进生态文明体制的改革设定了全面的指导原则，并着重指出需要打造一套从源头开始就加以预防、在流程中进行严格监督、对破坏行为进行严厉处罚并对相关责任人进行追踪的完善的生态文明体系。2015 年，《生态文明体制改革总体方案》由国务院公布，这更加清晰地指出了生态文明体制改革的详细步骤和目标。该方案提出了加强生态保护、推动绿色发展、提高资源利用效率等具体任务，推动了生态文明建设的全面实施。同年，我国政府启动了生态文明体制改革试点，选择了一些地区作为改革的先行示范，积累了宝贵的经验和模式。生态文明体制改革的推进加强了环境保护的制度保障，提高了资源利用效率和环境治理效果。

12.1.7 绿色发展的全面融入

"十三五"规划（2016—2020年）是我国经济发展步入新常态后的第一个五年规划。在资源环境压力增大、环境污染日益严重、生态破坏日趋严重的情况下，我国政府倡导了绿色发展的理念，并着重强调在发展过程中，必须达到经济、社会以及环境三者的协同效应。"十三五"规划明确推动形成绿色发展方式和生活方式，加快建设环境友好型社会。这一规划的发布，标志着绿色发展全面融入国家发展战略。规划纲要中明确提出绿色发展的总体要求，并着重强调要推动形成绿色发展方式和生活方式。

绿色发展理念的全面融入推动了我国在节能减排、清洁能源发展和生态保护等方面取得显著进展。例如，能源消耗强度有所下降，污染物排放总量得到了一定程度的控制。公众的环保意识和参与度显著提高，绿色生活方式逐渐成为社会新风尚。通过实施绿色发展战略，我国的生态环境质量得到了一定程度的改善，生物多样性得到了保护。

12.1.8 人与自然和谐共生的现代化

2017 年，党的十九大首次提出"人与自然和谐共生的现代化"。这一理念的提出，进一步明确了中国现代化建设的方向，强调了生态文明建设在现代化进程中的重要地位。在党的十九大报告中明确提到，我们要实现的现代化，就是人与自然和谐共生的现代化。我们既要努力制作出更丰富的实体与心灵资源以应对公众对于舒适生活的持续攀升，又必须推出更多高品质的自然资源以满足公众对于宜居自然环境的持续追求。

12.1.9　绿色低碳发展的新阶段

"十四五"规划中强调："加快推动绿色低碳发展，促进经济社会发展全面绿色转型，持续改善环境质量，提升生态系统质量和稳定性。"这一规划的发布，体现了我国在全球气候治理中的积极姿态和坚定决心。为达成"双碳"目标，我国将应对气候变化作为国家战略，并纳入生态文明建设整体布局和经济社会发展全局。2021 年 10 月24 日，《中共中央　国务院关于完整准确全面贯彻新发展理念做好碳达峰碳中和工作的意见》（以下简称《意见》）发布，奠定了我国的"双碳"政策体系的基石。随后，2021 年 10 月 26 日，国务院印发了《2030 年前碳达峰行动方案》（以下简称《行动方案》）。至此，我国绿色低碳发展进入了以"双碳"为目标的新阶段。

12.2　我国绿色低碳发展政策体系的特点与现实挑战

"双碳"目标的提出与实施是我国绿色低碳发展的最新阶段，"双碳"政策体系标志着我国应对全球气候变化、生态文明建设和可持续发展承诺的深化。"双碳"目标作为国家战略，为绿色低碳政策体系提供了明确的方向和引领，确保政策制定和实施与国家长远发展目标相一致。此外，"双碳"政策体系为研究绿色低碳政策体系提供了一个系统性的框架。因此，基于"双碳"政策体系来研究我国绿色低碳发展政策体系具有合理性且意义重大。

12.2.1　绿色低碳政策体系的特点

为实现碳达峰和碳中和目标，我国"双碳""1+N"政策体系构建完成并在持续落地。"1"由《意见》和《行动方案》两个文件共同构成，"N"则代表重点领域、重点行业实施方案及相关支撑保障方案。这一"1+N"政策体系不仅体现了我国在全球气候治理中的责任担当，也是推动经济结构转型升级、实现高质量发展的重要途径。

（1）战略引领性

我国绿色低碳的政策体系具有战略引领性。"双碳"系列政策由《意见》和《行动方案》两个文件共同构成"双碳"政策的顶层设计和总体框架，确定了绿色低碳发展的国家意志和方向，明确了"双碳"目标的内涵、基本路径和重点任务，在"双碳"政策体系中发挥统领作用。《意见》涵盖碳达峰和碳中和两个阶段。《行动方案》以2030年前实现碳达峰为目标，全面融入经济社会发展的各个环节。该计划的关键是执行"十大碳达峰活动"，涵盖了能源的绿色和低碳化改革、节约能源和提高效率的活动、工业界的碳达峰活动、农村和城市的碳达峰活动、交通和运输的绿色和低碳化活动、利用循环经济来减少碳排放的活动、推进绿色和低碳的科学技术创新的活动、加强和强化碳汇的活动、推广和普及绿色和低碳的活动以及按照不同的层次和顺序进行的碳达峰活动。

（2）目标明确性

我国绿色低碳的政策体系具有目标明确性。一是时间节点明确，政策明确指出了实现碳达峰和碳中和的具体时间节点，即2030年前实现碳排放达峰，2060年前实现碳中和。二是量化指标具体，除了时间节点，政策还设定了一系列量化指标，如到2030年非化石能源占一次能源消费比重达到25%左右，单位国内生产总值二氧化碳排放比2005年下降65%以上。这些量化指标有助于衡量政策实施的进展和效果。三是阶段性目标清晰，政策体系中不仅设定了长远目标，还明确了阶段性目标。例如，到2025年，我国的能源结构和产业结构将发生显著变化，为实现2030年的碳达峰目标奠定基础。设定了清晰的碳达峰、碳中和目标，包括具体的年份目标和量化指标，见表12-1。

表12-1　《意见》中提出的主要目标

时间节点 节点目标	2025年 重点行业能源利用效率大幅提升	2030年 碳达峰；重点耗能行业能源利用效率达到国际先进水平	2060年 碳中和；能源利用效率达到国际先进水平
单位国内生产总值能耗目标	较2020年下降13.5%	较2005年下降65%以上	—
单位国内生产总值二氧化碳排放目标	较2020年下降18%	—	—
非化石能源消费比重/%	20	25	80
森林覆盖率/%	24.1	25	
森林蓄积量/亿米^3	180	190	
其他目标	—	风电、太阳能发电总装机容量达到12亿千瓦以上	—

（3）注重系统协调性

注重系统协调性是我国绿色低碳发展政策体系的关键特点之一，这一点在实现碳达峰、碳中和目标的过程中表现得尤为明显。在我国推动实现"双碳"目标的进程中，各政府部门和地方政府制定的"N"政策相互衔接，构建起一个全面而系统的政策框架，这为碳达峰、碳中和目标的达成提供了坚实的支撑。这些政策通过精心设计，确保了在实施过程中的协调一致性和相互补充性，从而形成了一个覆盖能源转型和碳减排全域的综合性政策体系。一是政策的互补性。各级政府和部门的"N"政策在能源、工业、建筑、交通、农业等关键领域相互补充，确保了从能源生产到消费的每一个环节都有相应的政策支持和指导。二是目标与行动的一致性。在国家"双碳"目标的宏观指导下，各部门和地方政府根据实际情况，制订了与国家战略相一致的具体目标和行动计划，体现了政策的灵活性和适应性。

（4）重点领域突破性

重点领域突破性是中国绿色低碳政策体系中的一大特点，这一策略通过集中资源和力量，在关键领域实现突破，从而带动整个社会的绿色低碳转型。具体来说，重点领域突破包括：能源绿色低碳转型行动，推动能源结构的优化，加快发展清洁能源，提高能源利用效率，减少对化石能源的依赖；节能降碳增效行动，通过提高能源使用效率和推广节能技术，减少能源消耗和碳排放，提升经济的整体能效；工业领域碳达峰行动，在工业生产过程中推广低碳技术和工艺，促进工业领域的绿色转型，实现碳排放的峰值控制；城乡建设碳达峰行动，在城乡规划和建设中融入绿色低碳理念，推动建筑节能和绿色建筑的发展，减少城乡建设的碳排放；交通运输绿色低碳行动，优化交通运输结构，推广新能源汽车和高效清洁的运输方式，降低交通领域的碳排放；循环经济助力降碳行动，发展循环经济，提高资源的循环利用率，减少生产和消费过程中的碳排放和资源浪费；绿色低碳科技创新行动，加强绿色低碳技术的创新和研发，以科技进步支撑经济社会的低碳转型；碳汇能力巩固提升行动，保护和恢复森林、草原等自然生态系统，增强其固碳能力，提升碳汇水平；绿色低碳全民行动，提高公众的绿色低碳意识，鼓励全民参与低碳生活和消费，形成绿色生活方式；各地区梯次有序碳达峰行动，根据各地区的实际情况，制定差异化的碳达峰路径，实现各地区梯次有序的碳排放达峰。

（5）激励与约束并重

在我国的绿色低碳发展政策体系中，激励与约束并重。一方面，通过制定严格的环境保护法规和能效标准，确保企业和个人在生产和消费过程中遵守低碳排放的要求。另一方面，通过财政补贴、税收减免等措施，激励企业和个人采用绿色技术和产品，降低转型成本。此外，还通过金融支持，利用绿色信贷、绿色债券和绿色基金等金融工具，为绿色项目提供资金支持，降低融资成本。绿色低碳政策体系运用多种政策工具，包括法规、标准、激励措施、金融支持等，以适应不同领域和层面的需求。例如，我国发布的《高耗能行业重点领域节能降碳改造升级实施指南（2022 年版）》是一个体现激励与约束并重策略的实例，该文件为高耗能行业设定了能效标杆水平，即以行业内最优秀企业的能效作为标准，鼓励其他企业向这一水平看齐，从而推动整个行业的能效提升。同时，文件规定了能效基准水平，作为行业内所有企业必须达到的最低能效标准，未达标的企业将面临淘汰。该文件提出到 2025 年各高耗能行业重点领域能效标杆水平以上产能的具体比例目标，即达到 30%～40%，为行业提供了清晰的改进方向和时间节点。

对于低于能效基准水平的产能，该文件规定了限制性措施，通过政策手段加快这些产能的退出，促进产业结构的优化。通过激励高能效产能的发展和加快低能效产能的淘汰，该文件旨在实现行业内的优胜劣汰，推动行业整体向绿色低碳转型。

12.2.2　绿色低碳政策体系面临的现实挑战

（1）能耗双控制措施与碳排放双控制需求不完全匹配

现有能耗双控制措施与碳排放双控制需求不完全匹配的问题，是我国在推进绿色低碳发展过程中面临的一个主要挑战。一方面，当前的能源结构复杂，能耗双控主要关注能源消耗的总量和效率，而碳排放双控则需要考虑不同能源类型产生的碳排放差异。例如，煤炭发电的碳排放量远高于天然气或可再生能源，单纯降低能耗并不能直接减少碳排放。另一方面，行业存在差异性，不同行业在能源使用和碳排放上存在显著差异，统一的能耗控制措施可能无法满足所有行业的减排需求。例如，重工业如钢铁和化工行业的碳排放强度高，而服务业相对较低，需要有针对性的减排策略。因此，由推进能耗总量和强度"双控"向碳排放"双控"转变，是我国绿色低碳政策体系面临的主要挑战之一。

（2）碳市场建设和碳定价机制尚不完善

我国碳市场自 2021 年 7 月 16 日启动上线以来，制度规范日趋完善，碳排放数据质量全面改善，价格发现机制作用日益显现，市场活跃度逐步提升。我国碳市场作为推动低碳经济发展的重要工具，虽然已取得一定进展，但我国碳市场尚处于发展阶段，存在覆盖面有限、排放配额分配不完善、价格形成机制不完善、市场流动性不足等问题，影响其价格发现功能和减排激励作用。目前我国碳市场主要覆盖的是电力行业，尚未扩展到其他高排放行业，如钢铁、化工、建材等，限制了市场的整体影响力和减排潜力。此外，配额分配主要基于历史排放数据，可能导致对高效率、低排放企业的不公平对待，同时可能缺乏对企业减排行为的激励。碳价格可能受到行政干预，缺乏足够的市场驱动因素，导致价格无法准确反映碳排放的社会成本。交易量较低，市场参与者有限，导致碳市场交易不够活跃，影响价格的稳定性和市场的有效性。因此，完善碳排放市场机制推动经济绿色低碳转型至关重要。

（3）"双碳"统筹协调机制有待健全

统筹协调机制在确保政策一致性、促进跨部门合作、加强区域协同等方面扮演着重要角色。尽管当前的我国"双碳""1+N"政策体系在构建时注重系统协调性，但是在现实中仍然存在以下问题：一是政策连贯性不足问题，从中央到地方的政策传达和执行可能存在断层，缺乏上下级之间的协调性，进而会影响政策的整体效果。二是跨部门协调不足，现有机制尚缺乏有效的跨部门协调机制，会导致政策执行中的不一致性和效率低下问题。三是地区间的协调机制尚不完善，目前各地区因地制宜发布各自的碳达峰行动方案，然而，各地区在经济发展水平、产业结构和资源禀赋上的差异可能导致政策执行上的不一致。因此，健全"双碳"统筹协调机制对政策的落实至关重要。

（4）尚缺乏法律框架应对气候变化

当前，我国"双碳""1+N"政策体系逐步完善，并持续落地。然而，现有体系中，尚缺乏法律框架来指导经济社会绿色低碳转型，我国目前还未出台应对气候变化的立法。当前，我国在应对气候变化中还存在一系列挑战。首先，目前缺乏一个全面的法律框架来明确指导减排行动，这导致了政策预期的不确定性，进而影响了社会和市场的长期投资和行为调整。其次，当前关于各方的责任和义务的界定不够清晰，这将削弱政府、企业和个人在减排活动中的协调性和执行力。此外，现有的执行力度不足，即便有相关政策也难以确保其得到有效实施。同时，公众对于气候变化的认知和参与度不足，这反映出我国在法律教育和普及方面还有很大的提升空间。为了在全球气候治理中发挥积极作用，需要通过立法与国际标准和承诺进行有效对接。为了应对这些挑战，立法进程必须加快，以确立明确的责任分配和义务界限，为各利益相关方提供一种稳定和可预测的政策环境。

（5）数据和人才体系建设有待加强

数据和人才体系建设对于绿色低碳转型具有至关重要的作用，它们是实现可持续发展目标的基石。一个精确且全面的数据监测体系能够确保我们对碳排放有准确的了解和有效的监管，为政策制定和调整提供可靠的依据。同时，专业人才是推动技术创新、提升产业竞争力和促进经济结构优化的关键力量。然而，目前的碳排放数据监测和报告体系尚不完善，这不仅影响了对碳排放情况的准确把握，也制约了有效监管的实施。与此同时，绿色低碳领域的专业人才短缺问题日益凸显，特别是在高端研发和项目管理层面，现有的人才储备难以满足行业快速发展的需求。此外，数据质量的标准化和人才教育与市场需求之间的脱节，也成为制约绿色低碳发展的重要因素。因此，加强数据和人才体系建设对于支撑绿色低碳转型具有重要意义。

（6）社会治理体系有待完善

社会治理体系的健全是实现碳达峰、碳中和目标的社会基础，它关乎每个公民的日常生活和行为习惯。虽然公众意识在提升，但实现"双碳"目标还需要更广泛的社会参与和支持。当前"双碳"社会治理体系面临的挑战在于：一是公众意识不足，许多人对气候变化的严重性和紧迫性认识不足，对绿色低碳生活方式的意义和必要性缺乏足够了解。二是行为习惯难以改变，公众长期形成的消费模式和生活习惯难以在短时间内改变，需要持续地进行引导。三是低碳产品和服务市场尚不成熟，政策激励措施不够，影响公众参与低碳生活的积极性。

12.3　创新我国绿色低碳发展政策体系的路径

当前，我们正站在一个新的历史起点上。面对全球气候变化的严峻挑战和国内经济转型升级的迫切需求，我们必须采取一系列创新性的政策措施，以推动经济社会发展全面绿色转型。本节将详细阐述我国在区域绿色低碳发展政策方面的创新思路和关键措施，包括从能耗双控向碳排放双控的转变、建立和完善碳定价机制、健全统筹协调机制、推进立法进程、加强数据和人才体系的建设、完善社会治理体系，以及持续优化经济政策工具箱，旨在形成支持绿色低碳发展的坚实政策基础和强大动力。通过这些综合性政策措施，我们将为实现碳达峰、碳中和目标提供清晰的宏观政策导向，塑造转型的微观动力，确保经济社会发展与生态环境保护协调统一，促进人与自然和谐共生。

12.3.1　推动能耗双控向碳排放双控转变，明确宏观政策导向

（1）制定碳排放总量和强度控制目标

制定碳排放总量和强度控制目标是推动绿色低碳发展的行动指南。首先，对目标进行设定与分解，我国已在国家层面制定了明确的碳排放峰值与碳中和目标，需要将设定目标细化为各地区、各行业的具体任务，确保目标的可操作性和可监测性。其次，政策协调是实现碳排放控制目标的关键。必须确保碳排放控制目标与现有的能耗双控政策相协调，形成统一的政策导向。这将避免政策间的冲突和重复，确保各项政策措施能够协同发挥作用，共同推动碳排放的有效控制。

（2）优化能源结构

首先，必须加大对风能、太阳能、水能等清洁能源的投资和政策支持力度，以提高这些能源在整体能源结构中的比重。通过政策引导和资金支持，促进清洁能源项目的建设和运营，确保清洁能源的持续发展和有效利用。其次，调整能源消费结构至关重要。通过限制高碳能源的开发和消费，逐步减少对煤炭、石油等化石能源的依赖。同时，推动能源消费向清洁、低碳、高效方向转型，从而提高能源利用效率，进而促进能源消费模式的绿色升级。最后，技术创新与应用是推动能源结构优化的关键。支持清洁能源技术的研发和创新，推广先进的储能技术和智能电网技术，提高清洁能源的稳定性和可靠性，为能源结构的优化和能源系统的现代化提供技术支撑。

（3）调整产业结构

首先要支持产业升级与转型，鼓励和支持低碳产业和循环经济的发展。这包括新

能源汽车、绿色建筑、节能环保设备等产业，这些产业是实现低碳经济的关键领域。通过政策引导和资金支持，促进这些产业的快速成长，同时优化和升级现有产业结构。其次是对高碳排放行业进行改造，对于钢铁、化工、水泥等行业，必须实施更严格的排放标准和监管措施。这将推动这些行业进行必要的技术升级和转型，以减少其对环境的影响。通过技术创新和工艺改进，降低这些行业的碳排放强度，实现更加清洁和高效的生产方式。此外，政府应提供必要的政策和资金支持，以降低企业在转型过程中的风险和成本。这包括税收优惠、财政补贴、绿色信贷等激励措施，以及为研发和创新活动提供资金支持。加强监管力度，确保所有行业遵守新的排放标准和环境法规。同时，制定和更新行业标准，以引导企业采用最佳可行技术和生产实践。

12.3.2　不断完善碳排放市场机制，塑造转型微观动力

（1）加强市场基础设施建设

加强市场基础设施建设是确保碳排放权交易市场健康运行的基石。这要求我们必须构建一个技术先进、操作便捷、安全可靠的交易平台，以支持碳排放权的买卖、交易匹配和订单执行。同时，需要建立一个详尽的注册系统，用以记录和管理每个参与者的碳排放配额，确保配额的准确分配、追踪和验证。结算系统也必须高效运转，以保障交易完成后资金的及时结算和配额的准确调整。此外，加强市场基础设施建设还包括提升市场的信息透明度，通过建立健全的信息披露机制，让所有市场参与者都能够访问到实时、准确的市场数据和交易信息。这有助于提高市场效率，降低交易成本，并增强投资者信心。为了应对市场可能的波动和风险，还需要建立相应的风险管理和应急响应机制，确保市场在各种情况下都能稳定运行。这样就为碳排放权交易市场提供了坚实的基础，促进市场功能的充分发挥，为实现碳达峰、碳中和目标提供有效的市场驱动力。

（2）完善配额分配和管理

配额分配和管理是碳排放市场机制中的核心环节。这就要求设计一种既公平又有效的配额分配机制，通常基于企业的碳排放历史、生产活动水平或行业基准。配额分配可以采用免费分配或拍卖等方式，以确保市场参与者之间的公平竞争，并激励企业采取减排措施。有效的配额管理还需要建立透明的监管框架和监督机制，以监控企业的碳排放情况和配额使用情况。这包括确保配额的准确记录、交易和注销，防止欺诈

和操纵市场行为。同时，需要定期审查和调整配额分配方法，以适应经济发展、技术进步和气候变化目标的新要求。此外，配额分配和管理还涉及市场流动性的维护，通过允许配额的买卖、借用和存储等操作，使企业能够灵活应对市场变化和自身减排需求。这样碳排放市场才能够更好地反映碳的社会成本，促进经济向低碳模式转型。

（3）加强国际合作与交流

加强国际合作与交流是实现全球绿色低碳发展目标的关键。首先，与其他国家在碳定价机制方面进行技术交流和经验分享，学习借鉴国际先进的碳定价实践。其次，推动形成国际统一的碳定价标准，促进国际碳市场的互联互通，提高碳定价机制的国际影响力。最后，积极参与国际气候变化谈判，推动形成公平合理的国际碳定价机制，维护发展中国家的利益，确保全球气候治理体系中的公平性和包容性。

12.3.3　健全统筹协调机制，形成工作合力

（1）建立高层次协调机制

在国家层面，成立由国务院领导的碳达峰碳中和工作领导小组，负责统筹全国的碳达峰、碳中和工作，确保政策的一致性和执行力得到加强。该领导小组将发挥关键作用，通过顶层设计和协调，保障各项政策的有效实施。在地方层面，鼓励地方政府建立相应的协调机构，与国家层面的领导小组进行有效对接，形成上下联动、执行有力的工作机制，确保从中央到地方的政策连贯性和执行力，共同推动形成全国范围内协调一致、高效执行的绿色低碳发展政策体系。通过这种多层次的协调体系，我国旨在加强各地区、各部门之间的合作与协同，为实现"双碳"目标构建坚实的组织保障和工作合力。

（2）明确各部门职责分工

为有效推进"双碳"目标的实现，需要进一步明确各部门的职责分工。首先，确保各相关部门了解自己在"双碳"工作中的具体职责和任务。例如，国家发展和改革委员会将负责推动能源结构的调整，而生态环境部将专注于污染物排放的控制。这样的分工有助于各部门在专业领域内发挥最大的效能。其次，把"双碳"目标细化为各部门的具体任务，包括制定明确的时间表、路线图，以保证每项任务都具有可操作性及可监测性。通过这种方式，确保每个部门都能明确自己的工作重点，有效推进目标

的实现，并对其成果进行跟踪和评估。这种细化的任务分配不仅有助于提高工作效率，还能够确保"双碳"目标的实现进程是透明和可量化的。

（3）加强跨区域协调

为加强不同地区在实现"双碳"目标过程中的协同效应，首先，要建立跨区域协调机制，这一机制旨在促进各地区在能源利用、产业结构调整、技术创新等方面的合作，通过共享资源、技术和信息，形成区域内的协同减排效应，从而提升整体的减排效率和效果。其次，推动区域间政策的对接和协调，还要确保各地区政策与国家"双碳"目标保持一致，避免在执行过程中出现冲突和重复现象。通过政策对接，可以减少资源浪费，提高政策执行的一致性和协同性，进而增强政策措施的整体效果。最后，跨区域协调也涉及对各地区发展差异的考虑，确保各地区在实现"双碳"目标的同时，能够兼顾自身发展需求和优势，实现区域协调发展和共同繁荣。

12.3.4 推进应对气候变化立法，稳定社会长远预期

（1）制定和完善气候相关法律

为了应对日益严峻的气候变化挑战，我国需要积极推动气候相关法律的制定和完善。首先，加快气候变化应对法的立法进程是关键一步。这一法律将明确国家在应对气候变化方面的基本原则、目标、措施和责任，确保其内容不仅能够反映当前的气候挑战，而且具备前瞻性和适应性，以应对未来的不确定性。其次，法律内容的全面性至关重要。它应涵盖温室气体排放的控制、适应气候变化的措施、低碳技术的推广以及公众参与等关键领域。通过这些措施，法律将为应对气候变化提供一个全面的法律框架，既规范政府和企业的行动，也鼓励公众的参与和支持，共同推动低碳发展和气候适应性增强。这样的法律体系将为实现国家的气候目标提供坚实的法律保障和行动指南。

（2）加强现有法律的实施

在应对气候变化的过程中，加强现有法律的实施是至关重要的一环。首先，需要加强对《中华人民共和国环境保护法》《中华人民共和国大气污染防治法》等现有环境和资源法律的执行力度，确保这些法律在应对气候变化方面的相关规定得到有效实施。这不仅有助于减少温室气体排放，提高空气质量，还能促进资源的可持续利用。其次，建立健全监管机制是提高执法效率和公正性的关键。通过完善监管体系，可以

确保法律的权威性和有效性，防止违法行为的发生，同时能够及时发现并纠正不合规的行为。这需要政府部门、企业和公众的共同努力，形成全社会共同参与的监管格局。另外，提升公众对环境法律的理解和认知，增强他们遵守法律的主动性，也是强化法律执行的关键环节。

（3）明确政府和企业的责任

首先，政府作为政策制定和执行的主体，其责任应当在法律中得到明确。这包括制定和实施减排策略，推动低碳经济的发展，以及加强气候变化教育和提高公众参与度。各级政府需要根据国家的整体战略，制定相应的政策和措施，确保减排目标的实现，并在社会各层面推广绿色、低碳的生活方式。同时，企业作为经济活动的主要参与者，同样承担着减少温室气体排放、提高能源效率和采用清洁技术的重要责任。法律应当规定企业在这些方面的具体法律责任，通过立法手段鼓励企业采取主动措施，如改进生产工艺、采用节能减排技术、开发新能源产品等，以实现自身的可持续发展，并为社会的环境保护作出贡献。其次，政府和企业还应加强合作，共同推动气候友好型技术和解决方案的研发与应用。政府可以通过财政补贴、税收优惠等激励手段，以支持企业进行绿色技术创新和转型。企业则应积极响应政府的号召，通过实际行动减少对环境的影响，共同构建一个更加可持续的未来。

（4）保障公众参与和监督

保障公众参与和监督是实现有效治理的关键。首先，法律应确保公众在气候变化决策过程中拥有充分的知情权、参与权和监督权。这不仅有助于提升公众对气候变化问题的认识，也能促进公众积极参与到气候变化的减缓和适应活动中。通过教育、宣传和信息公开等方式，公众可以更好地理解气候变化的影响及其应对措施，从而在日常生活中作出更环保的选择。其次，加强政府和企业在气候变化相关信息公开的透明度是提高公众参与度的重要手段。政府应定期发布气候变化相关的政策、措施及其实施效果，同时公开温室气体排放等关键数据。企业也应披露其在减少温室气体排放、提高能源效率等方面的做法和成效，接受公众的监督。这种透明度的提升不仅可以增强公众对气候变化问题的信任和理解，还能促进公众对相关政策和措施的支持。此外，鼓励和支持非政府组织、学术机构和媒体等在气候变化教育和宣传中发挥积极作用，也是提高公众参与度的有效途径。

12.3.5　加强数据和人才体系建设，夯实绿色低碳转型支撑

（1）建立健全碳排放数据监测体系

首先，通过构建覆盖全国的碳排放监测网络，确保收集到的数据既全面又准确，涵盖所有重点排放源和行业，实现对碳排放的实时监控。其次，采用先进的监测技术和设备，不仅可以提高数据采集的效率和质量，还可以为数据分析提供强坚实的技术保障。加强数据分析能力，为政策制定和实施提供科学依据，帮助政府和企业更好地理解碳排放的现状和趋势，制定有效的减排策略和措施。此外，数据的透明度和可访问性对于提高公众环保意识、促进社会监督也具有重要意义。通过这些措施，可以为绿色低碳转型提供坚实的数据支撑，推动经济社会可持续发展。

（2）提高数据管理与应用能力

首先，通过建立统一的数据管理平台，整合不同来源的碳排放数据，提高数据的一致性和可比性。这不仅有助于确保数据的准确性和完整性，也便于进行有效的数据存储、处理和分析。加强数据管理能力，确保数据的安全和可靠性，是实现数据价值最大化的基础。其次，推动碳排放数据在政策制定、企业决策、市场监管等方面的应用，可以提高数据的应用价值。数据驱动的决策模式能够为政策制定者提供科学依据，帮助企业优化运营和提高能效，同时为市场监管提供透明和可靠的信息。通过数据的广泛应用和推广，有助于制定绿色低碳转型的科学决策并推动决策的有效实施，加快实现经济社会的可持续发展目标。此外，数据的开放和共享也是提高数据应用能力的关键。通过开放数据资源，鼓励创新和研究，可以激发更多的解决方案和应用场景，进一步推动绿色低碳技术的发展和应用。

（3）加强绿色低碳人才培养

加强绿色低碳领域的人才培养是实现可持续发展战略的关键。教育与培训方面，需要在高等教育和职业教育中加强绿色低碳相关课程的设置，以培养具有专业知识和技能的人才。通过校企合作、实习实训等方式，可以提高学生的实践能力和创新能力，使他们能够更好地适应绿色低碳领域的工作需求。同时，人才引进与激励政策的制定对于吸引国内外优秀人才参与绿色低碳领域的研究和实践至关重要。通过提供科研资助、项目支持等激励措施，可以激发人才的创新精神和贡献意识，促进绿色低碳

技术的创新和应用。

（4）推动绿色低碳技术研发与创新

首先，技术研发支持的加强意味着政府和相关机构需要增加对清洁能源、节能减排、碳捕集/利用与封存等关键技术领域的研发投入。这不仅涉及资金支持，也包括为高校、科研机构和企业提供必要的资源和政策环境，以促进他们在这些领域的深入研究和技术创新。其次，创新平台建设是促进绿色低碳技术发展的重要环节。通过建立绿色低碳技术创新平台，可以增进产业界、学术界和研究机构的协同合作，达到资源共享和优势互补。

12.3.6　健全社会治理体系，促进公众深度参与低碳转型

（1）构建公众参与机制

首先，需要建立和完善公众参与"双碳"工作的渠道和机制，包括公众咨询、意见征集和社会监督等，以此确保公众能方便地参与到政策的制定和实施过程中。这种参与不仅能提高政策的透明度和公众的满意度，还有助于收集和整合来自不同群体的意见和建议，使政策更加贴近民意、更具有针对性和有效性。其次，鼓励和支持公众通过社区活动、志愿服务、环保项目等多种形式参与"双碳"工作，有助于提高公众的参与度和影响力。通过这些活动，公众可以更直接地了解"双碳"工作的重要性和紧迫性，同时培养环保意识和行动力，形成全社会共同参与的良好氛围。

（2）加强公众教育和宣传

教育和宣传是提升社会对"双碳"目标认识和参与度的有效手段。首先，教育普及至关重要，需要通过学校教育、媒体宣传、社区活动等多种途径，普及气候变化和低碳发展的知识。这包括在学校课程中加入相关内容，通过媒体和社区活动提高公众对环境问题的认识，从而提高公众的环保意识和责任感。其次，宣传引导在塑造公众行为方面发挥着重要作用。利用电视、广播、网络、社交媒体等多样化的媒体平台，可以广泛宣传低碳生活的理念和实践。这种宣传不仅能够传播节能减碳的知识和技巧，还能够展示低碳生活的好处和可行性，引导公众选择绿色生活方式。此外，教育和宣传工作还应注重互动性和实践性，鼓励公众参与实际的环保行动，如节能减排、垃圾分类、绿色出行等。通过亲身参与，公众能够更深刻地体会到自己的行为对环境

的影响，从而更加积极地投身于低碳生活。最后，政府、教育机构、媒体和社会组织应协同合作，形成教育和宣传的合力，确保信息的准确性和覆盖面，使低碳发展理念深入人心，成为公众的自觉行动。

（3）推动公众行为改变

推动公众行为改变对于实现"双碳"目标具有重要意义。首先，行为引导是关键，政府和社会可以通过政策激励和宣传教育，鼓励公众选择低能耗、低排放的生活方式。例如，通过提供公共交通的优惠、推广节能产品、限制一次性用品的使用等措施，可以有效地减少能源浪费和碳排放。其次，习惯养成是实现长期减排的关键。通过教育和宣传，鼓励公众在日常生活中养成节能减排的习惯，如节水节电、垃圾分类和绿色出行等。这些习惯的养成需要从小事做起，逐步形成可持续的生活方式。例如，使用节能灯泡、减少不必要的电器待机、选择步行或骑行代替开车等，都是简单易行的改变。此外，社区和工作场所也可以成为推动公众行为改变的重要平台。通过组织相关活动和竞赛，如节能减排挑战赛、绿色出行倡议等，可增加公众参与的积极性，促进环保行为的普及。最后，公众人物的示范作用也不容忽视。通过他们的正面影响，可以提高公众对低碳生活的认知和接受度，激发更多的人加入低碳生活的行列中。

（4）建立激励和表彰机制

建立激励和表彰机制是激发公众参与"双碳"工作的有效手段。首先，激励措施的实施可以通过政策激励和物质奖励鼓励公众积极参与到低碳生活和节能减排的实践中。这种激励不仅包括政策上的奖励，如税收优惠、补贴等，还可以包括社会认可和荣誉，如荣誉称号、证书等，从而提高公众的参与热情和积极性。其次，表彰活动的定期举办是增强公众荣誉感和成就感的重要方式。通过低碳生活、节能减排等方面的表彰活动，可以公开表扬那些在"双碳"工作中表现突出的个人和组织，树立榜样，激励更多人向他们学习。这种表彰不仅是对个人或组织努力的认可，也是对其贡献的肯定，有助于形成积极向上的社会氛围。此外，激励和表彰机制的建立还需要公平、透明和公正的原则。确保评价标准的合理性、评价过程的公开性，以及奖励的及时性和适度性，可以增强公众对激励和表彰机制的信任和接受度。

（5）促进公众与企业的互动

首先，建立互动平台至关重要。通过创建绿色产品认证、低碳技术展示等平台，可以让公众更直观地了解企业的低碳实践和产品，增进公众对企业环保行为的认识和信任。这种透明度的提升有助于促进公众与企业之间的沟通和理解，为双方的合作打下良好基础。其次，合作项目的开展是实现共同低碳发展的重要途径。鼓励企业与公众合作开展各类低碳项目，如社区绿化、节能减排竞赛等，可以充分发挥双方的优势和资源，形成协同效应。这种合作不仅有助于提高项目的实施效果，也能够增强公众的参与感和归属感，激发更多人参与到低碳行动中。此外，政府和社会组织在促进公众与企业互动中也扮演着重要角色。政府可以通过政策引导、资金支持等方式，为企业和公众的合作提供便利条件。社会组织可以通过组织活动、提供信息等方式，为企业和公众搭建沟通的桥梁。最后，媒体的宣传和报道也是促进公众与企业互动的重要手段。通过媒体的力量，可以广泛传播企业的低碳实践和公众的低碳行动，提高社会对低碳发展的认识和支持。

12.3.7　持续优化支持绿色低碳发展的经济政策工具箱

（1）发挥绿色金融的牵引作用

为有效发挥绿色金融在促进可持续发展和应对气候变化中的牵引作用，首先，鼓励金融机构提供绿色信贷服务，以支持低碳项目和企业的融资需求。通过实施优惠利率和提供贷款担保等激励措施，降低这些项目的融资成本，从而激励更多企业和项目向绿色、低碳转型。其次，推动绿色债券的发行，为清洁能源和环保项目筹集必要的资金。政府可以通过提供担保或税收优惠等政策支持，提高绿色债券的市场吸引力，吸引投资者参与，确保这些关键项目能够获得充足的资金支持，进而通过金融手段促进经济的绿色转型和环境的持续改善。

（2）完善财税支持政策

完善财税支持政策是推动绿色低碳发展的关键措施之一。政府通过提供财政补贴，可以降低企业和个人在采用清洁能源和低碳技术时的经济负担，从而激励更多的市场参与者转向环境友好型技术和产品。此外，税收优惠政策的实施，如对低碳技术研发和应用给予税收减免，不仅减轻了企业和个人的财务压力，而且有效激发了他们投资于绿色低碳领域的积极性。通过这些措施共同构成了一种有力的激励机制，促进了绿色技术和产业的发展，加快了经济的绿色转型步伐，为实现国家的环境保护和可持续发展目标提供了坚实的财政和税收支持。

（3）优化金融支撑政策

优化金融支持政策是促进绿色低碳发展的重要手段。首先，通过设立绿色发展基金，政府可以为绿色低碳项目的启动和扩展提供必要的资金支持。这些基金不仅直接投资于环保项目，还通过政府引导基金的形式，吸引更多的社会资本投入绿色领域，从而加速绿色技术和产业的发展。其次，建立绿色项目风险补偿机制，可以降低金融机构在支持这些项目时面临的风险。这种机制通过提供风险分担或补偿，鼓励金融机构更积极地参与到绿色金融活动中，为绿色项目提供贷款和其他金融服务。这些政策的实施有助于构建一个更加健康和可持续的绿色金融生态系统，为实现环境保护和气候变化应对目标提供坚实的金融支持。

（4）强化投资引导政策

通过政策引导和资金支持，政府鼓励民间资本积极投资于绿色低碳领域，这不仅有助于拓宽绿色项目的融资渠道，也促进了经济结构的优化升级。同时，提供投资咨询和风险评估服务，能够增强投资者的信心，提高投资决策的科学性和投资效率。此外，简化绿色低碳项目的审批流程，提高审批效率，是加快项目实施步伐的有效措施。这减少了项目启动的时间成本和行政负担，使绿色项目能够更快地落地生根，发挥其在环境保护和可持续发展中的作用。通过政策的实施，将为绿色低碳领域的发展注入新的活力，推动经济向更加可持续的方向转型。

（5）建立价格激励机制

建立价格激励机制是促进节能减排和低碳发展的重要策略。首先，电价改革通过调整电价结构，对使用清洁能源的企业和个人给予价格优惠，这种价格激励可以有效鼓励市场主体选择更环保的能源消费方式，从而推动能源消费结构的优化。其次，碳定价机制，无论是通过征收碳税还是建立碳交易市场，都能够为碳排放定价，使环境成本得到合理反映。这不仅促使企业和个人在生产和消费过程中更加注重减排，也为企业提供了通过减少碳排放来降低成本的经济激励。通过这些价格机制，可以更有效地引导资源向低碳、环保的领域流动，促进整个社会经济体系向绿色、可持续的方向发展。

参考文献

AUTY R，WARHURST A，1993. Sustainable development in mineral exporting economies[J]. Resources Policy，19（1）：14-29.

BHUTTA U S，TARIQ A，FARRUKH M，et al，2022. Green bonds for sustainable development：Review of literature on development and impact ofgreen bonds[J]. Technological Forecasting and Social Change，175：121378.

BRETSCHGER L，2024. Green road is open：Economic pathway with a carbon price escalator[J]. Journal of Environmental Economics and Management，127：103033.

CHEN N，XU L，2017. Relationship between air quality and economic development in the provincial capital cities of China[J]. Environmental Science and Pollution Research，24（3）：2928-2935.

FANG K N，WU J B，ZHU J P，et al.，2011. A review of technologies on random forests[C]. Statistics & Information Forum，26（3）：32-38.

FU S，GU Y，2017. Highway toll and air pollution：Evidence from Chinese cities[J]. Journal of Environmental Economics and Management，83：32-49.

GROSSMAN G M，KRUEGER A B，1995. Economicgrowth and the environment[J]. The Quarterly Journal of Economics，110（2）：353-377.

HE J，IQBAL W，SU F，2023. Nexus between renewable energy investment，green finance，and sustainable development：Role of industrial structure and technical innovations[J]. Renewable Energy，210：715-724.

HE N，ZENG S，JIN G，2023. Achieving synergy between carbon mitigation and pollution reduction：Doesgreen finance matter？[J]. Journal of Environmental Management，342：118356.

KRUGMAN P，1994. The myth of Asia's miracle[J]. Foreign Affairs，73：62-78.

LEE C C，FENG Y，PENG D，2022. Agreen path towards sustainable development：The impact of low-carbon city pilot on energy transition[J]. Energy Economics，115：106343.

LEO BREIMAN，2001. Random forests[J]. Machine Leaming，45（1）：5-32.

LI L，Y LEI，PAN D，2016. Study of CO_2 emissions in China's iron and steel industry based on economic input- output life cycle assessment[J]. Natural Hazards，81（2）：957-970.

LIU X，ZHANG X，2021. Industrial agglomeration，technological innovation and carbon productivity：Evidence from China[J]. Resources，Conservation and Recycling，166：105330.

QIN L，AZIZ G，HUSSAN M W，et al.，2024. Empirical evidence of fintech andgreen environment：Using thegreen finance as a mediating variable[J]. International Review of Economics & Finance，89：33-49.

US DEPARTMENT of STATE，2013. Call for Expert Reviewers to the U.S. Government Review of the Working Group I Contribution to the Fifth Assessment Report of the Intergovernmental Panel on Climate Change（IPCC），Climate Change 2013：The Physical Science Basis[J]. State Department Documents / FIND，77（187）.

WANG Y B，2023. Exploring resource endowment and human capital impact on regional energy efficiency in China in the context of COP26[J]. Resources Policy，81：103422.

WANG Y，FANG X，YIN S，et al.，2021. Low-carbon development quality of cities in China：Evaluation and obstacle analysis[J]. Sustainable Cities and Society，64：102553.

WEI X，TONG Q，MAGILL I，et al.，2020. Evaluation of potential co-benefits of air pollution control and climate mitigation policies for China's electricity sector[J]. Energy Economics，92：104917.

WEN H，LEE C C，ZHOU F，2021. Green credit policy，credit allocation efficiency and upgrade of energy-intensive enterprises[J]. Energy Economics，94：105099.

WEN Q，CHEN Y，HONG J，et al.，2020. Spillover effect of technological innovation on CO_2 emissions in China's construction industry[J]. Building and Environment，171：106653.

XU B，LIN B，2016. Assessing CO_2 emissions in China's iron and steel industry：a dynamic vector autoregression model[J]. Applied Energy，161：375-386.

YI H，ZHAO L，QIAN Y，et al.，2022. How to achieve synergy between carbon dioxide mitigation and air pollution control？ Evidence from China[J]. Sustainable Cities and Society，78：103609.

安永碳中和课题组，2021. 一本书读懂碳中和[M]. 北京：机械工业出版社.

白雪，2024-01-09. 政策措施更有力产业结构更优化[N]. 中国经济导报.

包群，彭水军，2006. 经济增长与环境污染——基于面板数据的联立方程估计[J]. 世界经济，11：48-58.

卞小燕，2024-04-02. 盐城奋力建设绿色低碳发展示范区[N]. 新华日报.

曹红艳，2024-01-30. 绿色化重塑制造业未来[N]. 经济日报.

陈超凡，2016. 中国工业绿色全要素生产率及其影响因素——基于 ML 生产率指数及动态面板模型的实证研究[J]. 统计研究，33（3）：53-62.

陈观福，汪新槐，2024. 碳中和背景下全球水电发展态势与中国角色[J]. 水力发电学报，43（4）：1-11.

陈若鸿，张媛媛，2024. "后《巴黎协定》时代"的气候治理——基于战略性气候诉讼的考察[J]. 区域国别学刊，8（3）：135-151，160.

陈诗一，2012. 中国各地区低碳经济转型进程评估[J]. 经济研究，47（8）：32-44.

陈诗一，2010. 中国的绿色工业革命：基于环境全要素生产率视角的解释（1980—2008）[J]. 经济研究，45（11）：21-34，58.

陈诗一，2009. 能源消耗、二氧化碳排放与中国工业的可持续发展[J]. 经济研究，44（4）：41-55.

陈婉，2019. 《绿色产业指导目录（2019 年版）》印发厘清绿色产业边界，告别泛绿化现象[J]. 环境经济，（7）：50-53.

陈文晖，2024. 统筹推进粤港澳大湾区协同创新[J]. 宏观经济管理，（5）：60-66.

陈修颖，2007. 长江经济带空间结构演化及重组[J]. 地理学报，（12）：1265-1276.

陈晔婷，黄曾媛，何思源，等，2024. 绿色金融如何赋能共同富裕：作用机制与实证检验[J]. 农林经济管理学报，23（6）：768-777.

陈卓，许彩彩，张耀宇，等，2023. 长江经济带城市土地资源稀缺的演变特征及影响因素[J]. 长江流域资源与环境，32（6）：1187-1199.

崔惠玉，2022. 共同富裕视阈下生态补偿财政政策研究[J]. 甘肃社会科学，（4）：174-183.

邓宏，尹斯斯，马如飞，2024. 粤港澳大湾区规划能否提高企业全要素生产率？——来自中国制造业上市公司的证据[J]. 南方经济，（3）：141-158.

邓淇中，张玲，秦燕丝，2024. 绿色金融政策对城市环境治理效率的影响研究——以我国长江经济带为例[J]. 城市问题，（5）：92-103.

邓玉萍，王伦，周文杰，2021. 环境规制促进了绿色创新能力吗？ ——来自中国的经验证据[J]. 统计研究，38（7）：76-86.

丁绪辉，张紫璇，吴凤平，2019. 双控行动下环境规制对区域碳排放绩效的门槛效应研究[J]. 华东经济管理，33（7）：44-51.

董红敏，李玉娥，陶秀萍，等，2008. 中国农业源温室气体排放与减排技术对策[J]. 农业工程学报（10）：269-273.

董淑敏，刘凯，2024. 黄河流域绿色创新的空间关联网络及其形成机制研究[J]. 西安理工大学学报，40（4）：482-493.

董振霞，刘伟，孙艳芹，2024-07-25. 高青打造全域绿色低碳示范区[N]. 淄博日报.

都海珊，张秀霞，樊晓娟，2022. 气候变化对宏观经济的影响[J]. 青海金融，（3）：18-23.

杜龙政，赵云辉，陶克涛，等，2019. 环境规制、治理转型对绿色竞争力提升的复合效应——基于中国工业的经验证据[J]. 经济研究，54（10）：106-120.

杜祥琬，2017. 对我国《能源生产和消费革命战略（2016—2030）》的解读和思考[J]. 中国经贸导刊，（15）：44-45.

杜雪莲，常滨丽，彭伟辉，2023. 中国生态产品价值实现的实践、问题及建议[J]. 价格月刊，（10）：21-29.

段娟，2019. 中国绿色低碳发展道路的实践探索及其启示[J]. 宁夏社会科学，（6）：27-34.

冯泽华，刘志辉，2024. 粤港澳大湾区金融数据跨境流动：现实问题与法治进路[J]. 金融发展研究，（5）：67-76.

高洪玮，2024. 金融集聚、基础支撑与城市绿色创新——来自长江经济带的经验证据[J]. 经济与管理研究，45（5）：96-113.

高华，2020. 全球碳捕捉与封存（CCS）技术现状及应用前景[J]. 煤炭经济研究，40（5）：33-38.

高培勇，杜创，刘霞辉，等，2019. 高质量发展背景下的现代化经济体系建设：一个逻辑框架[J]. 经济研究，54（4）：4-17.

高世楫，韩雪，2024-4-19. 安全转型，筑牢绿色高质量发展的基础和屏障[N]. 人民日报.

高晓龙，林亦晴，徐卫华，等，2020. 生态产品价值实现研究进展[J]. 生态学报，40（1）：24-33.

葛大兵，唐伊凡，2024. 数字经济与绿色全要素生产率：来自黄河流域"五极"城市群的证据[J]. 生态经济，40（6）：54-60.

耿涌，董会娟，郗凤明，等，2010. 应对气候变化的碳足迹研究综述[J]. 中国人口·资源与环境，20（10）：6-12.

顾佰和，于东晖，王琛，等，2024. 进一步深化碳达峰、碳中和战略转型路径的若干思考[J]. 中国科学院院刊，39（4）：726-736.

顾朝林，2011. 城市群研究进展与展望[J]. 地理研究，30（5）：771-784.

郭净，刘玮，王俊然，2024. 绿色金融如何推动经济高质量发展？[J]. 金融发展研究，（7）：56-64.

何可，汪昊，张俊飚，2022. "双碳"目标下的农业转型路径：从市场中来到"市场"中去[J]. 华中农业大学学报（社会科学版），（1）：1-9.

贺志明，谢汝君，2023. 传统能源与新能源协调发展的路径探讨[J]. 天然气技术与经济，17（5）：39-46，88.

侯梦稼，2024. "双碳"目标下数字绿色金融发展模式研究[J]. 商展经济，（13）：101-104.

胡鞍钢，2021. 中国实现 2030 年前碳达峰目标及主要途径[J]. 北京工业大学学报（社会科学版），21（3）：1-15.

胡本田，曹欢，2020. 长三角高质量一体化发展研究——基于人才吸引力视角[J]. 华东经济管理，34（10）：1-10.

胡林林，刘红光，房伯南，等，2024. 碳排放区域差异的因素分解模型及其应用[J]. 城市建设理论研究（电子版），（19）：176-182.

胡旭，2024-07-29. 绿色低碳产业集聚四川经济新动能[N]. 经济参考报.

黄晓慧，聂凤英，2023. 数字化驱动农户农业绿色低碳转型的机制研究[J]. 西北农林科技大学学报（社会科学版），23（1）：30-37.

黄震，谢晓敏，张庭婷，2022. "双碳"背景下我国中长期能源需求预测与转型路径研究[J]. 中国工程科学，24（6）：8-18.

贾培煜，任笑雨，杨洁，等，2024. 黄河流域重点碳排放企业空间分布特征及影响因素[J/OL]. 环境科学：1-15[2024-07-25]. https：//doi. org/10. 13227/j. hjkx. 202404217.

江深哲，杜浩锋，徐铭梽，2024. "双碳"目标下能源与产业双重结构转型[J]. 数量经济技术经济研究，41（2）：109-130.

江泽民，2008. 对中国能源问题的思考[J]. 上海交通大学学报，（3）：345-359.

金凤君，2019. 黄河流域生态保护与高质量发展的协调推进策略[J]. 改革，（11）：33-39.

金书秦，林煜，牛坤玉，2021. 以低碳带动农业绿色转型：中国农业碳排放特征及其减排路径[J]. 改革，（5）：29-37.

蓝虹，陈雅函，2022. 碳交易市场发展及其制度体系的构建[J]. 改革，（1）：57-67.

蓝庆新，韩晶，2012. 中国工业绿色转型战略研究[J]. 经济体制改革，（1）：24-28.

雷舰，2024. 金融赋能生态产品价值实现的制约因素、模式及路径[J]. 西部金融，（3）：94-97.

李波，张俊飚，2012. 基于投入视角的我国农业碳排放与经济发展脱钩研究[J]. 经济经纬，（4）：27-31.

李晨，王佳燕，赵辉，2024. 粤港澳珠三角区域大气复合污染趋势及人群健康效应[J]. 环境科学研究，37（6）：1378 1388.

李加升，吕彦茹，张京伟，2024. 低碳经济模式下环境污染对生态经济的影响研究[J]. 清洗世界，40（3）：151-153.

李凯旋，2023-09-19. 探索绿色发展 加快产业转型[N]. 人民日报.

李萌，2016. 中国"十二五"绿色发展的评估与"十三五"绿色发展的路径选择[J]. 社会主义研究，
（3）：62-71.

李全生，张凯，2021. 我国能源绿色开发利用路径研究[J]. 中国工程科学，23（1）：101-111.

李汶豫，文传浩，苏旭阳，等，2024. 长江经济带城市减污降碳协同效应时空演化及驱动因素研究[J].
环境科学研究，37（8）：1641-1653.

李湘梅，刘习平，郭卉，2023. 面向新财经的"双碳"经管类人才培养机制研究[J]. 湖北经济学院学
报，20（12）：8-11.

李小雨，冯聪，2024. 生态产品价值实现的政策演变路向探究[J]. 上海国土资源，45（2）：21-26.

李晓易，谭晓雨，吴睿，等，2021. 交通运输领域碳达峰、碳中和路径研究[J]. 中国工程科学，23
（6）：15-21.

李旭辉，陶贻涛，2023. "双碳"目标下中国绿色低碳创新发展测度、区域差异及成因识别[J]. 中国
人口·资源与环境，33（1）：124-136.

厉以宁，朱善利，罗来军，等，2017. 低碳发展作为宏观经济目标的理论探讨——基于中国情形[J].
管理世界，（6）：1-8.

林伯强，徐斌，2020. 研发投入、碳强度与区域二氧化碳排放[J]. 厦门大学学报（哲学社会科学
版），（4）：70-84.

刘东刚，2011. 中国能源监管体制改革研究[D]. 北京：中国政法大学.

刘倩雯，周舜尧，2022-01-10. 长江经济带破立并举成果丰硕 经济总量占全国 46.7%[N]. 长江商报.

刘晓龙，崔磊磊，李彬，等，2021. 碳中和目标下中国能源高质量发展路径研究[J]. 北京理工大学学
报（社会科学版），23（3）：1-8.

刘绪尧，2017-03-17. 做大做强绿色金融 助力产业低碳转型[N/OL]. 新华网，https://m.gmw.cn/2021-
03/17/content_1302169930.htm.

刘宇，吕郢康，周梅芳，2015. 投入产出法测算 CO_2 排放量及其影响因素分析[J]. 中国人口·资源与
环境，25（9）：21-28.

刘媛媛，杜伟航，2024. 城市群绿色低碳发展中开放与创新的作用机制——以京津冀区域为例[J]. 科
技管理研究，44（8）：206-213.

卢红兵，2013. 循环经济与低碳经济协调发展研究[D]. 北京：中共中央党校.

陆岷峰，2021. 绿色理念与低碳转型：新阶段商业银行打造低碳银行研究——基于百年绿色发展思想
视角[J]. 金融理论与实践，（5）：1-11.

陆娅楠，2023-01-20. 中国绿色发展取得重大成就[N]. 人民日报.

吕指臣，胡鞍钢，2021. 中国建设绿色低碳循环发展的现代化经济体系：实现路径与现实意义[J]. 北

京工业大学学报（社会科学版），21（6）：35-43.

马骏，2018. 绿色金融体系建设与发展机遇[J]. 金融发展研究，（1）：10-14.

马楠，姚瑶，沈体雁，2023. 长江经济带城市经济协同发展的差异化路径[J]. 经济地理，43（11）：79-90.

马涛，2011. 上海农业碳源碳汇现状评估及增加碳汇潜力分析[J]. 农业环境与发展，28（5）：38-41.

麦肯锡咨询公司. 2021-08. Shared mobility:Where it stands and where it'sgoing[R/OL].

梅凤乔，2016. 论生态文明政府及其建设[J]. 中国人口·资源与环境，26（3）：1-8.

孟圆，高帅，2024. 物流恢复向好质效提升——2023 年物流运行情况分析[R/OL]. 中国物流信息中心.

莫建雷，段宏波，范英，等，2018.《巴黎协定》中我国能源和气候政策目标：综合评估与政策选择[J]. 经济研究，53（9）：168-181.

潘家华，胡怀国，2004．权衡取舍——中国汽车工业的发展对经济和环境的影响[J]. 国际贸易，（2）：22-25.

潘家华，廖茂林，陈素梅，2021. 碳中和：中国能走多快？[J]. 改革，（7）：1-13.

彭星，李斌，2016. 不同类型环境规制下中国工业绿色转型问题研究[J]. 财经研究，42（7）：134-144.

齐志新，陈文颖，2006. 结构调整还是技术进步？ ——改革开放后我国能源效率提高的因素分析[J]. 上海经济研究，（6）：8-16.

强宇尧，王晓琦，王传达，等，2024. 京津冀地区大气颗粒物组分污染特征[J]. 环境科学学报，44（8）：22-34.

乔晓楠，彭李政，2021. 碳达峰、碳中和与中国经济绿色低碳发展[J]. 中国特色社会主义研究，（4）：43-56.

秦国伟，董玮，宋马林，2022. 生态产品价值实现的理论意蕴、机制构成与路径选择[J]. 中国环境管理，14（2）：69，70-75.

清华大学碳中和研究院，2023-09-22. 2023 全球碳中和年度进展报告[R/OL]. https://www.cntracker.tsinghua.edu.cn/report

任海军，赵景碧，2018. 技术创新、结构调整对能源消费的影响——基于碳排放分组的 PVAR 实证分析[J/OL]. 软科学，32（7）：30-34.

任珠峰，2023-06-01. 持续深化国家生态文明试验区建设 以更高标准打造美丽中国"江西样板"[N]. 江西日报.

尚杰，杨滨键，2019. 种植业碳源、碳汇测算与净碳汇影响因素动态分析：山东例证[J]. 改革，

（6）：123-134.

邵帅，范美婷，杨莉莉，2022. 经济结构调整、绿色技术进步与中国低碳转型发展——基于总体技术前沿和空间溢出效应视角的经验考察[J]. 管理世界，38（2）：4-10，46-69.

佘颖，刘耀彬，2018. 国内外绿色发展制度演化的历史脉络及启示[J]. 长江流域资源与环境，27（7）：1490-1500.

申晨，辛雅儒，贾妮莎，等，2024. OFDI 对工业绿色全要素生产率的影响机制——基于两阶段 Super-SBM-Malmquist 指数模型的分析[J]. 中国管理科学，32（5）：229-240.

史丹，2018. 中国工业绿色发展的理论与实践——兼论十九大深化绿色发展的政策选择[J]. 当代财经，（1）：3-11.

史永姣，吕洁华，2022. 中国城市化推进与生态环境[J]. 税务与经济，（2）：98-105.

世界银行，2022. 中国国别气候与发展报告[R].

世界资源研究所（WRI），2019. 武汉市交通碳排放达峰路径研究[R/OL]. https://wri.org.cn/research/wuhan-transport-sector-carbon-emissions-roadmap-study.

宋飞，2024. 发展绿色金融　谱写商业银行高质量发展新篇章[J]. 企业文明，（7）：113-114.

宋弘，孙雅洁，陈登科，2019. 政府空气污染治理效应评估——来自中国"低碳城市"建设的经验研究[J]. 管理世界，35（6）：95-108，195.

苏孟倩，石玉胜，2024. 京津冀地区大气 $PM_{2.5}$ 污染时空分布特征及成因分析[J]. 中国科学院大学学报（中英文），41（3）：334-344.

孙博文，彭绪庶，2021. 生态产品价值实现模式、关键问题及制度保障体系[J]. 生态经济，37（6）：13-19.

孙传旺，刘希颖，林静，2010. 碳强度约束下中国全要素生产率测算与收敛性研究[J]. 金融研究，（6）：17-33.

田云，蔡艳蓉，2024. "双碳"目标下的农业碳问题研究进展及未来展望[J]. 华中农业大学学报，43（3）：75-88.

田智宇，杨宏伟，2014. 我国城市绿色低碳发展问题与挑战——以京津冀地区为例[J]. 中国能源，36（11）：25-29.

佟孟华，褚翠翠，李洋，2022. 中国经济高质量发展的分布动态、地区差异与收敛性研究[J]. 数量经济技术经济研究，39（6）：3-22.

童健，武康平，薛景，2017. 我国环境财税体系的优化配置研究——兼论经济增长和环境治理协调发展的实现途径[J]. 南开经济研究，（6）：40-58.

万辛如，程超源，白德凤，等，2023. 气候变化的生态影响及适应对策[J]. 中国科学院院刊，38

（3）：518-527.

汪应洛，张国兴，郭菊娥，2010. "三峡库区"发展低碳经济的战略思考[J]. 中国工程科学，12（8）：4-7，29.

汪臻，2012. 中国居民消费碳排放的测算及影响因素研究[D]. 合肥：中国科学技术大学.

王锋，冯根福，2011. 中国经济低碳发展的影响因素及其对碳减排的作用[J]. 中国经济问题，（3）：62-69.

王宝义，张卫国，2016. 中国农业生态效率测度及时空差异研究[J]. 中国人口·资源与环境，26（6）：11-19.

王丞，2023. 我国绿色建筑和低碳建筑评价体系的发展比较及优化建议[J]. 建筑科学，39（2）：235-244.

王锋正，刘向龙，张蕾，等，2022. 数字化促进了资源型企业绿色技术创新吗？[J]. 科学学研究，40（2）：332-344.

王会芝，2018. 京津冀城镇化绿色转型问题研究与实现路径[J]. 当代经济管理，40（6）：74-77.

王惠敏，傅涛，2015. 不同城市水环境污染与经济增长关系的差异性——基于苏州、无锡、常州三市的实证研究[J]. 武汉理工大学学报（社会科学版），28（2）：216-219.

王金南，2024. 高标准建设国家绿色发展示范区全力打造低碳高效绿色之城[J]. 中国经贸导刊，（5）：16-17.

王静，吴春，万晓勇，2024. 江苏省盐城市亭湖区人民检察院以能动履职服务保障绿色低碳发展[J]. 人民检察，（5）：2.

王俊能，许振成，彭晓春，陈志良，2009. 我国城镇生活污水排放的环境库兹涅茨特征研究——基于省级面板数据的实证[C]. 中国环境科学学会学术年会论文集：454-458.

王楠，2024-05-20. 北京市：强化低碳试点　引领绿色发展[N]. 中国城市报.

王恰，2024. 中国新能源产业高质量发展：进展、挑战及对策[J]. 当代经济管理，46（8）：64-72.

王仁曾，詹姝珂，刘耀彬，2024. 金融科技对普惠金融与绿色金融协同发展的驱动效应研究[J]. 厦门大学学报（哲学社会科学版），74（4）：27-40.

王微微，谭咏琳，2019. 大气污染与经济增长关系的再检验——基于门槛回归模型对179个地级以上城市的分组研究[J]，山东财经大学学报，31（5）：14-24.

王文庚，2012. 政府采购政策功能研究[D]. 北京：财政部财政科学研究所.

王文举，向其凤，2011. 国际贸易中的隐含碳排放核算及责任分配[J]. 中国工业经济，（10）：56-64.

土义涛，滕飞，朱松丽，等，2018. 中国应对全球气候治理的绿色发展战略新思考[J]. 中国人口·资源与环境，28（7）：1-6.

王新玉，2014. 低碳发展与循环发展、绿色发展的关系研究[J]. 生态经济，30（9）：39-44.

王馨，王营，2021. 绿色信贷政策增进绿色创新研究[J]. 管理世界，37（6）：11，173-188.

王修华，刘锦华，赵亚雄，2021. 绿色金融改革创新试验区的成效测度[J]. 数量经济技术经济研究，38（10）：107-127.

王毅钊，许乃中，奚蓉，等，2019. 国家绿色发展示范区评价体系研究——以珠三角地区为例[J]. 环境科学与管理，44（11）：174-179.

王勇，刘厚莲，2015. 中国工业绿色转型的减排效应及污染治理投入的影响[J]. 经济评论，（4）：17-30，44.

王勇，王颖，2019. 中国实现碳减排双控目标的可行性及最优路径——能源结构优化的视角[J]. 中国环境科学，39（10）：4444-4455.

王玉娟，江成涛，蒋长流，2021. 新型城镇化与低碳发展能够协调推进吗？ ——基于 284 个地级及以上城市的实证研究[J]. 财贸研究，32（9）：32-46.

王玉玲，2023-12-26. 绿色金融赋能绿色低碳转型[N]. 经济日报.

韦东明，顾乃华，2021. 城市低碳治理与绿色经济增长——基于低碳城市试点政策的准自然实验[J]. 当代经济科学，43（4）：90-103.

魏斌，2023. 我国从高碳能源向低碳能源转型的思考[J]. 设备管理与维修，（17）：184-186.

魏亿钢，石佳伟，许冠南，2024. 中国低碳政策演进、阶段特征与治理模式变革[J]. 中国科学院院刊，39（4）：761-770.

温馨，高维新，2024. 粤港澳大湾区县域城乡融合发展的时空格局及影响因素[J]. 地域研究与开发，43（2）：21-27.

邬彩霞，2021. 中国低碳经济发展的协同效应研究[J]. 管理世界，37（8）：105-117.

吴朝霞，张思，2022. 绿色金融支持低碳经济发展路径研究[J]. 区域经济评论，（2）：67-73.

吴磊，李贵才，刘青，2023. 新发展格局下粤港澳大湾区的发展脉络与展望[J]. 城市发展研究，30（11）：34-41.

武汉大学国家发展战略研究院课题组，2022. 中国实施绿色低碳转型和实现碳中和目标的路径选择[J]. 中国软科学，（10）：1-12.

夏晓圣，陈菁菁，王佳佳，等，2020. 基于随机森林模型的中国 $PM_{2.5}$ 浓度影响因素分析[J]. 环境科学，41（5）：2057-2065.

谢群，卢泽花，负晓哲，2024. 黄河流域水资源承载力与高质量发展的耦合协调及其驱动机制研究[J/OL]. 中国农业资源与区划：1-14[2024-07-25]. http://kns.cnki.net/kcms/detail/11.3513.S.20240516.435.013.html.

解振华，2019. 中国改革开放 40 年生态环境保护的历史变革——从"三废"治理走向生态文明建设
　　　[J]. 中国环境管理，11（4）：5-10，16.

熊广勤，石大千，李美娜，2020. 低碳城市试点对企业绿色技术创新的影响[J]. 科研管理，41
　　　（12）：93-102.

徐佳，崔静波，2020. 低碳城市和企业绿色技术创新[J]. 中国工业经济，（12）：178-196.

许广月，宋德勇，2010. 中国碳排放环境库兹涅茨曲线的实证研究——基于省域面板数据[J]. 中国工
　　　业经济，5：37-47.

杨华磊，杨敏，2024. 碳达峰碳中和：中国式现代化的能源转型之路[J]. 经济问题，（3）：1-7.

杨莉莉，邵帅，2014. 人力资本流动与资源诅咒效应：如何实现资源型区域的可持续增长[J]. 财经研
　　　究，40（11）：44-60.

杨威，王姣姣，2023. 中国高技术产业区域空间关联及机制研究[J]. 宏观经济研究，（5）：55-66，
　　　116.

杨昕，赵守国，2022. 数字经济赋能区域绿色发展的低碳减排效应[J]. 经济与管理研究，43（12）：
　　　85-100.

叶初升，2019. 中等收入阶段的发展问题与发展经济学理论创新——基于当代中国经济实践的一种理
　　　论建构性探索[J]. 经济研究，54（8）：167-182.

叶海涛，田挺，2016. 绿色发展理念的生态马克思主义解析[J]. 思想理论教育，（6）：44-48.

叶堂林，郭佳钦，阳杨，2024. 战略性新兴产业赋能长江经济带绿色转型：理论分析与机制检验[J].
　　　经济体制改革，（3）：44-52.

叶振宇，2024. 京津冀协同发展十年：成效经验与难题应对[J]. 河北师范大学学报（哲学社会科学
　　　版），47（5）：18-24.

易俊，孙浩然，林伟芳，等，2024. 电力系统碳排放核算标准对比分析[J/OL]. 电网技术：1-14[2024-
　　　07-31]. https://doi.org/10.13335/j.1000-3673.pst.2024.0386.

于法稳，林珊，孙韩小雪，2024. 共同富裕背景下生态产品价值实现的理论逻辑与推进策略[J]. 中国
　　　农村经济，（3）：126-141.

于向宇，李跃，陈会英，等，2019. "资源诅咒"视角下环境规制、能源禀赋对区域碳排放的影响
　　　[J]. 中国人口·资源与环境，29（5）：52-60.

袁富华，2010. 低碳经济约束下的中国潜在经济增长[J]. 经济研究，45（8）：79-89，154.

臧传琴，孙鹏，2021. 低碳城市建设促进了地方绿色发展吗？ ——来自准自然实验的经验证据[J].
　　　财贸研究，32（10）：27-40.

臧敦刚，李蟒，吴穹洲，2024. 绿色金融对生态产品价值实现的影响研究[J]. 农村金融研究，（4）：

34-46.

张百婷，冯起，李宗省，等，2024. 我国生态产品价值实现的研究进展与典型案例剖析[J]. 地球科学进展，39（3）：304-316.

张成，朱乾龙，于同申，2011. 环境污染和经济增长的关系[J]. 统计研究，28（1）：60-67.

张丛林，刘千禧，张树静，2024. 黄河流域园区生态产品价值实现机制研究[J]. 生态经济，40（2）：212-217.

张芳，章璐，冷奥旗，2024. 供应链金融支持绿色普惠融合发展创新与政策建议研究[J]. 西南金融，（7）：26-36.

张贡生，2019. 黄河经济带建设：意义、可行性及路径选择[J]. 经济问题，（7）：123-129.

张京新，谷雨鑫，沈佳琦，等，2025. 黄河流域生态环境质量时空变化及驱动因素分析[J]. 环境科学，46（2）：956-971.

张敏，杨励雅，胡卓玮，等，2024. 长江经济带城市扩张的时空分异特征及影响机制[J]. 地理学报，79（2）：439-461.

张明辉，2021-02-19. 欧盟大力发展零碳排放公交 [N]. 人民日报.

张娜，孙芳城，胡钰苓，2024. 长江经济带碳排放效率的时空演变、区域差异及影响因素研究[J]. 长江流域资源与环境，33（6）：1325-1339.

张平，2024. "两山论"对发展理论创新的实践性分析——以生态系统服务价值实现的条件组态为视角[J]. 西北民族大学学报（哲学社会科学版），（3）：114-129.

张平，2022. 中国经济绿色转型的路径、结构与治理[J]. 社会科学战线，（8）：69-81，281.

张琦，2023. GDP与绿色GDP、GEP和自然资源价值量关系研究[J]. 中国统计，（1）：11-14.

张琦峰，方恺，徐明，等，2018. 基于投入产出分析的碳足迹研究进展[J]. 自然资源学报，33（4）：696-708.

张荣博，钟昌标，2022. 智慧城市试点、污染就近转移与绿色低碳发展——来自中国县域的新证据[J]. 中国人口·资源与环境，32（4）：91-104.

张睿哲，黄新春，2024. 生态福利绩效时空演变及驱动效应研究——以黄河流域资源型城市为例[J]. 生态经济，40（9）：213-220.

张友国，白羽洁，2021. 区域差异化"双碳"目标的实现路径[J]. 改革，（11）：1-18.

张友国，窦若愚，白羽洁，2020. 中国绿色低碳循环发展经济体系建设水平测度[J]. 数量经济技术经济研究，37（8）：83-102.

张羽，蔡茜，焦柳丹，等，2024. 绿色技术创新效率及其时空差异——基于长江经济带74个城市的实证研究[J]. 生态经济，40（4）：63-69.

张月芳，2016. 重庆三峡库区生态文明建设路径研究[D]. 重庆：中共重庆市委党校.

张跃，刘莉，2021. 绿色发展背景下长江经济带产业结构优化升级的地区差异及空间收敛性[J]. 世界地理研究，30（5）：991-1004.

张振，2024. 高质量推进北京城市副中心建设国家绿色发展示范区——国家发展改革委有关负责同志就《北京城市副中心建设国家绿色发展示范区实施方案》答记者问[J]. 中国经贸导刊，（5）：14-15.

张正平，杨丽华，2024. 金融科技对城市碳排放的影响——兼论政府行为的作用[J]. 东方论坛：青岛大学学报（社会科学版），（4）：41-56，157.

张智刚，康重庆. 2022，碳中和目标下构建新型电力系统的挑战与展望[J]. 中国电机工程学报，42（8）：2806-2819.

赵光辉，2022. 我国交通运输碳达峰碳中和规制及政策研究[J]. 改革与战略，38（4）：14-30.

赵建国，刘宁宁，2024. "责任共担"原则下区际协同生态补偿标准研究——以长江经济带为例[J]. 数量经济技术经济研究，41（6）：191-212.

赵磊，方成，2019. 中国省际新型城镇化发展水平地区差异及驱动机制[J]. 数量经济技术经济研究，36（5）：44-64.

赵亚雄，王修华，刘锦华，2023. 绿色金融改革创新试验区效果评估——基于绿色经济效率视角[J]. 经济评论，（2）：122-138.

中国气象局，2024. 中国气候变化蓝皮书（2024）[M]. 北京：科学出版社.

中国气象局，2023. 中国气候变化蓝皮书（2023）[M]. 北京：科学出版社.

中华人民共和国国家发展和改革委员会，2021. "十四五"时期我国产业结构变动特征及趋势展望[R].

中华人民共和国国家发展和改革委员会，2021. 抢抓碳达峰碳中和重大战略机遇　推动我国产业结构优化升级[R].

钟韵，胡晓华，2017. 粤港澳大湾区的构建与制度创新：理论基础与实施机制[J]. 经济学家，（12）：50-57.

周灿，刘文丽，林声甜，等，2024. 长江经济带城市绿色技术创新对碳排放影响的空间效应研究[J]. 长江流域资源与环境，（9）：1-13.

周宏春，史作廷，2022. 双碳导向下的绿色消费：内涵、传导机制和对策建议[J]. 中国科学院院刊，37（2）：188-196.

周宏春，2022. 中国低碳经济发展现状及展望[J]. 科技导报，40（21）：6-12.

周蓉，王成，徐铁，等，2014. 绿色经济与低碳转型——市场导向的绿色低碳发展国际研讨会综述

[J]. 经济研究，49（11）：184-188.

周小亮，宋立，2022. 中国工业低碳转型：现实分析与政策思考[J]. 数量经济技术经济研究，39（8）：22-41.

周燕，潘遥，2019. 财政补贴与税收减免——交易费用视角下的新能源汽车产业政策分析[J]. 管理世界，35（10）：133-149.

周一虹，贵瑞洁，2020. 基于甘肃陇南油橄榄的生态产品价值实现研究[J]. 会计之友，（9）：155-161.

朱俐娜，2024-07-22. 重庆市：坚持生态先行　走稳绿色低碳发展路[N]. 中国城市报.

朱庆华，窦一杰，2011. 基于政府补贴分析的绿色供应链管理博弈模型[J]. 管理科学学报，14（6）：86-95.

朱睿颖，王伟，2024-01-29. 物流园区如何与时代同频共振？[N]. 现代物流报.

宗边，2024-05-22. 坚持以人民为中心的发展思想　推动绿色建筑高质量发展[N]. 中国建设报.

邹才能，马锋，潘松圻，等，2022. 论地球能源演化与人类发展及碳中和战略[J]. 石油勘探与开发，49（2）：411-428.